图书馆服务与服务体系研究

杨日建 徐世伟 刘庆功 著

北方文艺出版社
哈尔滨

图书在版编目（CIP）数据

图书馆服务与服务体系研究 / 杨日建，徐世伟，刘庆功著 .-- 哈尔滨：北方文艺出版社，2023.12
ISBN 978-7-5317-6110-5

Ⅰ.①图… Ⅱ.①杨…②徐…①刘…Ⅲ.①图书馆服务 - 研究 Ⅳ.① G252

中国国家版本馆 CIP 数据核字 (2024) 第 005093 号

图书馆服务与服务体系研究
TUSHUGUAN FUWU YU FUWUTIXI YANJIU

作　者 / 杨日建　徐世伟　刘庆功	
责任编辑 / 李　萌	封面设计 / 汉唐工社
出版发行 / 北方文艺出版社	邮　编 / 150008
	经　销 / 新华书店
地　址 / 哈尔滨市南岗区宣庆小区 1 号楼	网　址 / www.bfwy.com
印　刷 / 廊坊市瀚源印刷有限公司	开　本 / 710mm×1000mm　1/16
字　数 / 338 千	印　张 / 18.5
版　次 / 2024 年 4 月第 1 版	印　次 / 2024 年 4 月第 1 次印刷
书　号 / ISBN 978-7-5317-6110-5	定　价 / 98.00 元

内容简介

本书首先通过对图书馆的概念、构成及其发展，我国现代图书馆类型进行阐述，让读者对现代图书馆获得一个基本认知。本书以现代图书馆服务为主题，以服务创新为视角，从图书馆服务的概念与发展、本质与特征、服务理念、服务组织和方式等方面剖析现代图书馆服务的基本理论，在此基础上，探讨现代图书馆服务组织与资源，重在体现现代图书馆的文献信息服务、管理服务、参考咨询与信息检索服务、移动阅读服务、个性化服务、以及知识服务，最后探索现代图书馆的服务转型与创新。书中内容多源于图书馆的实际工作，可读性和实用性较强，所提出的观点和模式，对读者了解图书馆服务现状和发展前景有一定参考价值。

前　言

　　图书馆是一种服务性机构。图书馆在知识经济时代的重要性日益明显，它所提供的文化服务活动对社会的发展具有积极的推动作用。图书馆事业是一个国家为了保障公民能够平等自由地获取信息与知识的制度安排，是社会文化、教育事业的重要组成部分。

　　新馆建设如雨后春笋，图书馆购书经费逐年增多，技术设施日益先进，队伍不断年轻化、高学历化和专业化，高职称人员也有较大幅度增加。有关学术研究交流、科研成果以及人才教育和培训都有了今非昔比的发展。图书馆的服务功能不断增强。如果说封建社会藏书楼主要只有收藏储存人类文化遗产的功能，那么，近代以来的图书馆首先是增加了教育功能，然后是文化娱乐功能，接下来是情报交流或信息交流功能，后来又扩大到了学术研究功能。正是由于其功能的拓展和增强，图书馆的服务效益不断提高，并日益为世人所瞩目。

　　服务功能的提高，就是所谓图书馆的特色服务。是指图书馆在某一地域或范围以自己在同行中形成优势差别的特有的信息产品或有别于传统的图书馆形式，并对某一行业或科学领域的读者提供特色服务。有关这方面的探讨和研究，在图书馆界20世纪90年代初就成了热门话题，并在理论上取得了丰硕的成果.有不少的图书馆做了有益的尝试，取得了成功经验。

　　具备特色服务的物质条件，未必就能开展特色服务，要开展特色服务就必须解决很多的问题，特别是认识问题。如今在信息网络环境下，一些观念要创新，解决观念认识问题，必然产生强大的思想动力。图书馆的工作对象主要是读者，工作的价值主要体现为文献的利用、知识的"活化"和"物化"，最终价值的体现就是读者。为此，我们认为图书馆工作的核心价值，第一是读者，也就是说，图书馆是通过为读者服务，并由读者对文献的"活化"和"物化"来体现图书馆的效益。那么，如何更大限度地提高图书馆的效益？显然，传统的服务模式已经不能适应时代的要求。因此，必须深化改革、勇于创新，拓展新的服务手段，开展多种形式的特色服务。信息时代的到来，对人类社会的各种活动产生了巨大的影响。计算机、网络技术、高密度的存储技术、现代化通信技术的飞速发展和广泛应用，令整个社会信息环境产生巨大的变化。图书馆界为了改变传统的图书馆读者服务模式，也纷纷应用计算机技术、网络技术等先进技术进行图书馆数字化、网络化建设，作为先进的读者服务手段以提高图书馆自动化管理，从而提高图书馆为读者服务的效益。

所以本书在此基础上从不同方面，对图书馆的资源、质量、服务等进行创新管理，并且还论述了新媒体环境下图书馆的服务创新，对图书馆管理人员的管理和发展也进行了阐述。全书共计九个章节，第一章为图书馆服务概述，内容有图书馆服务的重要性、图书馆服务本质与特点、图书馆服务内容与方式以及图书馆服务的发展趋势；第二章分析了图书馆服务思维，内容有图书馆服务思维、图书馆服务思维的演变、基本内容以及图书馆服务思维的创新；第三章研究了图书馆服务体系，内容有图书馆的信息资源体系、图书馆的信息服务体系以及图书馆的管理服务体系；第四章为图书馆文献信息服务体系研究，内容有图书馆文献信息服务、文献借阅服务、文献传递服务以及非书资料服务；第五章为图书馆管理服务体系研究，内容有信息资源共享服务体系、图书馆自动化系统服务体系、图书馆门户网站服务体系、图书馆自助服务体系以及图书馆空间服务；第六章为参考咨询与信息检索服务体系研究，内容有参考咨询服务体系、信息检索服务体系以及学科馆员服务；第七章研究了图书馆移动阅读服务，内容有图书馆服务的竞争力：移动阅读、移动阅读对图书馆服务的影响、图书馆移动阅读服务的实践探讨以及图书馆移动阅读服务的创新发展；第八章是数字人文背景下图书馆知识服务研究，内容有数字人文背景下人文学科"新特征"、数字人文环境对图书馆知识服务的推动、图书馆知识服务转型的原因、图书馆知识服务模式构建以及数字人文背景下图书馆知识服务转型对策；第九章分析了图书馆服务转型探析，内容有服务转型是图书馆发展的必然趋势、图书馆服务转型的环境变革、基本走向、图书馆工作中的辩证法以及图书馆服务于和谐社会探析。本书可为新时期图书馆管理工作提出建议和发展方向。

本书在著作过程中参阅了大量文献资料，在此，对相关作者表达诚挚的谢意。由于时间与精力所限，书中难免存在不足之处，恳请读者和同行批评指正。

本书由北华航天工业学院杨曰建、山东省青岛第十七中学徐世伟、唐河县图书馆刘庆功著。具体编写分工如下：杨曰建负责第一章、第二章、第六章至第九章的编写（共计18.1万字），徐世伟负责第三章和第四章的编写（共计7.1万字），刘庆功负责第五章的编写（共计8.6万字）。杨曰建负责全书的统稿和修改。

目 录

第一章 图书馆服务概述 ... 1
第一节 图书馆服务的重要性 ... 1
第二节 图书馆服务本质与特点 ... 4
第三节 图书馆服务内容与方式 ... 12
第四节 图书馆服务的发展趋势 ... 20

第二章 图书馆服务思维 ... 23
第一节 图书馆服务思维的概念 ... 23
第二节 图书馆服务思维的演变 ... 24
第三节 图书馆服务思维的基本内容 ... 28
第四节 图书馆服务思维的创新 ... 36

第三章 图书馆服务体系 ... 48
第一节 图书馆的信息资源体系 ... 48
第二节 图书馆的信息服务体系 ... 53
第三节 图书馆的管理服务体系 ... 64

第四章 图书馆文献信息服务体系 ... 77
第一节 图书馆文献信息服务 ... 77
第二节 文献借阅服务 ... 83
第三节 文献传递服务 ... 93
第四节 非书资料服务 ... 100

第五章 图书馆管理服务体系 107
第一节 信息资源共享服务体系 107
第二节 图书馆自动化系统服务体系 122
第三节 图书馆门户网站服务体系 147
第四节 图书馆自助服务体系 155
第五节 图书馆空间服务 165

第六章 参考咨询与信息检索服务体系 177
第一节 参考咨询服务体系 177
第二节 信息检索服务体系 197
第三节 学科馆员服务 214

第七章 图书馆移动阅读服务研究 229
第一节 图书馆服务的竞争力：移动阅读 229
第二节 移动阅读对图书馆服务的影响 231
第三节 图书馆移动阅读服务的实践探讨 233
第四节 图书馆移动阅读服务的创新发展 237

第八章 数字人文背景下图书馆知识服务 239
第一节 数字人文背景下人文学科"新特征" 239
第二节 数字人文环境对图书馆知识服务的推动 241
第三节 数字人文背景下图书馆知识服务转型的原因 244
第四节 数字人文背景下图书馆知识服务模式构建 245
第五节 数字人文背景下图书馆知识服务转型对策 247

第九章 图书馆服务转型探析 250
第一节 服务转型是图书馆发展的必然趋势 250
第二节 图书馆服务转型的环境变革 259

第三节　图书馆服务转型的基本走向..................268
第四节　图书馆工作中的辩证法......................270
第五节　图书馆服务于和谐社会探析..................274

参考文献..................281

第一章　图书馆服务概述

第一节　图书馆服务的重要性

一、服务是图书馆的永恒主题

服务是图书馆的永恒主题，把服务作为图书馆的办馆宗旨，在任何情况下不动摇、不偏离、不取代图书馆服务；坚持服务是图书馆的终极目标和根本目的，把服务作为图书馆一切工作的出发点和归宿，把服务作为贯穿图书馆一切工作的主线；始终坚持面向读者，读者至上，服务第一。

服务是图书馆学创立以来业界学者们研究的一个老问题，也是长谈不衰的新问题。更是图书馆人不断探索、不断创新的目的所在，不同的时代、不同的时期赋予了它新的思维、新的方法。忽视它、放弃它，图书馆事业就失去了可持续发展的动力，图书馆学的研究就偏离了主题和方向，图书馆人的核心价值就无从实现，图书馆学也将边缘化、空洞化。

随着现代通信技术、网络技术、信息技术在图书馆的不断应用，发展数字图书馆越来越受到业界的重视，数字化阅读也越来越受到用户的青睐，于是有人就认为发展数字图书馆是重心。而笔者认为，数字图书馆只是现代技术在图书馆中的应用，其目的是更好地做好图书馆服务，是为服务提供更先进的技术支撑和平台，使图书馆服务有了更广阔的空间和舞台，与服务是图书馆的主题并不矛盾。相反，发展数字图书馆是为了更好地服务，更好的服务离不开数字图书馆的支撑。一切图书馆的宗旨都是服务，也只能是服务，离开了服务，图书馆就失去了存在的价值。只有坚持服务，才能推动图书馆的全面发展，有机融入社会，与社会建立和谐的不可分割的关系。

因此，我们认为，无论时代怎样发展，也不管新技术、新产品带给图书馆怎样的变革，服务永远是图书馆的永恒主题。

服务之所以是图书馆的永恒主题，其原因在于：

图书馆是人造系统，不是自然系统，是一种社会现象。它是人类社会根据需要，由人建立的。建立的目的是为了满足一定社会或一定人群的需求，服务是它的第一属性。人类文明发展到一定程度，产生和积累了许多"记忆"，"记忆"就是历史、知识、思想和发明创造。由于人体大脑存储"记忆"有限，就产生了记录和交流"记忆"的文字和记载传播"记忆"的载体，产生了人体之外存储"记忆"的图书馆，并伴随人类不断发展进步，成为人类社会活动不可分割的一部分。

图书馆是人类知识的宝库和信息资源的存储中心。是一个国家、一个民族的文明窗口和文化发展的标志，是社会的宝贵财富，属于公共财产，为全体公众所有。因此，图书馆有义务、有责任为他们服务。

图书馆是公共组织、是开放的，不是封闭的。由于它收藏的图书资料是社会共有的，建立的目的是为一定社会、一定群体服务的，因此它具有公共性、开放性、教育性、服务性、保存性。它既要为人类社会保存这些图书资料，又要用这些图书资料服务于社会，提高全民族的科学文化水平和国民素质。它要面向社会，为全社会开放，让人们充分利用。

二、服务是一种竞争

服务是图书馆的一种生存竞争。随着网络技术、信息技术的不断发展，我们必须清楚地意识到，图书馆作为信息服务的中介机构正在遭遇前所未有的挑战，图书馆在人们心目中的地位和作用似乎正在日益削弱。网络作为一种无所不及的信息库，犹如一个偌大的、开放的、无围墙的图书馆，上网还是上图书馆，让读者有了选择，有了比较。图书馆不再是大众获取信息的主要来源。

21世纪以来，在全球经济一体化的时代背景下，企业的竞争已经由产品及价格的竞争逐渐转移到对客户的争夺。有人这样形容21世纪的社会特征：科学技术日新月异，信息资源铺天盖地，知识经济突飞猛进。在这种环境下，图书馆早已失去了传播人类知识的优势，图书馆界也早把"读者"变成了"用户"。这就是说图书馆成了必须适应用户需求的产品，图书馆服务成了主宰图书馆生存的主要指标。因此，我们必须树立这样一种观念：服务是图书馆与读者之间情感交流、信息沟通的平台。集爱心、细心、耐心于一体的全心全意的完美服务是现代图书馆核心竞争力所在。通过服务，建立起图书馆与读者之间的亲情、友情，建立起相互的信任。这种"面对面""心贴心"的服务竞争效力是其他任何一种竞争形式都难以做到的。服务是树立品牌的捷径，服务是诚信的表现，服务是竞争优势的体现。服务力竞争是最具竞争力的一种竞争形式。

三、服务是品牌

服务是图书馆的一种品牌。在网络时代，大家都说网络经济是注意力经济，注意力经济的核心战略就是创建知名品牌。

什么是图书馆的品牌？如果一个图书馆能够通过自己的某种独特性，或一定的规模和馆藏，或某一信息产品，或某一特色服务，在同一行业中形成差别优势，那么，这种优势就是品牌。

图书馆服务也是一种品牌。读者进入图书馆，环境是第一视觉。然而，一个图书馆的核心竞争力是什么？是服务。图书馆完善的服务包括：热情、周到、开放、亲切的借阅服务，准确、迅速的咨询服务，积极、主动的图书馆利用服务，等等。但作为一种品牌、仅有这些还不够。服务的极致在于给人以惊喜，即服务已超出读者的想象和预期的结果，读者因受到超值的服务而喜出望外，这是一种超附加值的劳动，其核心是高效＋优质＋个性内涵。什么是个性化服务？就是在不违反法规和道德的前提下，让读者获得"满意加惊喜"，其实质就是站在读者角度为读者着想。

四、服务是一种文化

图书馆文化是指图书馆在长期历史发展过程中积淀而成的，维系或推动图书馆生存或发展的，由多种要素相互辐射、相互渗透、相互制约的有机综合体。其要素主要有图书馆精神、图书馆价值观、图书馆哲学、图书馆目标、图书馆规章制度、图书馆形象、图书馆环境、图书馆道德规范、图书馆管理方式方法、图书馆活动仪式及图书馆信息服务方式等。它们之间相互交织贯通，凝聚成强大的精神力量，并渗透到图书馆工作人员的行为之中，形成一整套具有图书馆特色的思维方式、工作态度及行为风格，以至于一个图书馆的文化传统，使图书馆不仅作为一种组织而存在，而且还作为一种精神、一种群体文化辐射于社会的各个方面。

图书馆文化实质上就是图书馆服务文化，服务文化是一种管理型文化，它是图书馆在读者服务工作中形成的理论观念、制度规范、行为准则和组织架构的总和。图书馆是人类文明的积淀和智慧的结晶，是收集文化、保存文化、经营文化、生产文化、传递文化的服务平台。在长期的事业发展过程中图书馆逐渐形成和确立了自己的文化。图书馆文化最终是通过图书馆服务得以体现。

五、图书馆服务是一个不断发展的系统工程

图书馆服务是一项系统工程，绝不能简单地看作是借借还还、守阅览室、解答读者咨询等。这种看法虽没有错，但不全面，更不深刻，我们认为图书馆服务是个不断发展的系统工程，它包含三个基本要素：一是指导思想，只有有了正确的指导思想，才会有科学的、规范的实践活动，没有思想认识不会有行动。行动是由思想作指导的，若认识是错的、行动必然也是错的。思想认识产生于行动之前；二是行动，行动是在一定思想指导下进行的，包括行动的方法、步骤、实践；三是效果，有了行动，必有效益与后果，效益有多有少，后果有好有坏，必须通过一定方法进行评估。以上三个要素是一个整体，缺一不可。

图书馆服务是图书馆整体链中的一环，是最重要的一环，其他环节都是为它做铺垫的，为实现这一目标而存在。然而服务离开了其他环节，服务也无法实现。例如传统图书馆的图书采购、编目、图书典藏，数字图书馆的文献电子化、网络化都是服务的前提条件、基础，没有这些环节的存在，服务是不能实现的。

第二节　图书馆服务本质与特点

一、图书馆服务的本质

在现代社会，图书馆服务是一种有着丰富内容和重要意义的工作，它是图书馆工作的主要组成部分，是图书馆这个组织联系社会与用户的桥梁，是图书馆工作的最终价值体现，是图书馆工作的出发点和最终目的，也是图书馆为社会的物质文明、政治文明和精神文明建设做应有贡献的主要途径和手段。图书馆是文献信息的服务中心，而图书馆员作为信息资源的管理者，无论对传统的印刷品信息资源，还是对现代化的电子出版物及网络信息资源，都应利用其自身的知识和

技能进行有序的管理，主动搜索选择编辑、加工、提炼、生产再创信息，以便向用户提供快捷的、高质量的、针对性强的信息资源；成为信息资源管理的专家，在信息社会中扮演并担负起"信息导航"者的角色，辅导读者合理利用文献信息资源，引导读者以最快、最佳的方式查找所需文献，并且在整个服务过程中，要遵循"省力原则"，要了解到"查找、利用方便"是吸引读者的关键。在新时代我们应积极构筑全新的知识服务平台，提高信息用户的信息意识和信息能力，以读者为中心，只有这样才能赢得更多的读者。

在图书馆事业的发展中，应逐步确立"以人为本"的服务思想。图书馆各项工作的最终目的是为读者提供服务，读者对文献信息资源的使用情况和满意程度是评价图书馆业绩的重要指标。在当前网络环境下，图书馆如何站在读者的角度，想读者所想，急读者所急，只有充分利用各种现代手段和资源，及时了解并解决读者提出的各种问题，与读者建立起一种相互依赖、相互支持的关系。

信息技术迅猛发展，Internet 席卷全球，证明了信息资源共享，信息服务的网络化已经是不可逆转的潮流。网络环境给图书馆的服务工作带来了前所未有的机遇，同时也带来了挑战。网络环境为图书馆服务提供了得天独厚的良好机会，图书馆应抓住这个机会，对信息资源的收集、加工整理服务赋予新的内容和方式。图书馆的整体组织、人员安排、业务流程都要不断适应网络环境的要求，传统的服务方式可以利用网络环境来发挥新的效益。例如：图书馆的查询、外借预约、馆与馆之间互借等服务，可以通过网络功能实现。但是要实现网络环境下对图书馆服务提出的高水平高质量的要求，必须对图书馆员的知识结构提出新的更高的要求。在信息服务的过程中知识技术含量加大，向智能化发展，图书馆从事读者服务工作的专业人员在工作方式、工作价值、工作效率、工作成果等诸方面将发生质的变化。

因此，为了方便读者在馆内的借阅方便快捷，就要提高图书馆员应用计算机网络通信等技术的能力。由于现代信息技术在图书馆的广泛应用，在网络环境下图书馆与信息用户发生了新的变化，随着用户自行上网检索的增多，需要馆员服务的机会也逐渐减少，图书馆员必须转变观念，提高认识，由过去那种检索服务转变为检索服务和指导服务并重，这就要求馆员必须对网络环境的检索工具、信息资源、使用方法、包括计算机日常操作、信息检索技术、网络技术、信息存储技术、系统开发与维护等，比一般用户有更多更全面的了解，以保证在计算机网络环境下，顺利进行信息处理工作，而且可以利用网络转变图书馆与读者之间原本传统的交流和沟通方式。网络环境下图书馆工作人员必须彻底转变旧的服务思维，重视"人"的因素：以读者为中心，真正树立"读者至上，服务第一"的观念，自觉做好读者服务工作，更好地服务于读者。

现代图书馆服务具有几个共同的结构因素：一是图书馆的服务对象，是以读者为主体的社会各种组织和个人组成了图书馆服务的用户。二是图书馆资源，它是图书馆开展服务的基础条件，包括文献信息资源、人力资源、设施资源以及其他一切可以为社会和个人所利用的资源。三是图书馆以文献信息为主包括其他各种形式的服务需求。四是为满足社会和用户需求的各种服务手段和方式，它是服务实现的前提条件。因此综合起来讲，图书馆服务就是图书馆为了满足社会和用户的文献信息等多方面需求，利用自身的资源，运用多种方法所开展的一系列服务活动。

（一）在服务中要融入参考咨询

参考咨询是图书馆开展信息服务工作的重要途径。一线馆员不能仅仅停留在借借还还的水平上，而应该将咨询服务工作融入读者服务工作的各个环节，及时为读者答疑解难，最大限度地满足读者对文献信息的需求。

（二）在服务中要做到换位思考

站在读者的角度去思考问题，就会更深切地理解读者的心情，想读者之所想，急读者之所急，就会大大提高我们的服务质量。

（三）在服务中要坚持一视同仁

这里指的是要公平对待每位文献信息利用者。要时刻牢记每个公民都应该享受到公平公正的待遇，应当区别公民不同的需要为其平等地提供利用图书馆的最佳服务。

（四）在服务中要自觉用心服务

这里的用心服务包括热心、耐心、爱心和细心。为读者服务要满腔热情（热心）；服务读者要"百问不烦，百答不厌"（耐心）；接待读者要时时处处为读者着想（爱心）；服务读者要把工作作细作精，让读者在细微之处体会到馆员的真诚服务（细心）。

（五）在服务中要注意交流沟通

馆员可以利用直接为读者服务的机会，了解读者信息需求及对图书馆工作的建议，并在交流中研究其阅读心理和阅读需求，区别不同情况需提供的不同服务，做好知识中介、信息导航的工作；还可以利用定期举办读者座谈会，设立读者意见簿等方式，与读者交流沟通，以便倾听读者意见，提高服务质量。可以利用网络加强图书馆与读者交流沟通的方式。多年来传统图书馆与读者交流沟通的方式一般有以下几种：面对面交流，主要是在书刊借还过程中工作人员与读者的接触和交谈；在图书馆内设立"读者意见箱"获取读者的建议事项；利用问卷调查，通过流通阅览数据的分类统计，分析读者对所需资源的意向。传统图书馆通过多种形式与读者进行交流和沟通，对于研究读者阅读心理，把握读者实际需求，增进读者对图书馆的了解，提高文献资源的利用率，都起到了一定的促进作用。但是，由于受到工作方法和工作手段的限制，传统图书馆与读者交流沟通的面比较窄，难以做到深入、及时、互动、持久、有效，因此有待提高。

二、图书馆服务的特点

现代图书馆读者服务工作正在突显出一些与以往不同的特点，特别是网络化的时代，网络技术的发展和应用，使图书馆向数字化、网络化和虚拟化发展，导致图书馆传统观念的变化。随着网络时代的到来，作为人类知识宝库的图书馆正在发生着深刻的变化，它不再仅仅是保存和利用图书的场所，而逐步发展成为人类的知识信息中心。在网络环境下，图书馆的地位将大大提高，图书馆的服务必将成为图书馆建设最为重要的内容。

网络环境下图书馆的信息服务是一种高效的网络化、数字化服务，是现代信息服务的高级形式，它在服务思维、服务内容、载体形式、服务策略与方式等方面都有别于传统的信息服务，其主要特点主要表现在以下几个方面。

（一）服务思维的信息化

信息服务首先是一种观念、一种认识和组织服务的思维。信息服务思维是开展信息服务工作，确定信息服务策略、方式与模式的思维准绳和理论基础，是信息服务的灵魂。知识经济的迅速发展以及用户在网络环境下呈现出对知识的迫切需要，促使图书馆必须在知识服务层面上下功夫，有效地收集、组织存贮信息资源，根据用户的需要对信息资源进行深层次开发挖掘其中隐含的知识，提供解决问题的知识。信息服务的价值主要体现其为社会经济发展提供服务的知识含量非简单的信息数量。

（二）服务内容的知识化

服务内容的知识化是以信息用户的需要为目标，将图书馆信息服务的工作重点从文献利用转移到知识运用上，强调信息资源的开发与利用，为信息用户提供的不仅仅是信息线索及相关文献，更主要的是从复杂的信息资源中获取到的解决现实问题的信息知识，将这些知识信息融化和重组为相应的问题解决方案，并将之转化到新的产品、服务或管理机制中。

（三）服务载体的网络化

网络环境，以数字化资源为基础，以网络技术为手段，实现了跨越时空的资源的共建共享。图书馆的馆藏不仅包括各类载体的本地数字信息资源，而且包括大量网上的虚拟数字信息资源。互联网的真正价值就在于可以通过四通八达的信息高速公路快速传递信息资源，它彻底地改变了传统的信息提供和获取方式，将分散于不同载体、不同地理位置的信息资源以数字方式存贮起来，并通过网络相互连接，实现了真正的信息资源共享，用户可以根据自己的需要，自由地访问那些适合自己的信息资源，极大地增加他们信息资源的拥有量，进而提高了整个社会的信息获取能力。网络化图书馆的建设，打破了传统图书馆的封闭服务思维。通过局域网 CERNET 和 Internet 互联，实现网上各种数据库资源的共享。通过网络资源的共享，图书馆的服务范围不断扩展，形成服务的无区域化。无论国内还是国际，这种变化趋势的进程都在加快。目前大多数图书馆已经同 Internet 联网。这种变化的最终目标是摆脱图书馆仅为特定读者群体服务的思想束缚，向社会开放，开展多种形式、多种渠道的信息服务，满足社会对信息的需求，更好地为社会各界服务，形成"大图书馆服务于大社会"的思维。

（四）服务方式的多元化

网络环境下，数字文献的服务实现了网络化，用户可以通过信息网络同时进行访问、检索和下载，如利用数据库开展定题服务、课题查新或追溯服务等都是数字图书馆为用户提供服务的重要方式。图书馆在网上发布各种文献资源的消息，不断地向用户提供所需要的信息和知识，用户可以在任何一个地方通过终端以联网的方式查找所需要的信息。数字信息的检索技术不再单纯地采用传统图书馆中惯用的关键词及其逻辑组合的方式，而且可以通过智能式人机交互方式来检索信息。图书馆利用互联网上的虚拟信息开展信息服务，主要包括利用互联网上的各类网站和搜索引擎按学科或专题建立网上学科导航站或学科指引库，并存放于某一网页，引导用户浏览或检索相关信息；利用互联网上的各类网站和搜索引擎按学科或专题搜集、下载、筛选、分析、重组、整合以建立专题数据库，然后向特定的用户提供服务。用户可以通过自己的语言不断地与系统进行交互，逐步缩小搜索目标，获取自己所需要的文献资料。

（五）服务中心的转变

这一转变主要体现为图书馆管理上的人性化转变，即图书馆在注重信息服务的同时，开始注重人文环境的建设。信息服务方面，在提供传统图书借阅服务的同时，重点加强网络建设，突破图书馆的时空限制，延长服务时间，拓展服务空间，为各类读者获取信息提供快捷、方便的服务；加强信息的收集、加工、组织，提高网络馆藏信息的数量和质量，为读者提供充分、有价值的信息资源。人文环境建设方面，图书馆应有效利用数字化和网络化技术，减少图书馆的馆藏空间，相对扩大读者的学习空间，创建舒适的学习环境，提供资料检索、查找、复印、装订等自助式快捷服务，同时建立读者同图书馆的有机联系，使读者特别是学生离不开图书馆。例如，澳大利亚的墨尔本大学，把学生证与借书证一体化，同时在入学时由图书馆为每个学生注册一个校园电子信箱，为学生提供在图书馆借阅图书的信息，同时学生可以通过电子信箱预约图书。

（六）服务态度的主动化

服务是图书馆的基本宗旨，是图书馆的核心功能。网络环境下图书馆的服务已经由传统的被动型服务向主动型服务转变，这种转变已经发展成为现代图书馆的主要特征之一。这种转变趋势主要表现在以下三个方面：一是图书馆的服务方式由信息储藏向信息加工和传递转变，使图书馆成为读者获取最新信息和知识的来源；二是主动为科研服务，使图书馆成为国内外新学科、新领域、新课题、新动态、新技术成果的跟踪者和信息提供者，发挥信息的时效性，为读者特别是科研人员提供及时、准确的服务；三是主动参与市场竞争。图书馆发挥自身的信息优势，改变被动服务方式，树立市场观念，主动参与市场竞争，根据市场需求，为社会各部门提供各种信息服务。

（七）印刷文献与电子文献并存

带光盘图书现已成为许多图书馆在阅览和外借时需要探索的读者服务新问题，一些图书馆已在实践中总结了一些好的做法，如外借时带光盘书单独处理等。北大方正较为妥善地解决了图书电子版的知识产权后，其所提供的数以万计的图书正在逐渐成为一些图书馆的服务内容。上海图书馆在"读书月"中开展了主题为"引领网络环境下的学习"的系列活动，其中就包括方正三万册电子图书的网上借阅服务。在一周时间内，即吸引了上百万的点击率，2500张电子图书码数天之内便登记一空，表现出广大读者对电子图书的热情。而美国OCLC所提供的NET LIB RARY的外文电子图书经过上海中心图书馆和西安交大图书馆等12家机构的联合采集，总共4000种左右的外文图书也向读者开通使用。这些信息，都反映出现代图书馆服务中文献载体已是印刷型与电子型各具优势、并驾齐驱。

（八）阵地服务与网络服务并重

在传统阵地服务的同时，现在，几乎稍有规模的图书馆都有了自己的网页，清华大学、上海图书馆、中山图书馆等都先后开展了网络参考咨询工作，国家图书馆和上海图书馆的网上文献传递工作也与日俱增。而网上借阅、网上讲座、网上咨询、网上文献提供、网上读者信箱等，网络已经成为现代图书馆生长着的有机体中的一个不可或缺的组成部分，它连接着藏书、读者和工作人员，从而使网络服务与传统的阵地服务互为补充、等量齐观，并已经愈益表现出其无限的生命力。

（九）突破时间和空间的限制

服务时间的限制、服务空间的限制一直是读者服务不能实现方便读者的跨越式发展的两大障碍。而借助于信息技术的支撑，图书馆已可以向读者提供24小时的"全天候"服务；服务的触角也已延伸至全国以及世界各个国家和地区。读者与图书馆员之间从来没有像今天这样"天涯若比邻"，虽远隔千山万水，但如同近在咫尺，即时的咨询问答等服务方式使远距离的感觉不复存在。人们已经并将可以通过图书馆来实现这样的服务愿景：任何读者、在任何时间、在任何地点、可以利用任何馆藏、并与任何参考馆员联系进行他所希望的个性服务。

（十）资源无限带来服务无限

当数字化的技术将传统介质的文献转化为数字信息，在网络通信技术的帮助下使全世界各图书馆以及其他机构的数字信息连为一体时，人们真正感受到了资源的无限以及由此而产生的图书馆读者服务空间的无限广阔。一些馆藏并不丰富但善于利用社会各类信息资源的图书馆在近年来做出了惊人的成就，使传统对馆藏数量及建筑面积的追求开始改变，资源共享的思维更加深入人心。

（十一）功能拓展带来服务延伸

当代图书馆的发展在其原有的文献典藏、知识交流、文化教育以及智力开发功能的基础上，其终身学校、文化中心、信息枢纽的功能开始显现，虽然这些功能与原有的功能可能有重合的部分，但这些功能却显示出其强大的生命力，使图书馆的读者服务不断得到延伸，服务空间不断得到拓展，服务平台不断得到扩大。以讲座为例，国家图书馆的部级领导干部历史文化讲座、上海图书馆大型宏观信息讲座等都是将服务的触角延伸向了社会，在发挥图书馆作为市民的终身学校方面显示出了其勃勃生机。

（十二）个性化服务的需求越来越突出

中国正在全面建设小康社会，社会中的中等收入阶层已经形成并在不断扩大。这一读者群体在服务上就体现出了个性化的需求。而网络技术的发展为自助性的读者服务提供了许多的途径和服务内容，而在这样的服务过程中，读者的自主性得到张扬，个性化得到满足。当上海图书馆庆祝新馆开馆五周年与上海有线电视台共同推出"把我的图书馆送入千家万户"的服务时，这种个性化的服务正逐渐成为图书馆界追求的服务新思维。

（十三）便捷服务的要求越来越高

方便快捷是广大读者对图书馆服务的基本要求。信息化时代最重要的就是速度。为读者节约时间已成为一种服务思维，如有的图书馆提出了为读者提供限时服务，尽可能缩短读者在借阅中的等候时间。许多图书馆向读者主动提供了个性化的、快速的、高质量的、标准化和规范化的服务，特别是在第一时间提供了最新的各类文献和信息；同时，在读者导引、空间布局、文献提供、网上咨询等图书馆服务的每一个环节和业务中体现出了效率与质量。

第三节　图书馆服务内容与方式

一、图书馆服务内容的形态演变

图书馆作为文化浇铸的社会记忆装置，其服务内容与方式的发展演化与信息技术，社会文化、用户的行为模式变化等都密切相关。图书馆发生作用的界线是由文化和构成文化的各种体制规定的，如果图书馆离它自己的从属的文化观念和价值体系太远，其结果要么成为历史上的恐龙，要么进化成未来世纪新的"物种"。图书馆既然是"一个不断增长的有机体"，它就必须与时俱进，能够从文化母体和其他机构中吸取新事物，摒弃旧观念，不断改变其规模，更新其形态，从而获得进化的条件与机制。

纵观历史，图书馆的服务与方式大体经历了以下5种形态，并在整体上呈现阶梯函数，其中每一个较高层次都源于较低层次，但呈现出优于较低层次的新的特征。

（一）文献实体服务

考古发现，约公元前三千年在两河流域的古巴比伦王朝的一座寺庙废墟附近，就有大批泥板文献被集中在一起，成为已知最早的图书馆。直到近代印刷革命和产业革命之前，古代图书馆——无论是西方的尼尼微皇宫图书馆、亚历山大图书馆、欧洲中世纪的寺院图书馆，还是中国殷商时期的"窖"藏甲骨、周代的守藏室、隋唐的书院——在整体上都表现出对社会的封闭性，由此便决定了古代图书馆以文献实体服务为特色的服务内容与方式。

（二）书目信息服务

书目的根本特点是在于它组织的不是信息资料本身，而仅仅是关于他们的信息。人们对文献实体分离出来关于文献的信息，并为克服文献与需求者的矛盾以达到统一记录和组织这些文献信息的活动，是一切书目活动历史的和逻辑的出发点。而提供书目信息服务则是书目活动的目的和归宿。

在我国，由于纸质载体和印刷技术的发明，古代文献卷帙浩繁，书目信息工作由来已久。在西方，书目信息服务大体上与近代图书馆的发展同步，西方近代图书馆起源于文艺复兴和宗教改革时期，欧洲进入资本主义社会后，大机器生产需要有文化的工人，教育开始普及到平民，文献生产能力大大提高。从而使一些全国的图书馆开始向社会开放。17世纪，德国图书馆学家G.诺德提出："图书馆不应仅为特权阶层服务，应该向一切愿意来图书馆学习的人开放。"到19世纪中期，以英、法等国为代表的工业革命基本完成，科技革命迅速发展，以英国的《哲学汇刊》(1665)、德国的《药学总览》(1830)、美国的《工程索引》(1884)等为代表的科技书刊和文献索引纷纷出现，西方的目录学也正是在这样的经济、科技的基础上获得了快速的发展。以1895年世界性的目录学组织"国际目录学会"的成立为标志，世界目录学实现了从传统目录学向现代目录学的转变。

与此同时，除了传统的文献实体服务之外，各种书目信息工作、服务和管理在图书馆中开始活跃起来，尤其是分类目录、卡片目录、各种二次文献信息产品的开发，新到书刊目录报道、推荐书目服务以及相关的书目控制、书目情报系统建设等逐步成为图书馆活动和服务的中心工作。

（三）参考咨询服务

参考咨询是指图书馆员对用户利用文献和寻求知识、信息方面提供帮助的活动，它是以协助检索、解答咨询和专题文献报道等方式向读者提供事实、数据和文献检索。参考咨询更加强调图书馆的情报职能，更为注重用户的信息需求，它将书目信息服务提升为不仅为用户提供书目工具，而且还要解决实际问题。

一般认为，比较正规的参考咨询服务是19世纪下半叶最早美国公共图书馆和大专院校图书馆开展起来的。1876年，伍斯特公共图书馆馆长S.格林在向美国图书馆协会第一次大会提交的题为《图书馆员与读者之间的个人关系》一文中提出，图书馆对要求获取情报资料的读者应给予个别帮助。此文被视为关于图书馆开展参考咨询服务的最早倡议。1891年，图书馆学文献中出现了"参考工作"这一术语，此后参考咨询服务理论逐渐被图书馆界接受和应用。

20世纪初，多数大型图书馆成立了参考咨询部门，并逐渐成为图书馆服务中的一项重要内容。随着文献信息的激增和用户需求的增长，早期的指导利用图书馆、利用书目解答问题等服务内容逐渐发展到从多种文献信息源中查找、分析、评价和重新组织情报资料，到20世纪40年代，又进一步开展了包括回答事实性咨询、编制书目、文摘，进行专题文献检索，提供文献代译和综述等服务项目。

（四）信息检索服务

20世纪中后期，西方工业国家的科技发展使信息处理问题突显出来，尤其是以德国、英国、美国和苏联为主的一些国家积累了大量的需要处理和利用的科技文献资料和科研成果，计算机问世并被应用于文献加工领域，新学术思想活跃以及新的学科的不断诞生。与此同时，一些图书馆开始利用计算机和现代通信技术建成各种文献数据库、数值数据库和事实数据库，并逐步实现了联机检索，使参考咨询服务中的部分工作自动化；另一方面，参考咨询工作的流程，即接受咨询、进行查询、提供答案、建立咨询档案等，也为信息检索服务的方法和策略提供一种框架。这些都使得信息检索服务方式呼之欲出。

1945年，美国科学家V.布什在"诚若所思"（As we may think）一文中首次提出了机械化检索文献缩微品的设想；1948年，C.N.莫尔斯提出了信息检索的概念和思想；英国文献学家S.C.布拉德福于1948年发表了"文献工作内容的改进和扩展"一文，强调了自19世纪90年代以来蓬勃发展的文献工作到20世纪40年代所面临的必须革新的局面。这些都铸成了图书馆文献服务的内容与方式从文献实体或文献信息为主体向信息资源为核心的历史性转移。

至此之后，图书馆工作中的许多工作。诸如信息收集、信息组织、检索语言的编制、用户需求的调研等都开始以信息检索服务为中心开展起来。从20世纪50年代开始，美国人M.陶伯、A.肯特、H.P.卢恩发明的题内和题外关键词索引等，英国的布拉德福和B.C.维克利对文献分布、R.A.费尔桑对分类检索、C.W.克莱弗登对检索系统性能的评价问题等都分别做了研究。

尤其是20世纪90年代，各种计算机检索系统都迅猛地发展起来。如美国国家航天和航空局的RECON信息检索系统、美国国立医学图书馆的MEDLARS、洛克希德公司的DIALOG、系统发展公司的ORBIT以及书目检索服务社（BRS）的联机检索系统等都相继投入使用。

根据M.莱斯克的看法，从1945年开始，信息检索业已经历了Childhood

（1945—1955）、The Schoolboy（1960 s）、Adult-hood（1970 s）、Maturity（1980 s）、Mid-life Crisis（1990 s）5个阶段。随着人工智能、计算机语言、海量存储技术等的发展，尤其是图书馆文献的计算机化和多媒体化的发展，到2000年，传统的联机检索"功成名就"（Fulfillment），而信息检索将会在2010年左右退出历史舞台（Retirement）。我们认为，随着检索的智能化、数据挖掘、知识发现的发展，以及各类信息咨询和信息调查机构的兴起，全文本、多媒体、多原理和自动化等新型检索方式将会取得长足的进步，信息检索服务将演变成图书馆网络化知识服务的基础和手段。

（五）网络化知识服务

网络化知识服务是与信息资源的网络化和知识经济、技术创新的社会背景息息相关的，也是信息检索服务发展的必然结果。从20世纪90年代之后，随着网络技术的发展和普及，图书馆的数字化、信息资源的网络化、信息系统的虚拟化，以及各种非公益性的信息机构将包括文献信息检索、传递在内的信息服务直接提供给最终用户，导致信息交流体系和信息服务市场的重组，图书馆对信息服务的垄断地位也不复存在。这些都促使图书馆必须迅速调整和充实服务的内容和策略，重新定位其核心竞争能力，使现有的以信息检索为核心的服务方式向网络化知识服务方式转变，以保证其在数字化、网络化环境中的社会贡献、用户来源和市场地位。

网络化知识服务是图书馆信息服务的高级阶段，是一种基于网络平台和各类信息资源（馆藏物理资源和网络虚拟资源）、以用户需求目标驱动的、面向知识内容的、融入用户决策过程中并帮助用户找到或形成问题解决方案的增值服务。网络化的知识服务具有个性化、专业化、决策性、整合性和全球化等特征，基本上属于单向或多向主动型服务。

（六）泛在知识环境下的泛在化服务

近年来，泛在图书馆理论和泛在图书馆应用的思想在国内外图书馆界极其活跃，已成为专家、学者们关注和研究的热点。泛在图书馆给出了数字图书馆新的内涵和定义，泛在知识环境带来了数字图书馆服务环境和用户需求的变革，也改变了数字图书馆的研究方向。

"泛在"从字面上讲就是广泛的存在，英语词汇为：ubiquitous，意思是"无所不在，广泛存在"。在2003年的"后数字图书馆的未来"研讨会上，有学者提出了数字图书馆要协同NSF/ACP知识基础设施建设并要创建泛在知识环境。在会后发表的研究报告"Knowledge Lost in Information"中，将数字图书馆的未来描述为构建"泛在知识环境"。虽然到目前为止，国内外学者并未建立起一个清晰的"泛在图书馆"概念体系，但对"泛在知识环境"给出了较为明确的概念，就是要构建多语种、多媒体、多格式、多形态、移动的、语义的数字图书馆知识网来检索人类知识，使信息服务将更加实质性地转向知识服务。

二、图书馆服务内容的三大层面：职能服务、心理服务和管理服务

图书馆服务和一般服务行业有许多相同之处，比如，其服务口号都是服务至上，一切为了顾客（读者），都要与不同类型的人面对面地打交道，都存在着服务态度、服务质量及在服务过程中的化解冲突问题。然而，图书馆服务又的确有着自己独特的服务内容。参考一般服务行业的观点，从图书馆服务角度将图书馆服务内容划分为三个层面：职能服务、心理服务和管理服务。

（一）职能服务

职能服务是某一服务行业或部门所具有的特有服务，是区别于其他行业部门的独特功能。比如，饭店的"职能服务"是让顾客吃饱吃好，理发店的"职能服务"是理发、美发。而图书馆的"职能服务"就是让读者获得所需要的文献信息，并能够在安静舒适的环境里阅读、学习和研究。图书馆功能服务，按其服务中所依托的重点不同可分为依托文献资源开展的服务、依托人才资源开展的服务和依托建筑设备开展的服务。

（二）心理服务

任何一个服务行业都存在一个心理服务的问题。随着社会发展，人们的温饱、物质需求基本满足后，心理的服务便成为一种需求。因而，许多行业都把心理服务摆到了服务内容之中，心理服务是在人与人之间的服务交往中实现的。当一个读者向工作人员查询一本书或一条信息，能不能查检到属于功能服务的问题；而是不是主动热情、有礼貌，让读者感到受到尊重而高兴满意则是心理服务的问题，心理服务在图书馆服务中，有着不容忽视的作用，它体现了图书馆的精神面貌和

员工的思想素质，是来馆读者满意而归的基本保证。我们知道，来馆读者查询到所需图书，并不一定满意，很可能对我们的态度还有意见。反之，读者如果没查阅到所需图书，只要我们的心理服务到位，对读者做了耐心细致的解释，并向读者表示歉意，读者同样可以表示理解，满意而归。

（三）管理服务

管理服务有着两个方面的含义：一方面，图书馆有着庞大的读者队伍，读者的文化水平、思想素养各不相同，图书馆要制定相关措施来规范读者的行为，以确保图书馆的馆藏资源、设施设备的安全、有效使用。另一方面，图书馆员工队伍知识水平、职业素养等也参差不齐，为了保证图书馆各项工作科学、有序地开展，图书馆各项服务的到位落实、保质保量，图书馆需要制定一系列的管理制度并以此约束员工行为。两种管理都是从维护广大读者的利益出发的服务行为，因而可以称其为管理服务。

三、图书馆服务的主要类型与方式

（一）个性化定题服务

网络化知识服务首先是一种个性化的服务，它是针对某一具体问题，按照不同客户的主题需要进行的个性化应用服务。个性化定题服务就是在全面客观地分析用户的信息需求后，通过信息挖掘、知识发现、智能代理等技术，对各种信息资源进行过滤，得到用户所需要的、个性化的信息资源精品，并利用电子邮件、频道推送或建立用户个人网页等方式传送给用户。这种方式强调按用户需要量身定制、跟踪服务，服务过程则根据具体用户的喜好和特点来展开。具体包括定期向用户提供新到文献通报、定题选报、定题资料摘编、定题检索等多种服务方式和方法。目前国外开展的 My Library、My Gateway、My Link、My Update 等，得到了美国图书馆和信息技术协会（LITA）的推崇，认为这种服务是最"值得关注"的趋势，并提出"图书馆用户是正在成长的网络用户群体，他们期待着个性化、交互性和客户支持服务，以图书馆非用户为中心的方法和手段将越来越无关紧要"。

（二）学科知识支撑服务

这种方式是将精心选择和管理的学科知识库或知识单元、学科资源导航、专业化的检索工具（如专门的专业搜索引擎）、学科论坛、专业研究和会议动态、专题文献报道等集成在一个界面。这样，一方面通过提供前台服务及时与学科专家进行沟通，另一方面能够集中力量开展重点学科的信息资源建设。同时，独立的组织建制和学科馆员制度还能够使图书馆建立起与特定服务对象的长期服务关系，从而提供更为具体的连续性服务。

实践表明，图书馆尤其是高校图书馆，应当积极主动地参与重点学科建设，这既是促进其自身建设发展的需要，也是办出特色、创建品牌形象的需要。图书馆如果积极参与重点学科建设，其自身的定位就得到了保证。通常来说，重点学科的建设一般都有多级专项经费作保障。因此，如何确立重点学科藏书范围，建立重点学科数据库和知识导航系统等将成为许多图书馆的一项重要任务。

（三）数字参考咨询服务

开展数字参考咨询服务（Digital Reference Service），为科学研究和管理决策提供知识辅助是现代图书馆服务不可或缺的重要组成部分。随着网络咨询业的兴起与发展，已有许多图书馆，如美国国会图书馆、中国国家图书馆、北京大学图书馆、清华大学图书馆等，纷纷开展了诸如"电子邮件咨询""电话咨询""在线实时问答咨询"等各项工作。其中，由 OCLC 和美国国会图书馆联合开发的 Question 2 Point 是目前最具代表性的合作虚拟数字参考咨询服务系统。该系统可以在网络环境下，通过与图书馆主页简单链接的方式提供多功能参考咨询界面，用户和馆员可以利用电子表单、邮件交互、在线聊天等方式进行咨询，对于本馆无法回答的问题，可以根据本地区合作组的情况，将问题转交给合作组中的其他成员馆回答，还可以将无法回答的问题提交给全球参考网络，通过全球参考网络中的请示管理器（Request Manager）将问题发送到最合适的图书馆。目前，全球已有 300 多家图书馆及信息机构加入到该系统中，国内的清华大学图书馆和北京大学图书馆也成为该系统的成员馆。

（四）课题研究顾问服务

这是一种根据用户科学研究的课题（项目）需要，依靠临时团队提供知识服务的图书馆服务方式，即针对特定任务组织专门的研究团队和相关资源开展服务工作。这种模式最早是以顾问公司、诊断公司的形式存在和发展，比较著名的有兰德公司、日本野村综合研究所等。其特点是柔性的组织机制、嵌入式的服务方式和专家的广泛引入。

随着社会用户尤其是科研用户对知识资源、知识创新、专项科学研究等需求的提升，图书馆必须借鉴咨询公司、情报机构的服务方法，根据用户课题研究的需要，建立人员更加专业、分工更加有效的顾问式小组或团队，甚至可以从馆外聘请相关的专家教授，为课题委托方提供全面的查新服务、社会调研服务、知识发现和增值服务等。换言之，这种方式关注和强调的是利用专家知识和馆藏资源（包括网络资源），通过深度加工形成创新型知识服务产品，如课题研究文献综述或研究报告，为用户解决他们自己不易解决的问题，最终达到制定决策方案，完成研究课题、实现知识创新的目的。

（五）虚拟知识平台服务

图书馆的数字化和网络化，将会产生"网络就是图书馆"的现实，置身于网络之中的用户，就如同置身于巨大无比的图书馆中，众多网上数字图书馆的数字馆藏构成一个无处不在的逻辑知识库，用户接触到的是用户界面及知识本身，而不关心收藏信息或知识的物理场所。因此，图书馆的物理形态已经虚拟化，形成所谓的虚拟图书馆。

虚拟知识平台要求资源的全面整合，这些资源包括图书馆内外的人才资源、藏书资源和网络资源。只有这样才能扩大图书馆的职能，将终身教育、远程教育、用户信息素质教育等新思维带入到现代的图书馆中。例如，美国特拉华大学图书馆设立的"虚拟图书馆用户培训家庭教师"（The Virtual Library Tutor）、康奈尔大学图书馆研制的"用户培训计算机辅助教学"等都使图书馆真正成为用户的教育平台和知识殿堂。

作为一个知识平台，图书馆可以采用网上超市的运作方式和服务策略，将知识资源的采购、加工、管理、服务等有机地结合起来，接受网络用户的监督和评价，真正从用户需求出发，实现图书馆服务的公正、公开和公平的"一站式"系统服务。目前，我国的科学院系统图书馆、高校系统图书馆都在努力营造虚拟的知识大平台，为用户提供包括中国知网、万方数据等在内的各种知识资源，并接受用户的监督和评价。

第四节 图书馆服务的发展趋势

一、图书馆服务的发展

图书馆服务是读者工作或读者服务的发展，是超越传统的读者工作或用户服务范畴的一个概念。图书馆服务是为满足读者和社会需求，利用图书馆的文献信息及其他各种资源，实现图书馆使用价值的全部活动。这一概念包括了三个要素，首先是对象，即读者与社会；其次是内容，即利用图书馆资源；再次是目标，即实现图书馆的使用价值。图书馆服务的外延是基于内涵形成的，是不断发展变化的，可以从多个角度来分析。

从服务对象看，图书馆服务有读者服务、用户服务和社会服务。

读者服务确立的读者概念与阅读行为有关，读者服务离不开文献、阅读设备和阅读空间。用户服务突破了图书馆以借阅证判别读者的限制。特别是网络环境下的图书馆服务，点击图书馆网站，利用图书馆网上资源，对用户具有现实的意义。社会服务就是拓展图书馆的社会教育功能，提高公民素质，以满足社会的需求。

从服务资源的层次看，图书馆服务有文献服务、信息服务和知识服务。

文献服务利用图书馆的基本资源开展多种服务，如期刊服务、专利服务、学位论文服务等。信息服务比文献服务上了一个层次，主要体现在运用信息技术和信息资源，如 OPAC、数据库检索、信息咨询等。知识服务是更高水平的服务，是运用知识和智慧开展的服务，如学科馆员服务、查新服务等。

从服务手段看，图书馆服务有手工服务、计算机辅助服务、数字图书馆服务等。

随着"My Library"个人图书馆服务的产生，自助服务和自我服务成为一种趋势。技术的发展推动服务形式和功能的拓展，新的服务不断出现，以紧跟时代的发展步伐。

从服务历史看，图书馆服务有传统图书馆服务和现代图书馆服务。

传统图书馆服务是以馆藏文献为依托,以借阅活动为核心,面向有限读者的服务。现代图书馆服务则是以图书馆资源为依托,以文献信息服务为核心,面向所有用户的服务。如果说,传统图书馆服务主要是以图书馆建筑为坐标的有形化服务,现代图书馆服务则是以知识资源为坐标的图书馆物理空间和虚拟空间的复合型服务。

二、图书馆服务的发展规律

依据图书馆服务的构成要素和图书馆的历史演变来看,图书馆服务具有以下发展规律:

(一)服务对象扩展

图书馆的服务对象经历了一个从严禁到限制到部分开放到全面开放的过程。在我国,解放前因为能够对外开放的图书馆数量和藏书极其有限,加上广大工农群众中文盲占大多数,图书馆实际上只能为少数达官贵人和有文化者服务,是完完全全的"精英服务"。解放后一直到20世纪80年代后期,虽然通过开展扫盲运动,普及教育,广大人民群众的科学文化水平逐步提高,图书馆服务对象扩展到了全民族各个阶层,但服务对象还是受地域、身份等方面限制,读者必须持有关证件进馆,办理借书证须单位证明本地户口。到了20世纪90年代,由于人们文献信息需求的增加,图书馆事业的发展,特别是公共图书馆事业的发展,公共图书馆已面向全社会开放,社会成员可以不受地域、身份等方面的限制,可以就近享受图书馆服务。目前许多图书馆都免费向所有居民开放,任何人都可以免证件进馆阅览书刊,无论是本地居民还是外来劳务工,只要持本人身份证就可以办理借书证,免费借阅图书馆的书刊资料。

(二)服务内容增加

由于人类信息需求的扩大,图书馆的服务内容也在相应增加。古代图书馆只是为皇朝政事提供参考、为公私著述提供资料,近代图书馆主要是阅览服务。现代图书馆除了为用户提供借阅服务、参考咨询、文献情报检索等服务外,同时为他们提供网络服务,包括全文检索、多媒体检索服务、网络检索服务、网络咨询服务,以及查新咨询服务、休闲娱乐服务等;不仅提供传统印刷型文献资料,还同时提供数字化的文献信息。服务功能的多样化已使图书馆不再是单纯的文献收藏中心，而且同时是社会教育的基地、信息传播中心和民众休闲娱乐的重要场所。

（三）服务手段提高

20世纪60年代以前，图书馆各项工作都处于手工操作阶段，图书馆服务效率低下。20世纪70年代以来，随着计算机技术在图书馆的应用，图书馆内部管理逐渐实现了自动化，图书馆服务效率有了显著提高，机读目录的出现为用户提供了更多的检索途径，流通自动化简化了用户的借、还手续。20世纪90年代以后，随着互联网技术的发展，图书馆服务实现了网络化。通过互联网，用户可以端坐家里轻松享受图书馆服务，阅读图书馆数字化的文献资料，并下载自己所需要的信息。图书馆则可以利用互联网建立虚拟馆藏，共享他馆及其他信息机构的信息资源，为用户提供信息服务。

（四）服务方式进化

随着社会的进步和发展，人类的信息需求日趋增加，图书馆的服务方式也有了巨大变化。古代图书馆，由于馆藏信息资源数量、管理手段及信息需求等方面的限制，图书馆一般仅提供室内阅览服务。到近代，图书馆馆藏文献数量有了显著增长，人类文献需求趋于大众化，图书馆除了提供馆内阅览服务外，亦向读者提供文献闭架式外借服务。到了现代，随着科学技术的飞速发展，文献信息资源急剧增长，人类的信息需求日趋多样化，封闭式服务已不能满足他们的需要，图书馆需逐步实现了开放式服务，实现了借、藏、阅一体化，极大地方便了用户利用文献信息资源，也提高了文献信息资源的利用率，最大限度地发挥了资源的效用。随着互联网的发展，图书馆服务已不再局限于图书馆内服务。通过互联网，图书馆可以提供网上阅读，全文信息传输等多种服务，及时快捷地满足社会大众的文献信息需求。同时，图书馆服务已不再局限于提供纯文献信息，而是提供着多种功能、多种形式的社会化服务。

第二章 图书馆服务思维

服务思维是人类众多思维的一种,是指人们从事服务活动的主导思想,它反映了人们对服务活动的理性认识,是各种服务活动的核心,是服务组织在创造价值的过程中,对客户或服务对象的服务原则、服务态度、服务方式的集中体现,是服务组织规范服务人员心态和行为的准则,同时也是服务组织提供给顾客能满足其某一种或某几种需要的服务的功能、效用。

第一节 图书馆服务思维的概念

现代图书馆服务面对新的环境和新的需求,必须树立新的思维。对图书馆来说服务思维的树立与创新不仅是自身发展的需要,同时也是应对网络环境下各种挑战的竞争要求。图书馆服务思维是指导图书馆服务工作的基本方针,是图书馆整体工作思维的主要组成部分,是图书馆用户服务原则、服务态度、服务方式的集中体现。它是在长期图书馆服务工作实践的基础上总结出来的,反映了图书馆服务的客观发展规律,是图书馆服务工作的前进方向、奋斗目标、理论依据和行动准则。

图书馆服务思维是图书馆主体在图书馆工作实践中,从图书馆产生的服务性出发,对一系列图书馆问题形成的总体看法。所谓"图书馆服务思维"就是服务的自身定位问题,也即为谁服务和怎样服务的问题。图书馆服务的形式经历了从封闭到开放、从面对面到远程、从定时到随时、从无偿到有偿、从局部到全球、从被动到主动、从信息到知识等一系列的转向,并且呈现出了多种服务并存、手段与方式不断更新与拓展的态势,与图书馆服务方式和内容同步演变的,便是图书馆新的服务思维的形成和不断更新。快速变化的图书馆服务方式和手段,必然引发图书馆服务思维的转向,进而引发服务思维的创新。其主要观点有:文献信息服务是图书馆的基本产出，读者和用户是图书馆的直接顾客，不断满足读者和用户明确的或潜在的知识信息需求是图书馆改革和发展的落脚点。

图书馆的社会价值是通过服务来体现的。近年来随着我国社会的进一步转型，"服务"的概念和范围发生了一些变化，表现为：读者服务的模式从"以藏书为轴心"向"以读者为轴心"转化；读者服务的对象从"图书馆读者"向"社会读者"延伸；读者服务的范围从"图书馆服务"向"资源共享服务"拓展；读者服务的内容从"传统馆藏提供"向"电子信息资源存取"发展；读者服务的重点从"一般借阅咨询服务"向"电子信息咨询服务"转移；读者服务的手段从"传统手工操作方法"向"综合文献技术应用"发展；读者服务的功能从"单纯文献传递服务"向"多元化信息服务"扩展；读者服务的观念从"无偿免费服务"向"有偿收费服务"转变等。

图书馆服务思维的第一特征是鲜明的选择性，在现实条件下，图书馆成了图书馆服务产品的提供者，广大读者（用户）成为图书馆服务产品的利用者和消费者，他们有权选择图书馆服务。图书馆服务的选择性蕴含着图书馆供方的竞争。因此，作为文献信息服务提供者的图书馆，在读者（用户）自由选择利用图书馆的竞争机制下，必须努力提高服务质量和品位，为社会提供优质的服务以满足读者（用户）的需要。

图书馆服务思维的另一特征就是层次性，读者（用户）有不同层次的"消费需求"，图书馆必须区别对待，分层服务。

第二节　图书馆服务思维的演变

思维的演变是变革行动的先导，没有现代图书馆思维，图书馆的服务就难以更新，走不出墨守成规的困境，因此，要树立和强化与知识经济时代发展相适应的现代化图书馆思维，这是图书馆不断发展以及图书馆员实现自我更新的前提条件。

多年来，我国大多数图书馆的服务思维可以简要地概括为"藏、封、守、旧"，这是在一定发展阶段，科技水平、社会意识和传统习惯等多种因素共同作用的结果，即将藏书、馆藏信息作为图书馆的主体，并成为读者服务的唯一物质基础；

只面向本单位的读者（用户），封闭的服务思维削弱了图书馆的交流和社会功能，阻碍了图书馆服务宗旨的全面实现；图书馆为读者提供的是"等上门，守摊式"的服务，实质上是被动的服务；多数图书馆依旧作为借书和藏书的场所，忽视了图书馆作为学习场所的功能建设，在提高图书馆服务质量的同时，忽视对读者的尊重，忘却了为读者提供人性化的服务。

近现代意义上的图书馆从19世纪50年代开始，在一百五十多年的发展历程中，孜孜以求的服务思维随着时代和社会的发展而不断发展。图书馆学界已经达成"服务是图书馆的宗旨"的共识，明确了图书馆在本质上就是一个服务机构，承认和坚持这一点有助于图书馆的正确定位，并可通过优质服务获得更高的社会地位。图书馆服务是衡量图书馆办馆水平的主要指标，是图书馆工作的核心。近年来，关于网络环境、知识管理、知识经济时代图书馆服务的文章很多，一些新的服务思维值得关注，这些服务思维主要有"以人为本"的信息服务、集成化信息服务、平等的信息服务等思维。通过对图书馆服务思维历史演变过程的梳理与回顾，可以看出，伴随构建和谐社会理论研究的新的图书馆服务思维——和谐服务思维将成为图书馆学界的新焦点。

一、杜威的图书馆读者服务"三适当"准则

19世纪下半叶，图书馆学在美国得到巨大发展，卡特和杜威是其中一批卓越的图书馆学家的代表。1876年美国著名图书馆学家杜威提出图书馆读者服务"三适当"准则，即"在适当的时间，给适当的读者，提供适当的服务"。这条准则将图书馆资源的选择、提供与图书馆服务结合起来，对确立图书馆的服务思维具有开拓意义。

二、阮冈纳赞的图书馆学"五定律"

1931年，印度图书馆学之父阮冈纳赞在其所著的《图书馆学五定律》一书中提出了著名的图书馆学"五定律"，它们是：书是为了用的（Books are for use）；每个读者有其书（Books are for all）；每本书有其读者（Every book has its reader）；节省读者的时间（Save the time of the reader）；图书馆是一个生长着的有机体（A library is a growing organism）。第一定律"书是为了用的"，这是图书馆的基本法则，是图书馆开展一切服务工作的前提和存在的价值。它表明图

馆不仅具有收藏和保护图书的职能，更重要的是要使图书充分发挥它的作用。它彻底改变了传统图书馆以"收藏"为主的服务观念，确立了以利用为根本的服务宗旨，点出了图书馆工作职能的精髓。第二定律"每个读者有其书"，它改变了"书为特定少数人服务"的思维，提出了图书的社会化。阮冈纳赞认为应一视同仁地向每个人提供图书，所有人都享有看书、学习和享受的机会。这种坚持平等权利原则的主张，鲜明地体现了以人为本的服务宗旨，揭示了近现代图书馆服务的本质。这条定律也即"书为人人"。第三定律"每本书有其读者"，其基本思维是让每一本书都能得以适用，使每本书找到需要它的读者，强调的是图书馆的藏书应具有较强的针对性，能充分发挥效用。为此，图书馆应努力采取一切的手段与方式来"为书找人"。这条定律为图书馆开展读者服务提供了理论基础。可以说，它与第二定律从根本上确立了图书馆服务从"书本位"向"人本位"转变的基本思想认识。第四定律"节省读者的时间"，它强调的是图书馆服务的效率和效益，也就是说要改革管理方法，节省读者的宝贵时间。第五定律"图书馆是一个生长着的有机体"，它概括了图书馆的发展观，认为图书馆的发展不仅包括图书馆内部的藏书、读者和工作人员的不断发展，也包括由于客观形势的变化而引起的图书馆工作在深度和广度上的发展。这条定律对图书馆事业的可持续发展提出了理论依据。

阮冈纳赞的图书馆学"五定律"是对杜威图书馆服务"三适当"准则的继承和发展，深刻揭示了图书馆的使命、存在价值、发展机理和发展规律，强调了图书馆应以读者为中心、服务至上的思维和图书馆要适应社会需求的发展思想。这五条定律所体现出的"以人为本"的思想，对图书馆学的发展具有深远的影响，为确立现代图书馆服务思维奠定了思想基础，被图书馆界一直尊为经典理论。

三、米切尔·戈曼的图书馆学新五定律

1995年美国学者米切尔·戈曼（Michael Goman）在阮冈纳赞的基础上，又提出了图书馆事业的五条新法则，人们称之为"新五律"。其主要内容是：第一定律"图书馆服务于人类文化素质"，认为为个人、团体及整个社会服务是图书馆工作最重要的原则，是图书馆工作产生、存在与发展的第一推动力。第二定律"重视各种知识传播的方式"，认为面对电子图书的冲击，应重视各种知识传播方式。因为每一种新的传播方式都是对原有传播方式负载能力的增强与补充。第

三定律"明智地采用科学技术,提高服务质量",认为要明智地将新技术与新方法成功地结合到现有活动和服务的过程中,充分利用科学技术的优势来提高服务的质量。第四定律"确保知识的自由存取",认为图书馆应成为人类文化成果和知识的共同收藏之所,要努力保持向所有人开放,使所有人都有机会使用。第五定律"尊重过去,开创未来",强调图书馆应在继承和发展传统服务的基础上,调整和变革图书馆服务的功能和意义,通过不断地创新,以发展的眼光看待未来,才能与时俱进,既保持自己的特色,又争取更美好的前景与未来,在时代发展中立于不败之地。

"新五律"是针对当今图书馆及其未来发展趋势而提出的,具有其鲜明的时代特征。它是对阮冈纳赞图书馆学五定律所蕴含真理的重新解释,它强调了服务的目标、质量,而且把服务的内涵提高到了人类文化素质,知识传播和对知识的自由存取的高度,指出随着时代的发展,科技的进步,信息环境用户的需求都在发生着变化,图书馆工作不断地出现新的内容,但服务仍是图书馆的最根本所在。

四、南开大学柯平教授的图书馆服务的"新五定律"

南开大学的柯平教授结合信息时代图书馆服务的发展要求,对新老五定律的服务精神进行了提炼,他提出了建立图书馆服务的"新五定律":第一定律是"全心全意地为每一个读者或用户服务",强调依然要从思想上树立"以读者或用户为中心"的服务思维。第二定律是"服务是'效率、质量与效用'的统一",强调了服务过程中要注意"效率""质量""效用"三者缺一不可,既要保证质量和效用,又要节省读者时间。第三定律是"提高读者和用户的素养",强调图书馆应采取各种有效措施,努力提高读者和用户的各方面技能与素养,以保证其能自如获取图书馆提供的各种知识与信息。第四定律是"努力保障知识与信息的自由存取",强调的是图书馆服务的最高境界和目标。第五定律是"传承人类文化",强调图书馆服务的长远目的是促进生产力的发展和社会的进步,促进人类文化的发展。

五、范并思教授的图书馆 Lib 2.0 五定律

当前,我们面临着新一轮的 Web 2.0 所带来的 Lib 2.0 浪潮的冲击,面对改

变了的新的信息环境，新老五定律又孕育了新的思想内涵。2006年3月，范并思教授在自己的博客上提出了Lib 2.0五定律；第一定律是"图书馆提供参与、共享的人性化服务"。指出Lib 2.0所实现的不仅是要提供人性化的服务，将人文思维自觉地运用于信息技术中，使用户在图书馆服务和利用服务的方式上拥有更多的自主权，能够更好地相互分享，而且要创造条件让用户积极地参与。共享与参与的思维已成为图书馆在网络时代存在的基础。这个原则是阮氏的"书是为了用的"在新的网络环境下的应用与拓展。第二定律是"图书馆没有障碍"。它表明人们在使用图书馆时要没有障碍，每个人都可便利地获得他想要的信息。这个原则是与阮氏的第二定律"每个读者有其书"相对应的。第三定律是"图书馆无处不在"。在信息时代只有实现了图书馆无处不在，才能真正体现"每本书有其读者"的精神。第四定律是"无缝的用户体验"。也就是说对用户而言，图书馆提供的资源与服务是一体的，它是网络环境下节省用户时间的最高境界。它是阮氏第四定律"节省读者的时间"在新时期的另一种表述。第五定律是"永远的Beta版"。它体现为图书馆信息资源与信息系统的永续生长，"永远的Beta版"的Web 2.0术语，准确地描述了在网络时代"图书馆是一个生长着的有机体"的时代特征。

可见，范并思教授的Lib 2.0五定律同样强调并深化了图书馆服务是人性化、无障碍的服务，强调用户的参与和协作，注重用户的体验。指出在Web 2.0技术的支撑下，以用户为中心、参与、共享、无障碍获取、无缝、高效的服务是图书馆存在的基础，强调了图书馆的服务无处不在。

从以上这些新老五定律的提出可以看出，服务是贯穿图书馆发展始终的原动力，服务的内涵随着时代的需求不断变更和升华。但无论图书馆如何发展，发展形态如何改变，唯一不变的是图书馆的服务宗旨，服务始终都是第一位的。"以人为本""服务第一"的思维成为图书馆改革和发展的出发点和归宿，成为现代图书馆服务的最高思维。

第三节　图书馆服务思维的基本内容

20世纪80年代中期我国图书馆界提出了"读者工作是图书馆工作的出发

点和归宿"的服务思维，对我国图书馆的服务工作起到了极大的导向性推动作用。进入 21 世纪后，又提出了一些新的服务思维并指导着图书馆服务工作的理性发展，如上海图书馆实施"面向市场的文化教育功能，信息集散的枢纽功能，信息加工的增值功能和信息营销的市场功能"的思维，深圳南山区图书馆学习麦当劳作风七原则、小天鹅二三四五方针，开展"七要""七不要"，言行规范"一二三四五"，这些都是图书馆服务思维创新的典范。21 世纪图书馆应该具备以下一些服务思维。

一、"以人为本""用户至上，服务第一"的服务思维

从哲学的角度看，所谓的"以人为本"，简单地说就是正确认识和处理人与其他生产要素的辩证关系，重视人的创造力及其主导能动和决定作用，将人作为"活力源"，从而形成的关于人的科学思维。从知识的角度说，"以人为本"符合辩证唯物主义的认识论。作为图书馆来讲，人、财、物、文献管理信息开发服务纵然千头万绪，但一切是受人统帅和支配的，是通过人的工作和劳动去实现的。

在图书馆服务中，坚持"以人为本"的服务，指的是在服务工作中，不管何时何地，都要"用户至上，服务第一"，要把"为一切用户服务""一切为了用户""满足用户的一切合理需求"作为图书馆服务工作的出发点和归宿。图书馆的社会价值是从满足用户需求中体现出来。一个图书馆办得好不好，其办馆效益、社会价值如何，主要以用户对图书馆的认识去衡量，要看他们对利用图书馆的希望程度，对服务项目和服务标准的信誉程度，对服务人员素质和服务水平的满意程度，对服务效果的认可程度。

图书馆工作以用户为主导，并在三个方面给予充分体现：一是用户对文献信息。即馆藏文献信息是否符合用户需要，馆藏的信息、知识量度，内容价值必须由用户做出判断；二是用户对图书馆员，即馆员的服务态度、服务能力、服务效果必须由用户来鉴定；三是用户对图书馆工作，即图书馆的各项业务建设、制度规章、服务项目及设施是否反映用户利益与要求，必须由用户加以评价。"用户至上，服务第一"的表述与商业市场提出的"顾客至上"或"顾客是上帝"没有本质的区别。可以说，用户既是"上帝"，又是"主人翁"。为此，国内外许

多图书馆将"用户至上,服务第一"作为馆训。为充分体现这一指导思想,图书馆采取成立读者工作委员会实施对图书馆工作的具体指导;定期向读者汇报工作,出版图书馆工作年报,如实反映取得的成绩和存在的问题,接受全社会监督;推行义工制,邀请读者积极分子义务协助图书馆工作等。

体现"用户至上,服务第一"的思维,还应该体现在尊重读者的阅读自由,不对读者设置不符合政策,不符合人权的障碍;不能愚弄读者,不能为了显示图书馆的"业绩"或某领导人的"政绩",不管社会需求和读者意愿,花样翻新,经常搞具有轰动效应的宣传,读者并未获益,只是被当作宣传的玩物;不侵犯读者的著作权,因为任何作者都可能是图书馆的读者,有效、合法地利用和保护他们的著作权,正是图书馆生存、发展的重要条件;用户利用图书馆的合法权益必须得到尊重,要提高服务的文明水平,绝不出现对读者的不恭用语,即使读者行为出现不轨亦不能采取"偷一罚十"等违法措施。事实表明,图书馆服务工作只有在实际上而不是在口头上确立读者是图书馆的主人地位,才能"一切为了读者",真正做到全心全意为用户服务。

二、重视服务成果的思维

服务作为智力劳动必然要产生成果。重视服务成果的观念对于强化服务的目的性非常重要。这具有二层意思:一是不仅把服务作为一个图书馆工作过程,更重要是把它当作一个目的。既然是目的就得要看重服务成果,这种成果包括服务活动中的工作成果和开发文献信息产品的成果。为此,服务工作自始至终都要具有需求观念,要经常性开展调查研究,并建立长期的反馈系统,不断改善服务,提高工作质量,争取获得最大的效益。而图书馆服务工作人员也务必改变"守门人"终日流于上班下班,不求效益、不思进取的状态。二是要重视服务成果而不异化服务成果。对图书馆服务成果要正确分析、对待,它是一个潜移默化的过程,有一定量的局限,不可能立竿见影,一般都由量变到质变。所谓异化用户的劳动成果就是将用户自身的努力、创造所取得的成就都归结于图书馆的服务,往往对此广为宣传,并向用户颁发"读书成果奖""读书贡献奖"等。目前,有一些图书馆为显示自己的服务成果,一些用户为获取殊荣及在图书馆得到相应的服务优惠条件,彼此需要的"双向动力"似乎使此项活动异常热乎。对服务成果的异化,也是对用户劳动成果的异化,应属"打假"之列,切切不可作为提高图书馆社会价值的举措。重视服务成果必须树立科学、务实精神，以长期不懈的努力，从优质而具体的工作成果和特色而有效的信息产品成果所产生的社会效益和经济效益中显示出来。

三、竞争的思维

在谈到服务产品的微观特征时，我们曾提出它具有相互替代性。图书馆服务也具有一定的替代性，它与社会其他服务活动关系密切，彼此间相互补充，从而形成了一种竞争。

作为精神文化服务而言，广播、电视、文娱、体育、信息网络正在日益发展提高，任何人都无法摆脱社会文化的影响和制约，并同时参与文化的活动与创造。当今图书馆的生存条件面临着重大挑战，人们不仅可以享用丰富多彩的广播、电视节目，还可以不出家门利用网络图书馆来获取各类信息，甚至可以通过网上书店购买书刊。在所有竞争对手中，网络对图书馆的冲击最为明显。网络仿佛是一个庞大的图书馆，随时向人们提供无所不包的信息，任何人只要家里拥有一台电脑，连通网络，就可以跨时空跨地域的漫游信息世界。网络的发展势必削弱人们对图书馆的依赖程度。同时，面对开放式的环境，用户与网络之间是一种人机对话交流形式，没有传统图书馆服务形式中一些人为负面因素的影响，既能较好地满足用户迅速获得文献信息的需求，还节约了人们往返图书馆的时间、交通费用等这些边际成本。在这种情况下，人们将有是上网还是去图书馆进行选择的权力，若能够在家里"坐享其成"，还有谁愿意花时间和精力前往图书馆。近年据传媒的报道，各地图书馆的借阅活动不同程度上都出现了波动。

大众传媒及信息网络发展的动力是科学技术与社会需求，但它们对图书馆既构成一种冲击，同时也提供了一个动力和机遇。纵观精神文化的求乐、求美、求知的总体功能，图书馆作为社会求知的知识载体将永远在精神文化中处于龙头地位，并且日益具有求乐、求美功能。以下的调查数据足可证明即使在经济、文化相当发达的西方国家，阅读，尤其在图书馆中的阅读，仍然具有不可替代的作用：

其一，在美国成年人中，有7/10的人每天都要看报纸而9/10的人经常离不开报纸。

其二，1997年，在美国2/3的人拥有借书证，6/10的美国人至少到图书馆一次，1/10的人至少去过25次，再到图书馆的人中，1/2看书刊资料，1/5上网，1/5使用计算机，2/5以上去借书。

其三，1994年，美国公共图书馆藏书量6.3亿册，流通量16亿零34万册，流通率为233%，全国平均每人借出3册。

其四，在日本，对1000名坐电车乘客进行一次调查，发现每4个人就有1人看报，占33.8%，看书的占37.3%，看杂志的占28.9%。

其五，联合国教科文组织对旅游者携带何种物品进行过一次问卷调查，其中９０％的人回答是带书刊和收音机。

由此可见，阅读渗透于生活的每个角落，为其他文化服务不可替代。另外，网络对图书馆更多的是一种互补的关系。这是因为一方面网络上对用户有用的信息资源并不是太多，有些资源还是以商业性质出现，图书馆的资源优势仍然存在；另一方面网络的利用毕竟需要有计算机、上网等技术条件做前提，此外网上阅读还极易产生疲劳，没有传统阅读的休闲和随意。因此有人认为，图书馆真正的竞争对手是书店以及各种形式的社会读书组织。目前书店越来越多，它们将售书与提供宽松的读书、选书形式结合，阅读环境舒适、自由，尤其是特价书市不断出现，往往其中的顾客大都是阅读而不买书。社会读书组织，诸如书友会、读书社、读者沙龙、读者俱乐部、图书银行等，它们采取会员制形式，以少量的交费，享受互惠借书刊或优惠购书等，远比图书馆服务灵活、方便，颇受读者欢迎，已构成对图书馆服务工作的一个威胁与挑战。为此，我们应该充分发挥自己的优势，努力克服封闭、保守状态，进一步深化信息开发，加强网络化与数字化建设，提升服务人员素质与服务水平，化被动为主动，力争在各类精神文化服务方面牢固占据自身应有的地盘。

四、特色服务的思维

在科技、经济、教育迅速发展，社会需求日益多样化的环境下，扩大规模，并非是图书馆发展的最佳出路。相反，盲目的外延式发展有可能使图书馆在将来陷入进退两难的境地。企业界对此有许多深刻的经验教训，如一味地产业扩张使企业难以生存，而特色产品和服务却往往能够在竞争中占据优势。因此，现代图书馆没有必要去追求自身规模的大而全，而应树立特色服务的思维，充分利用网络和图书馆资源的优势，开展特色服务，使之在激烈的社会竞争中求生存、求发展。

近年来，北京、上海、湖北等地出现的特色图书馆和图书馆特色服务是非常成功的，获得了社会和图书馆用户的一致赞誉。特色图书馆和图书馆特色服务是在改革开放和市场经济这个大背景中孕育出来的具有中国特色的新事物，它的出现给我国的图书馆事业注入了新的活力。从发展的轨迹看，特色服务开始是在图书馆改革实践中从传统的常规服务中派生和发展起来的，表现出"人无我有，人有我优"的与众不同的特性，在长期的工作实践中逐步形成并相对稳定下来，展现出各个图书馆的个性。

特色服务之"特"主要有三个方面。

其一，对象上的特色。特色服务的服务对象往往突破了地域和用户服务工作常规，适应了"为一切用户服务"的宗旨。

其二，服务方式上的特色。特色服务改变了传统的在出纳台前坐等用户上门的被动服务模式，而是走出图书馆大门，在更为广阔的空间，采取多样的服务措施，体现了"一切为了用户"的宗旨。

其三，服务内容上的特色。图书馆开展特色服务，其资源必然是对一些专题和学科具有相对丰富的收藏，能为用户提供比较专业和专门的服务。

虽然特色服务的形式呈现出多样化的格局，但是，如果我们对图书馆特色服务的内容加以认真分析和研究，不难看出特色服务所具有的共同特点：一是适应社会公众的需要。特色服务项目的设立，充分考虑了社会公众的需求程度和地区环境的特点，因而具有强大的生命力和深厚的社会基础，这是搞好特色服务的先决条件。二是具有专题馆藏资源的优势。图书馆的特色服务必须建立在文献资源特色化的基础上，并以此构成用户服务的基础，为取得较好的服务效果铺平道路。失去了这一优势，特色服务只是一种奢望和空谈。三是采用现代化的服务手段。特色服务显示出现代化的服务特征，如在文献载体上，由单一的印刷型书刊转变为书刊、音像制品和电子出版物、数字文献等多种载体；服务方法上，改变单纯的借借还还为文献的采集、流通、辅导、咨询以及情报信息服务于一体的新模式；在服务手段上，已不完全依靠手工操作，而是借助于计算机和网络技术进行文献信息的管理开发和利用。

五、3A 新思维

对于广大用户那些较低层次的文献信息需求，图书馆传统的服务模式和方式已基本可以使其得到满足。然而，如何满足广大用户那些较高层次的文献信息需求，应该说还有很大的研究空间。与知识创新相关的文献信息需求以及与审美、教学、认知相关的文献信息需求极为迫切。于是一种崭新的用户服务思维——Anytime、Anywhere、Anyway（无论何时、何地、以何种方式），简称"3A思维"便应运而生。所谓"3A思维"，就是说，无论用户在什么时间、什么地方、通过何种方式，都能得到图书馆方便、快捷高效的文献信息服务。要使这个思维变为现实，有赖于"虚""实"两个用户服务系统作为依托。所谓"虚"，就是基于网络的虚拟用户服务系统或称虚拟参考咨询服务系统。目前，有一些高校图书馆网站已经建成了"网上（虚拟）参考咨询台"，使用户可以随时随地与各位参考咨询馆员通过电子邮件或电话取得联系，获得各种与文献信息检索相关的指导和帮助，可以随时随地利用"常见问题解答"得到有关问题的答案，可以随时随地通过"网上参考工具书"查阅网上免费的在线词典、百科全书、地图集，可以随时随地通过"学习中心"，学习、掌握各种电子资源的使用方法。所谓"实"，就是基于流通、阅览声像等业务部门以及遍布各个部门的实体参考咨询台。"虚""实"结合，使图书馆服务的时间、空间从有限变为无限，服务方式也由比较单一趋向多元化。

六、协作服务的思维

由于现代科学技术迅速发展，文献数量急剧增长，无论哪一个图书馆都不可能做到把某一学科文献收集齐全。而现代社会生活丰富多彩，用户的文献信息需求繁复众多，无论在哪一个图书馆都不可能完全得到满足。由于社会分工高度专业化，文献信息服务活动整体化已形成互相依存、互相促进的态势，图书馆联盟的作用将日益突显，人们愈来愈依赖于行业内与行业间的合作与交流，从而使交流与服务更加呈现多元化。

几十年来图书馆界为使自身形成一股群体力量，开展协调与协作，取得了一定成绩。但与当今社会发展要求尚有相当距离，特别是文献信息资源"共建共享"工作中存在着论说多、实际行动少，共享的兴趣高，共建的积极性低，目的性不明确，直接为用户服务的社会效益不明显等问题。图书馆服务特别是馆际互借和文献传递服务未得到有效利用，不少图书馆的服务工作局限于本馆的文献信息资源，服务工作组织管理人员缺乏资源共享观念，造成服务拒绝率较高。

图书馆协作服务的目的在于提高服务能力与水平，使服务形式更加灵活多样，服务内容更加丰富全面。图书馆协作的组织形式是成立各种各样的图书馆服务联盟。鉴于信息网络已经成为全球化的格局，各图书馆在协作架构中怎样去组织、加工各种传统文献信息资源并有效地利用网络资源是服务工作中不可忽视的问题。

图书馆的协作服务实践要在各馆之间通过充分协调，从用户需求出发，选择关系全局、用户受益比较大的项目进行。这除了确定图书馆的资源建设方向外，还要解决为用户提供什么信息的问题。书目信息是图书馆开展服务，组织文献资源流通的基本手段，是文献信息资源"共建共享"的基础，务必优先集中力量做好，因为知识不仅靠积累，更重要的是靠检索。

图书馆协作服务还应该包括社会团体及用户群，只有把图书馆融入社会，并从中有效地汲取利用智力资源、物质资源等，才能互相服务，彼此信任，良性互动。协作与竞争是对立的统一，为了共同的利益开展协作，从协作中显示自身的实力就是竞争；而竞争又是为了共同的利益，更好地提高图书馆的协作水平。

七、信息无障碍服务

国际图联、联合国教科文组织于 2001 年 8 月在美国波士顿召开的第 67 届国际图联大会上正式出版发行的《公共图书馆服务发展指南》指出：所有公众都有享受图书馆服务的权利，而不受种族国籍、年龄、性别、宗教信仰、语言、能力、经济和就业状况或教育程度的限制；必须确保那些由于某种原因不能得到主流服务的少数群体也能够平等地享受到各种服务，例如少数民族、身心残疾或居住在离图书馆较远而不易到馆的社区居民等。这种信息无障碍的服务思维是全世界图书馆数百年来共同的服务宗旨，其主要的服务对象是民众中的残疾人群体。

平等地获取知识信息是最基本的人权，图书馆开展对残疾人的服务是维护残疾人基本人权的体现。19 世纪以来，世界各国图书馆先后开展了内容丰富、形式多样的信息无障碍服务，为残疾人创造了一个学习和接受教育的良好环境，让残疾读者有获得生活基本因素如利用图书馆的机会，从而享有包括图书馆所提供的各类服务在内的公共、行动自由以及一般的日常生活方式。

在工作实践中，信息无障碍服务思维可在以下几方面给予体现：

（1）以无障碍思维来设计图书馆建筑，包括残疾人专用坡道、盲道和相关卫生设施。

（2）从方便读者的角度出发，设身处地为残疾读者着想，开展送书上门服务。

（3）利用现代信息技术，大力发展网络服务和虚拟参考咨询服务。

（4）摆脱传统的图书馆空间和文献资源按文献载体和文献类型布局的模式，改按文献的内容主题来划分，避免读者包括残疾读者的来回奔波。

（5）根据残疾读者的具体服务需求，量身定做，开展个性化服务。

国内信息无障碍服务开展比较早的图书馆如上海图书馆，1996年在当时新建成的馆舍对外开放时就构建了物理无障碍的建筑环境，并开辟了盲文阅览区。从2002年5月开始，上海图书馆还与上海邮电局合作，开展了为视障读者提供上门免费送还书服务，其中不仅包括免费邮寄的盲文读物，还包括了正常人也能使用的录音磁带等。

第四节　图书馆服务思维的创新

一、图书馆服务思维创新的必要性

在信息社会，图书馆的生存面临着众多的挑战。如今，人们不仅可以享用丰富多彩的广播、电视节目，还可以不出家门利用网上图书馆获取各类信息，甚至通过网络书店购买书刊。各种搜索引擎相继出现，改变了人们获取信息的方式。人们可通过搜索引擎查找所需要的信息，如利用Google、百度等就可免费获取网上各类信息。社会信息服务机构的大量出现，打破了图书馆单一提供信息服务的局面，人们获取信息的途径和方式有了多种选择。当人类社会进入信息时代，有人曾经预言，数字图书馆将取代传统图书馆，电子图书将取代纸质图书。从现实情况看，数字图书馆并没有取代传统图书馆，电子图书也没有取代纸质图书。上述种种现实表明，图书馆要适应信息时代社会发展的要求，必须加强图书馆的建设，树立新的服务思维。图书馆服务是一种有着丰富内容和具有重要意义的工作，是图书馆工作的重要组成部分，是图书馆这个组织联系社会与用户的桥梁，是图书馆工作最终价值的体现，是图书馆工作的出发点和最终目的。总之，图书馆服务工作要满足读者（用户）的需要，图书馆界应进一步探索图书馆服务工作的规律和特点，创新图书馆服务新思维，真正使图书馆服务工作迈上新台阶。

从社会发展的总体要求来看，图书馆必须进行服务思维创新。进入21世纪以来，信息技术的日新月异，使得知识交流，传播、创造模式发生了颠覆性的变革，网络资源成为用户获取信息的首选，信息用户将可以跨过传统图书馆直接获取信息，在应对挑战和顺应信息化潮流的过程中，图书馆必须要通过解放思想和开拓创新来不断实现自身的科学发展。由于服务是图书馆的生命线，思维是一切行为的基础和先导，图书馆只有创新服务思维，在服务中突显其竞争优势，以适应时代发展的需要。

二、图书馆服务思维创新的实质

图书馆服务思维创新，是通过更新观念，使图书馆人员主动为信息用户提供信息服务，是以提高服务质量为标准的更新和创新，创新的实质是"一切为了读者"的推陈出新，主要体现在其服务内容的丰富和完善。

信息时代，知识更新速度加快，为用户提供的信息内容只有具备了"快"、"新"、"精"、"细"的要求时，才能称得上真正意义上的服务创新。因此，图书馆必须深化信息服务内容，充分挖掘馆藏实体资源和虚拟网络资源的内在价值，传统与现代互为促进，满足不同层次读者需求，这是图书馆服务思维创新的实质内容。

三、图书馆服务思维的创新内容

图书馆服务思维的创新是相对传统而言的，创新不是对传统的批判或抛弃，更不是一味地标新立异，这其中更多的应该是继承、发扬和光大。图书馆服务思维的创新主要包括以下方面的内容。

（一）自由、平等、博爱思维

自由、平等、博爱是国际社会倡导的社会公义，也是国际图书馆界倡导的服务思维。图书馆界重视人的尊严与价值，包容人的弱点，注意为残疾人和其他弱势群体提供特色服务正是"自由、平等、博爱"精神的体现。自由、平等、博爱这些价值在图书馆服务中的体现，更多地表现在"平等"获取知识的权利上。尽管人生不平等是现实的真相，但我们不必为承认人类与生俱来的这样不平等而感到羞愧，人类之伟大及人类文明之意义就在于，它试图建立一个美好的制度，以此保障每个人生而自由，并且最大可能使社会趋于平等。虽然我们也承认"文明的多样性"，西方国家的一些普世价值目前不一定适用我们所有领域，但应适用于我们的图书馆界。

在西方国家，图书馆界自由、平等、权利、博爱等普世价值普遍被人们接受。在我国，长期的等级制度对平等思维是一道坚固的屏障。随着国家民主政治的大力推行，社会各界有识之士的共同努力，图书馆平等服务思维逐步受到重视，知识公平思维逐渐成为行业共识，自由、平等、博爱等普世价值逐渐被图书馆界接受。

（二）一切用户思维

图书馆服务的本质就是为了利用，图书馆服务以用户为中心的思维，是把社会的每一个人作为图书馆的服务对象或潜在的服务对象，是为了所有使用图书馆的人。对"读者"概念最大的改变是因为网络的出现，网上图书馆的发展，使图书馆用户不再局限于本地，而是遍布天涯海角。一个人，无论在世界的哪个角落，只要点击了某一图书馆的网站，他就是该图书馆的用户。网络时代，图书馆用户到底有多少，不仅包括用借书证统计到馆的人数，还包括访问网上图书馆的人数。用户服务已经突破了传统"读者服务"的人数时间与空间的限制。

（三）从"读者第一"到"用户第一"思维

对整个图书馆服务来说，读者至上是永远正确的，始终是最重要的，我们必须努力地做到这一点。21世纪的图书馆不仅仅要考虑"读者第一"，更要考虑"用户第一"。不仅重视人们对图书馆的阅读需求，还要重视图书馆不只为本地区、本部门的用户服务，还要为本地区、本部门以外的所有人服务。有了"用户第一"的思维，就可以反思现行图书馆服务的许多做法，如凭借书证发放座位牌、不准带书到图书馆自习、将不看书的读者赶走等，这些做法在考虑阅读保障的时候都忽视了用户利用图书馆的权利。图书馆要改善服务，既要改善阅读条件，吸引读者到图书馆来阅读，也要改善其他条件，吸引用户到图书馆来享有图书馆的所有资源。

（四）以人为本，从心开始

图书馆的服务要以人为本，处处把人放在最重要的位置。长期以来，图书馆的服务存在很多非人性化现象，如在馆内设置监视器，每个阅览室有防盗装置等。人性化服务是以尊重人、理解人为前提的，充分考虑人的需求，最大限度地给予人以自由空间的服务。过去强调制度，现在强调人性化。制度是基础，人性化是方向，两者必须结合起来。比如中国香港城市大学图书馆，看上去像一个家。图书馆的门口一侧有一个嵌在墙里的还书箱，进入图书馆借书咨询和阅览一应俱全，阅览室里有各式各样的阅览桌椅，阅览桌旁边有沙发，还有小的圆桌，看报纸、看书都行，用电脑也行，每个阅览桌旁边都配有废纸篓，侧面的墙上还有许多挂衣服的钩子，使读者感觉很舒适，很温馨。所以说，人性化服务不是口号，而是具体的行动，是细微处见真情的服务。

泛在智能技术的广泛应用使人们获取信息更加方便快捷，但人们也意识到，技术虽然给人们带来了便利但也有深深的遗憾，那就是人文环境的缺失以及虚拟交流给人们的心理、生理造成的影响。因此，现代图书馆不仅要专注于利用先进技术提升服务质量，还要更加重视和践行图书馆"以人为本"的服务思维，加强图书馆人文环境的持续构建。

无论时代如何改变，"人"是永恒的主题，无论环境变得多么复杂、多么智能，一切活动都还需要有人来参与，无论人们从事何种活动，都需要从"心"开始。也就是说，人总是在一定情感、意志影响下从事实践活动的。积极的情感情绪会给人们所从事的工作注入新的活力，推动工作向更好的方向发展，反之，消极的情感情绪则会阻碍工作的顺利进行，图书馆的工作亦然如此。因此，以人为本，最简单的含义就是要关注人的情绪情感，从而促使人在积极的情绪状态下去从事工作。而马克思又曾经说过"人的存在总是在集体、在和他人的关系中、在为别人做事的过程中、在能够为别人做出自己的贡献的时候，才体现出自己的价值找到自己存在的意义"。因此，以人为本又意味着我们需要关注个人在集体中价值的展现。

中国最著名的管理专家王育琨也曾经说过："人生就是不断提升心智的过程。"因此，以人为本，又意味着关注人们心灵的成长。

综上所述，现代图书馆的服务思维就是"以人为本，从'心'开始"，即图书馆在服务过程中要更加关注用户需求、倾听用户意见，辩证地看待与处理馆员与用户之间的关系。图书馆服务过程中不仅践行"以用户为本，关注用户需求"的思维，同时采取相应的措施关注用户的心灵成长，如借鉴一些社会上流行的潜能开发、放松、静心等教练技术对读者实施教育，让读者学习心灵启蒙课程，教会读者学会认识自己的心理变化及情绪变化，促进自身成长。另外，图书馆更要给馆员以关怀，满足馆员的物质及心理需求，为馆员营造一种终身学习的环境氛围，激励其敬业精神与创新精神，让馆员在工作中找到成就感和职业归属感。每一个图书馆从业者都要明白：图书馆发展的最终目的是在领导与馆员之间，馆员与馆员之间、馆员与用户之间形成一种强大的凝聚力，建立起一种牢固的、相互信任的人与人之间的关系，从而使馆员不再是受支配的雇员，用户也不再是馆员所服务的客体，而都是具有主人翁意识的共同创造者，使现代图书馆在追求全体馆员物质与精神两方面幸福的同时，引领用户走上自觉、自知、自信、自强、自胜这样一种心灵成长的过程。

（五）用户参与，资源共建

心理学大师武志红曾经说过："在一个关系里，如果对方只是得到而没付出，他自然就不会太在乎这个关系了。"而图书馆所构建的丰富的软硬件资源以及所提供的各种类型的服务之所以被用户冷漠的对待，就是因为我们一直在一厢情愿式的构造和付出着这一切。长久以来，我们一直关注的是我们能向用户提供什么，而没有重视用户能为我们提供什么，用户能为其他用户提供什么，我们一直缺少的就是 Web 2.0 所倡导的用户主导、用户参与、用户分享、用户创造这样一种核心思维，而泛在智能的产生和应用使得图书馆以用户为中心的核心价值观有了更加现实的技术基础和环境基础，同时把用户参与和互动作为图书馆资源建设与服务的前提依据。因此，泛在知识环境下，图书馆的发展要将这一思维贯穿图书馆资源建设与服务的全过程中来，通过应用 Web 2.0 和泛在智能的相关技术让用户付出时间和精力来真正参与图书馆的资源建设，从而让用户开始重视这份投入，开始在乎这份关系，并乐于分享其建设成果。

图书馆邀请用户参与图书馆资源建设不是随意性的，而是有针对性的，其目的是通过用户来了解其他用户的真正需求，让部分用户成为馆员与图书馆用户之间沟通的桥梁，因为用户在面对用户时能够很容易的理解对方的真正需求，能够给图书馆的资源建设提出很多合理化的建议，同时让更多专业用户与图书馆员合作共建专题信息还可以提高图书馆资源利用率。泛在知识环境的不断发展，使得个人正在成为完整的信息收集、接收、处理、发布节点和服务单元，Living Library 志愿者的加入也为图书馆的资源建设提供了人力资源方面的支持，这些因素使得图书馆邀请用户参与资源建设的思维更加容易得到实施。用户参与图书馆资源建设的方式为：图书馆利用 mys pace、face book、wiki 及目前备受关注的豆瓣网等技术构建图书馆用户的交流社群，使分散在不同应用系统间的个人知识产出不断沉淀，为图书馆积累了丰富的资源。

在加大用户参与图书馆资源建设的同时，图书馆还要积极与各相关单位合作，共建图书馆资源，以解决各图书馆目前广泛存在的经费紧张、空间有限、技术设备相对不足等情况。具体做法为：各图书馆首先要根据学校学科发展和专业特点合理购买本馆用户所需的纸质资源和数字资源作为基础保障；然后再加大力度收集网络中与各重点学科相关的网站和各种网络数字资源建立专题知识库来充实本馆馆藏，最后通过建立联盟的方式在利益平衡机制的前提下合理购买和共建共享资源，以优化本馆的馆藏资源体系。现代图书馆还要打破物理图书馆与数字图书馆之间的界限，积极利用数字图书馆对信息的搜集、组织、分析、传播的传统优势和泛在知识环境的智能挖掘技术优势建立各类数字资源体系。另外，图书馆还应加强与其他信息服务机构，如出版社和数据库商以及电信部门和网络服务商的跨界合作，达到资源、设备的充分共享，从而满足用户在泛在知识环境下的信息需求。

（六）单体联合，实虚结合

全媒体时代，图书馆的"体"不仅包括了图书馆的物理体，同时还包括了物理体内更小部分的物理体以及它们所分别对应着的网络环境中的虚拟体。也就是说，我们不仅要关注图书馆的软硬件资源配置、环境完善等外在条件，同时还要在这种大的物理体之内根据用户的兴趣与需求建立更多小的物理体，如信息共享空间、兴趣学习小组、精品图书导读组、专家咨询组、学科服务组、资源导航组等，并在网络中建立相应的虚拟社区，以实现图书馆"实虚结合"的建设思维。为适应全媒体时代图书馆的资源与服务无所不在之特点，图书馆还需应用开源软件、语义网、Web 2.0等相关技术将图书馆的资源与服务制作成客户端软件的形式，由用户自行安装在自己常用的设备或智能手机上，从而使用户不必访问图书馆网站就可直接获得图书馆相关的资源与服务。

同时，我们还必须明确，全媒体时代图书馆各项工作的目的并不仅仅是为图书馆带来经济利益，更多的是为了将图书馆的信息资源和人才优势与信息机构的营销手段和资金优势相结合,从而让用户更多的来了解图书馆,对图书馆持有正确的认识,最终愿意接受和利用图书馆所提供的各种服务,并使图书馆的资源与服务发挥更大的社会效益。因此,还需要单"体"联合,即图书馆界内部联合,同时又与相关的服务机构联合,以联盟的形式为用户提供各种服务。这种联盟绝不是一种简单的联合,而是要打破以往以各馆为单位的联盟,采取由不同图书馆的馆员组成不同的具有独立领导能力的服务小组,提供灵活多变的服务方式与服务内容。即根据图书馆所服务的用户的类型、目标、兴趣所在区域等的不同,将图书馆联盟的所有成员按专业、兴趣年龄、能力等划分成许多独立的服务小团体,自如地融入各个需要他的用户群中去,服务小团体的构建也可视用户需求的变化不断地重组。

(七)树立知识服务思维

知识服务是一种新的服务观念,注重对信息资源的深层次开发和利用,注重知识资源增值的一种服务。与传统信息服务相比较,其区别在:①传统信息服务关注的是为用户提供了什么信息资源,而知识服务关注的是为用户解决了什么问题。②传统信息服务只需关注用户简单提问,满足用户文献需求。知识服务则是一种逻辑获取服务,通过对信息的分析重组,形成新的知识产品。③传统信息服务满足于为用户提供具体文献信息,而知识服务致力于帮助用户寻求或形成"解决方案"。④知识服务关注其服务的增值,希望利用自身的知识和能力,为用户提供具有独特价值的信息产品。而传统的信息服务更多的是基于对资源的占有,通过"劳务"来体现自身价值。为此,知识服务需要图书馆员努力成为"一专多能"的复合型知识人才,将分散在相关领域的专业知识加以提炼,形成符合用户需要的"知识精品"。

(八)树立竞争意识,提高馆员素质

随着社会文明与技术进步,图书馆形成了多层次的服务思维,图书馆不同服务思维的相继提出,要求图书馆员从多角度出发,用更优质的服务来最大限度的满足信息用户多元化的信息要求。为此,对图书馆员素质提出了更高的要求。

在道德上,图书馆员一是树立正确的职业观。由于图书馆是一个"生长"着的有机体,馆员职业观应随着图书馆的"生长"而演化提升。馆员的职业价值观经过理想主义、个人主义、技术功利主义、新自由主义的演化,逐渐形成注重服务和人文关怀，尊重理性、知识、真理，尊重对知识和真理的追求，热爱图书馆，倡导阅读，主张社会成员享有使用图书馆服务的平等权利，倡导合作和技术创新，倡导宽容、公正的职业价值观。二是培养良好的职业心态，提升职业认同感。一定意义上说，图书馆员是在为他人做"嫁妆"，无论在传统的手工条件下，还是现代化的网络时代，只有具备乐于服务，勇于奉献的精神，才会把图书馆工作当成人生的事业来经营，才有可能成为一名优秀的图书馆员。三是图书馆员要有较强的进取心。信息社会得到了，图书馆受到其他信息服务机构竞争和读者流失等诸多挑战。面对挑战和竞争，图书馆员只有具备较强的竞争意识，有强烈的责任感，才会把更多的精力用在工作上，不断钻研业务，发现工作中存在的问题，寻找解决问题的办法。

在能力上，图书馆员一是具有信息获取能力、对信息的深度加工能力及传递信息能力。当代科技已广泛应用于图书馆工作，科技的发展，边缘学科的不断涌现，要求图书馆员应熟悉当代最新技术，有广博的知识，一定的学术研究能力，灵活的综合反映能力，敏锐的捕捉信息能力，开展深层次信息服务，并运用现代信息技术为用户提供服务，当好信息用户的信息导航员。二是具备信息素养教育者的能力。在信息泛滥的今天，只有全社会信息素养整体提高了，才能真正促进社会的进步。在图书馆服务中图书馆员在不断提高自身信息素养的同时，还应充当信息教育家，"授人以鱼，不如授人以渔"，图书馆员通过自身的努力，促进大众信息素养的提高，促进社会的文明发展。

（九）创新服务思维

在文化传播载体和传播方式不断变革的挑战下，图书馆不仅要在硬件上有所提高外，更重要的是服务思维的不断创新。只有这样，图书馆才能适应新时代新读者的需求，在日益加剧的信息服务大战中立于不败之地。

创新是当代社会的一个主题，创新是一个国家的灵魂，在全社会创新的环境下，图书馆服务也要创新，这关系到图书馆服务应适应社会需要，与时俱进，关系到服务质量和水平的提升，甚至关系到图书馆的长久发展。图书馆服务树立创新思维，要求每一个图书馆员具有创新意识和创新思维，大胆提出与实施图书馆服务的新思路和新方法；要求每一个图书馆都有创新服务战略和对策，及时增添新的服务，在服务过程中快速应变；图书馆要努力营造创新的氛围，培育图书馆馆员的创新精神。

网络环境下图书馆服务的基础发生了根本性的变化，由基于实体馆藏的服务拓展为基于全球信息资源的读者服务。图书馆服务方式发生了极大变化，出现了远程服务、全天候服务、多维服务等服务方式。

所谓"服务思维的创新"，也即服务思维要不断顺应原有思维赖以生存的条件与机制的变化而变化。在信息技术飞速发展的今天，现代化的服务手段大大提高了图书馆的服务效率，丰富了图书馆的服务内容，确实给读者和用户带来了许多便利。

无论将来科技手段怎样发展、物态化图书馆如何现代化，服务都是贯穿图书馆发展过程的一条主线。但读者和社会对服务的要求会和以前大不一样，服务的思维会发生根本的转向。服务思维创新必须遵循三条基本原则，即国家指导原则、市场调节原则和图书馆自主发展原则。

从社会机构的分类上讲，图书馆一般是以国家投资为主体的社会公益性事业单位，在遵循市场经济规律的前提下加强国家的宏观规划指导是世界图书馆事业的通则。随着我国社会主义市场经济体制的发展和完善，国家对个体的制约作用将会越来越间接，制约的范围也将大大缩小，即意味着图书馆选择的自由权和自由空间不断扩大，这为现代图书馆服务开辟了更为广阔的空间，图书馆必须走自主发展之路。社会和广大人民的知识信息需求是图书馆赖以生存的基础，这种基础主要不是指体制和制度，而是指图书馆必须把市场规律作为其运行和发展的基本准则。从某种意义来讲，图书馆现代化的过程是一个建立起竞争机制的过程，没有竞争，就没有现代化，也就没有现代图书馆的活动。竞争是图书馆效率与效益的内在要求，是加快图书馆发展的需要。也就是说，在服务层面上一切为了读者是图书馆工作的根本出发点，首先要有"读者第一、方便读者、服务读者"的思维，在满足读者需求的过程中，要"换位看待"，在开展各项工作时，要坚持图书馆公共性、公益性、服务性的原则，不断提高图书馆的社会效益。

从图书馆服务的发展趋势看，图书馆服务的内容急需拓宽，其重点是加大信息知识服务和方便用户的服务力度。在信息知识服务方面，主要是增加网上信息导航服务和咨询服务内容。在方便用户方面，加大为社区和校外用户服务的力度，其内容包括职业介绍、市场动态信息、技能培训指南、市政服务咨询、家政服务咨询，等等。在文献信息服务方面也要创新，主要是加大参考咨询服务的力度，实现从文献信息服务向知识服务的跨越，提高图书馆服务的信息知识含量。网络环境的形成，扩大了图书馆可利用资源的范围。图书馆信息资源不能局限于本馆原有的印刷型文献信息，而要扩展到网络可检索和共享的其他服务器上的信息资源。随着网络的普及，人们的信息意识日益增强，信息需求从单一型、专业型向各行各业及生活领域扩展，形成了全方位、综合化的态势。以往的服务内容，都停留在一般性浅层次加工服务，即提供一两次文献服务上。图书馆要创新服务内容，拓宽服务范围，必须致力于文献信息的深度开发和充分利用，因此图书馆要转向对文献资料的深加工，形成有分析，有比较、定性和定量研究相结合的三次文献。

（十）营销服务思维

营销服务需要图书馆全员的共同参与。图书馆领导在细节营销服务中的作用是至关重要的。图书馆领导是否具备营销观念、是否重视细节是图书馆开展细节服务的前提。图书馆领导往往更重视如何去发展，容易忽略已经发展的、有基础的、看似简单却不容易做好的日常工作，然而它们却是图书馆发展的重要组成部分。因为只有通过各种规章制度将细节制度化、规范化，建立各种"反馈""激励"机制，才能确保营销服务深入开展。中层管理人员应该将工作重点放在如何让细节不断完善上，同时还应做好培训工作，营造和谐的服务文化氛围。一线工作人员工作重点是用心做好本岗位的营销服务，一丝不苟。总之，营销服务只有领导重视、基层执行有力，才能体现其精髓。

（十一）"零服务"思维

"零服务"的思维是企业管理中提炼出来的一种思维，这个思维本身是要说明没有（不需要）售后服务是最好的服务。后来人们把这一思维用到了服务上。"零服务"的思维具体内容包括"零距离""零缺陷""零投诉"服务。从图书馆读者服务角度分析，"零距离"服务是一种体现图书馆服务人员（馆员）与服务对象（读者）之间诚实、信任、贴近而真情、温馨、高效的服务。馆员与读者交朋友，建立起信任关系，让读者在图书馆服务中体会到馆员服务的人情味，进而形成亲和力，提高读者的满意度；"零缺陷"服务就是要求图书馆为读者服务做到尽善尽美，使读者对图书馆的服务无可挑剔；"零投诉"服务是图书馆最高的服务追求，通过卓有成效的服务，减少读者投诉，直至达到"零"投诉。近年来，图书馆虽然改进了服务方式，但在为读者服务的过程中，还存在很多不尽如人意的地方。如有的图书馆员和读者之间缺乏有效沟通，甚至因为馆员服务态度问题使馆员和读者之间产生一些矛盾。面对不能满足读者的要求，图书馆员要耐心地解释原因，诚恳地请求读者谅解，同时想办法为读者解决问题。如有的读者需要某种图书，但该书已被其他读者借出，遇到这种情况，图书馆员要细心向读者解释，并向读者推荐其他相关的图书或利用网络为读者提供该书电子版。"零距离""零缺陷""零投诉"的服务思维用于指导图书馆的读者服务工作，不仅可满足读者求知的需求，而且使读者享受到愉快的服务。图书馆要推行"零距离""零缺陷""零投诉"的服务思维，必须加强馆员培训，提高馆员素质，尽量缩小读者需求与图书馆服务之间的差距，实现图书馆服务的"零距离""零缺陷""零投诉"。

（十二）"精细化服务"思维

精细化服务就是人性化服务，真正做到以客户为中心；精细化服务就是高品质服务，在用户群中有口皆碑；精细化服务就是超值化服务，让客户得到意料之外的价值；精细化服务就是创新式服务，服务方式灵活多变。精细化服务注重细节，强调人性化，以客户为中心，按客户的需求提供服务。总之，精细化服务思维强调对客户的贴心服务，用爱心、诚心和耐心向客户提供超越心理期待的、超越常规的、满意的超值服务，服务方式灵活多变，在细节处显示出对客户的尊重，用真诚换来客户的信任，正确对待客户的抱怨，善解人意为客户着想，了解客户的心理，区别对待不同性格的客户，热情主动细致，从小事做起，服务到位。在数字化、网络化发展的今天，图书馆服务的硬件设施有了一定的改善，但图书馆服务的软件条件与国外相比，差距明显。如图书馆购买了专业的数据库和引进了先进的知识服务系统，为读者查找资料提供了良好的平台。但图书馆宣传培训工作没有做到位，致使有的读者不了解数据的使用方法。这就说明，图书馆有了好的信息产品，还要提供好的服务。图书馆不但要引进数据库、建立检索系统，而且还要大力宣传数据库的作用做好读者培训工作，使读者能通过数据库查找到自己所需的信息。图书馆通过开设文献检索课，开展新生入馆教育、电子资源使用指南讲座，发放宣传册、问卷调查及通过网络在线问答、主页滚动信息、手机短信、校报、口头宣传等方式，对馆藏资源、馆藏结构和布局、馆藏检索方法、馆藏使用方法、馆内规章制度及深层次的服务项目和方式，如文献传递、馆际互借、科技查新、个性化定制推送服务等展开多层次全方位的宣传。通过宣传，使读者了解了现代图书馆的服务，在读者心目中树立起图书馆良好的形象，赢得读者的信任与青睐。通过宣传，图书馆日借阅量提高，电子资源的使用率也日渐攀升。可见，图书馆工作做细，可提高图书馆的利用率。精细化服务思维要贯穿图书馆服务的整个流程，让读者真正体会到图书馆服务的人性化。

第三章 图书馆服务体系

图书馆服务体系由诸多服务体系构成的多功能、多层次的有机整体。这个体系包括文献外借服务、馆内阅览服务、馆外借阅服务、参考咨询服务、用户教育服务等等,各种服务都有其相对独立的功能、效果和适用范围。而作为整个服务方法体系的组成部分,各种服务之间是相互联系、相互补充、相互渗透、紧密结合的。

第一节 图书馆的信息资源体系

一、信息资源体系

(一)信息资源体系

信息资源体系是指信息资源各要素相互联系、相互作用而形成的具有特定功能的有机系统。它是指一定范围内,经过布局、搜集、整理、保存并提供利用的所有信息资源的集合。面向用户的资源与服务整合是根据一定的需要,对各个相对独立的信息资源系统中的数据对象、功能结构进行融合、类聚和重组,重新结合为一个新的有机整体,形成一个效能更好、效率更高的信息资源体系,从而保证信息资源更好地被利用。这包含三方面内容:一是将内部信息资源和外部信息资源进行有机融合,二是构成一个高效合理的信息资源体系,三是实现信息资源的整体利用价值。加强信息资源体系建设应从两方面入手:一是应当保证各图书馆每年都能入藏一定数量的各具特色的信息资源。二是通过信息资源整体建设,建立起能在一定范围内有效地保障社会信息需求的信息资源系统,称为信息资源保障体系。

（二）信息资源体系规划

信息资源体系规划就是根据信息资源体系的功能要求，来设计这个体系的微观结构和宏观结构。在微观层次上，就是每一个具体的图书馆根据本馆的性质、任务和读者对象的需求，确定信息资源建设原则、资源收集的范围、重点和采集标准，提出本馆信息资源构成的基本模式。在此基础上，制定信息资源建设计划，安排各类型信息资源的数量、比例、层次级别，形成有内在联系和特定功能的信息资源结构，建立有重点、有特色的专门化的信息资源体系。微观规划在时间上表现为短期规划，包括年度计划、季度计划等，是信息资源建设的具体实施计划。

宏观层次上的信息资源体系规划就是从一个系统、一个地区乃至全国的整体出发，对信息资源建设进行统筹规划、合理布局，制定各种类型的图书馆及各类型信息机构之间在信息资源的收集、组织、储存、书目报导、传递利用等方面的协调与合作规划，从而形成相互依存、相互联系的整体化、综合化的信息资源体系。它通常会受到各种内外环境：如政治、经济、文化以及各馆已经形成的馆藏体系、服务对象等诸多因素的影响。宏观规划又分为总体规划和长期规划。总体规划指一个图书馆对本馆信息资源建设的总方向、指导思想、最终目标等所作的构想与规定，解决信息资源建设中带根本性、全局性和长远性的大问题。长期规划，通常有三年规划、五年规划等，主要用于确定规划期内信息资源建设的发展目标、任务及实现的途径和结果。

二、信息资源建设

（一）信息资源建设的定义

目前，学术界对信息资源建设概念的理解还不完全一致，主要有以下两种理解。

1. 情报学界对信息资源建设概念的理解

情报学界在图书馆界提出文献资源和文献资源建设概念之前，就已经对信息资源、信息资源建设的一些问题展开了讨论。随着20世纪80年代中期国外信息资源管理理论进入国内及我国正式与国际互联网接轨，信息资源建设就成为了情报学理论界的研究内容及信息机构的工作内容。

1995年3月21日，国家计委、原国家科委与国家信息中心联合下发了《关于开展全国信息资源调查的通知》，对全国数据库和电子信息网络资源进行调查。1997年1月28日，原国家科委又下发了《国家科委关于加强信息资源建设的若干意见》，该文件将数据库建设确定为信息资源建设的重点。从上述这些文件中可以看出，情报学界所说的信息资源建设主要是指网络信息资源建设，即数据库的建设。

2. 图书馆界对信息资源建设概念的理解

图书馆界认为，信息资源是经过人类采集、开发并组织的各种媒介信息的有机集合。也就是说信息资源既包括纸品型的文献信息资源，又包括非纸品的数字信息资源。所谓信息资源建设是指图书馆根据其性质、任务和用户要求，有计划地系统地规划、选择、收集、组织各种信息资源，建设具有特定功能的信息资源体系的整个过程和全部活动。

目前，信息资源建设已经成为图书馆界、情报界和其他信息工作领域普遍接受并广泛使用的概念。它与文献资源建设相比较，其内涵与外延更为广泛。因此，应将情报学界与图书馆界关于信息资源的不同理解加以整合，信息资源建设应该包括（传统型）文献信息资源建设和数字信息资源建设这两部分。因为只有将（传统型）文献信息资源建设和数字信息资源建设都包含进去，才能形成一个完整的信息资源建设概念，才是对信息资源建设含义的完整而准确的理解。

（二）信息资源建设的主要内容

信息资源建设是人们对处于无序状态的各种类型的信息进行搜集、选择、加工、组织和开发利用等活动，使各种信息资源形成可利用的资源体系的全过程。其主要研究内容包括以下几个方面：

1. 信息资源的体系规划

信息资源体系是指信息资源各要素之间相互联系、相互作用而形成的具有特定功能的有机系统。信息资源体系规划就是根据信息资源体系的功能要求，来设计这个体系的微观与宏观结构。

在微观层次上就是每一个具体的图书馆根据本馆的性质、任务和读者对信息的需要，确定信息资源建设的原则、资源收集的范围、重点和采集标准，提出本馆信息资源构成的基本模式，制定本馆信息资源采集政策，安排各类型信息资源的数量、比例、层次级别。形成有内在联系和特定功能的信息资源体系，使整个文献信息资源形成重点突出、有特色的多元化的信息资源体系。

在宏观层次上,还要与本地区、本系统的文献信息资源建设相适应,与本地区、本系统的图书情报服务机构协作、协调,统筹规划本地区、本系统文献信息资源的收集、组织、贮存、书目报道、传递利用,从而形成相互依存、相互联系的整体化、综合化的信息资源体系。

2. 信息资源的选择与采集

根据已经确定的信息资源体系的基本模式,通过各种途径,选择与采集信息资源,建立并充实馆藏,信息资源的选择与采集是信息资源建设的基础工作。信息资源的选择与采集工作包括以下几个方面:

(1)印刷型文献的选择与采集。根据既定的信息资源选择与采集的原则、范围、重点、复本标准、书刊比例等,通过各种渠道和各种方式,采集所需要的文献,建立并不断丰富实体馆藏资源。

(2)电子出版物的选择与采集。这里所说的电子出版物是指以实体形式存在的、单机或在局域网络中镜像存储使用而非网络传递的电子信息资源。图书馆要根据读者需求、电子出版物本身的质量、电子出版物与本馆其他类型出版物的协调互补、电子出版物的成本效益等原则进行选择和采集。

(3)网络信息资源的选择与采集。网络信息资源包括付费订购使用的数据库、免费使用的网页信息资源等,网络数据库是图书馆通过签约付费,可远程登录、在线利用的电子信息资源。国内外许多数据库生产商或数据库服务集成提供商已开发出各种文献数据库,直接购买这些产品或服务。也是信息资源选择与采集的重要内容。

3. 馆藏资源数字化与数据库建设

馆藏资源数字化是网络环境下信息资源建设的重要内容之一。因为只有经过数字化处理的文献才能通过网络为人们所共享。图书馆应通过计算机和大容量的存储技术、全文扫描技术、多媒体技术,将馆藏中有独特价值的印刷型文献转化为扫描版全文电子文献,制成光盘或网上传播。

数据库建设是数字信息资源建设的核心内容。对图书馆来说,数据库建设主要有书目数据库和特色数据库建设。书目数据库是开发图书馆信息资源的基础数据库。也是图书馆实现网络化、自动化的基础;特色数据库是图书馆特色资源的集中反映，是图书馆充分展示其个性，提高其社会影响力和信息服务竞争力的核心资源。图书馆要根据本系统、本地区的社会需求和本馆的技术力量、经费等条件，选择适合的主题，系统地将馆藏资源中的特色文献制作成独具特色的文献数据库或专题数据库，并提供上网利用。

4. 网络信息资源的开发利用

因特网信息资源极为丰富，图书馆对它进行开发组织，就可以使这些分布在全球的网络信息资源成为自己的虚拟馆藏。这种开发和组织就是根据用户的需求与资源建设的需要，搜索、选择、挖掘因特网中的信息资源，下载到本馆或本地网络之中，通过分类、标引、组织、通过网络或其他方式提供给用户使用，或者链接到图书馆的网页上，如建立因特网信息资源导航库，以方便读者迅速检索到自己感兴趣的有价值的网络信息资源。这种虚拟馆藏对图书馆及各类型信息机构的信息资源建设和信息服务具有重要意义。

5. 信息资源的组织管理

图书馆对本馆已入藏的实体信息资源进行的组织与管理。包括：对入藏的文献信息资源进行加工、整序、布局、排列、清点和保护，使信息得到有效利用；对数字化信息资源进行整合，将购买的数据库与自建的数据库有机地集成在一起，对其内容进行充分的揭示，实现跨库检索，提供"一站式"服务，使用户能够像利用传统文献一样熟悉和利用数字信息资源。

6. 信息资源共建与共享

信息资源共享是人类社会的崇高理想，是图书馆为之奋斗的最高目标。而信息资源共享的前提是信息资源共建，在新的信息环境中，文献信息数量激增与图书馆有限收藏能力的矛盾加剧，信息需求的广泛性和复杂性与图书馆满足需求的能力形成强烈的反差。网络环境使信息资源共建共享变得更为必要和迫切，同时也为信息资源共建共享提供了重要的技术支持。

在新的信息环境中，信息资源共建共享的主要内容包括：根据图书馆类型、性质和任务以及本地区文献信息资源现状，通过整体规划明确图书馆之间文献信息资源采集的分工协作，建设相对完备的文献信息资源保障体系；建设完备、方便快捷的书目查询信息网络，实现网络公共查询、联机合作编目、馆际互借、协调采购等功能，建立迅速高效的馆际文献传递系统，达到文献信息资源的共建共享。

7.信息资源建设的基本理论与方法的研究

信息资源建设是一项复杂的系统工程，它离不开理论的指导。因此，对信息资源建设基本理论和基本方法的研究，是信息资源建设的重要内容之一。其研究的主要内容包括：信息与信息资源以及各种类型信息资源的形成、特点和发展规律；信息资源建设的原则、政策、方法及其实施；信息资源的采集、加工整理、组织管理的技术手段和业务流程；信息资源的选择与评价理论；数字信息资源建设的技术与方式方法；网络信息资源内容开发与数据库建设；信息资源共建共享的理论基础、结构模式、运行机制、保障条件；信息技术在信息资源建设中应用等有关新观点、新技术、新方法的研究等。

第二节 图书馆的信息服务体系

图书馆信息服务是指在网络环境下图书馆利用计算机、通讯和网络等现代技术从事信息采集、处理、存贮、传递和提供利用等的一系列活动，其目的是为了给用户提供所需的分布式异构化数字信息产品和服务，满足信息用户解决现实问题的信息需求。更确切地说，现代图书馆信息服务是对有高度价值的图像、文本、语音、音响、影像、影视、软件和科学数据等数字化多媒体信息进行收集，进行规范性的加工，进行高质量保存和管理，实施知识增值，并提供在广域网上跨库链接的数字信息存取服务。同时，它还包括知识产权存取权限、数据安全管理等。而"体系"一词在辞海中的含义是"若干有关事物相互联系、相互制约而构成的一个整体"。由此可见，图书馆信息服务体系是指有关利用图书馆信息资源为用户提供信息线索、信息内容、信息服务的组织、制度、方法之整体。

一、图书馆信息服务

（一）图书馆信息服务的特点

图书馆信息服务是一种高效的网络化、数字化信息服务，是现代信息服务的高级形式，它从服务内容、载体形式、服务模式、服务策略与方式等诸多方面都具有区别于传统信息服务的特点。具体表现如下：

1. 服务资源的数字化、虚拟化

信息服务资源数字化，即指信息以计算机可读形式存贮；信息服务资源虚拟化，是指信息资源表现出来的只有使用权而无所有权的非占有性。现代图书馆的馆藏不仅包括载体形式多样的本地实体数字信息资源，而且包括大量网上的分布式的虚拟数字信息资源，其特点是收藏数字化、存储虚拟化。

2. 服务内容的知识性、精品化、多样化

现代图书馆信息服务强调信息资源的开发与利用，为信息用户提供的不仅仅是信息线索及相关文献，更主要的是直接提供所需解决现实问题的知识。信息的精品化源于电子信息量的急剧增长，促使用户利用信息越来越重视信息的质量和浓度，而不是资料的数量，精品化的信息服务以信息的内在质量为保证，应具有"广、快、精、准、新"等特点，要以高品质的服务满足社会用户需求。同时信息服务的内容是多方面的，几乎包括所有信息资源类型，信息资源的选择呈现出复杂性和多样性。

3. 服务方式多元化、多层次化

现代图书馆是一个开放式资源体系，用户可以在任何一个地方通过终端以联网的方式查找所需信息。同时图书馆进一步扩大了自身对文献信息的收集存储和开发功能，随时在网上发布各种文献资源的消息，不断地向用户提供所需的信息和知识，对读者进行"引导"或"导航"。根据用户的不同需求，增设服务项目，推出新的服务产品，其服务方式是主动的、多元的、多层次的。

4. 信息存取网络化、自由化

互联网的真正价值就在于可以通过网络来快速传递信息资源，这就是信息存取的网络化。网络化传播文献信息将成为现代图书馆信息传播的主要手段。它彻底改变了传统的信息提供和获取方式，将分散于不同载体、不同地理位置的信息资源以数字方式存贮，通过网络联接，提供即时利用，实现了真正的信息资源共享。现代图书馆信息服务系统中，大量经过整合的数字化信息资源可以不受时间和空间的限制，在开放的空间里顺畅、自由地传递。用户可以根据自己的特定需要自由访问那些适合自己的图书馆信息资源。

5. 服务手段网络化

现代图书馆的信息服务与传统的信息服务不同，首先是信息机构网络化，变单体为组合，多种多样的信息服务机构构成四通八达的信息服务网络。其次是信息资源网络化，变独享为共享，各信息服务机构致力于开发各种各样的专业数据库并将它们提供上网，汇成信息十分丰富的网络信息资源。其三是信息服务网络化，变手工服务为网络服务，信息服务人员利用网络信息资源来满足用户资源需求，而且让用户参与信息的收集与研究。

6. 资源利用共享化

以数字化资源为基础，以网络技术为手段，实现跨越时空的资源共知共建共享，是人类实现共知共享全球信息的崇高理想。现代图书馆的资源共享使众多的图书馆能够借助网络获取自身无法具备的数字信息，同时也能够将自身拥有的数据信息提供给网络用户共享，从而尽可能地避免资源重复建设，极大地拓展信息资源的拥有量，最终使整个社会的信息获知能力得以提高。

7. 服务环境开放化

在网络出现以前，图书馆建筑实体的围墙实际上界定了图书馆信息服务工作的范围。现代图书馆信息服务环境从封闭式实体馆舍转变到开放式数字空间，计算机网络将现代图书馆置身于广阔的信息空间里，最大限度地拓展了图书馆信息交流与服务的空间，图书馆真正进入一个共建共享、共同发展的新阶段。

8. 服务范围市场化、社会化

现代图书馆信息服务的服务范围与用户越来越市场化和社会化。面对市场经济和网络化社会，读者利用图书馆，不再限于单纯利用书目信息服务，获取所需文献的线索或从图书馆获取原文，而是能得到全程性、全方位的知识信息。网络技术的发展为读者提供了开放化信息需求的客观环境，加速了读者信息需求社会化的进程，信息产品已成为图书馆自立于信息社会和市场的一个标志。图书馆为了自己的生存和发展，必须走信息服务社会化之路，为广大的信息用户服务。

9. 信息检索智能化

现代图书馆的检索技术不是采用传统图书馆中惯用的关键词及其逻辑组合的方法，而是通过智能式人机交互方式来检索信息。以知识为基础的智能检索方法，是数字图书馆在信息检索方法上的重大变革。读者可以通过自己的"自然语言"，不断地与系统进行交互，逐步缩小搜索目标，获取自己所需的文献资料。

（二）图书馆信息服务的方式

1. 公共目录查询服务

目前大多数图书馆都提供了联机模式或 WEB 模式的公共目录查询服务，供读者通过网络查询本馆的馆藏书目信息以及读者的个人借阅信息。这是图书馆实现服务网络化的标志性、基础性的服务模式，也是应用最为普遍的网络化服务方式。

2. 建立图书馆门户或网站

网站作为图书馆提供各类网上信息服务的基础平台或服务窗口，是网络信息技术在图书馆服务领域的重要应用。目前，要想获得某图书馆的各种网上信息服务，通常是从登录该馆网站开始的。

3. 一般性读者服务

一般性读者服务主要是通过网站提供以下服务内容：

（1）图书馆要闻。将图书馆的最新消息，如新引进的数据库、新提供的服务等信息发布在网页的醒目位置，帮助读者跟踪最新的服务动态。

（2）图书馆概况。一般包括图书馆简介、馆藏状况、机构设置等内容。

（3）读者指南。主要是在网站主页上放置读者帮助信息，包括开馆时间、馆藏布局、服务项目介绍以及常用软件工具下载、检索指南等辅助性内容。

（4）读者意见及反馈。主要通过电子邮件、留言簿、电子公告板（BBS）等方式实现。

4. 数字文献检索服务

此项服务是现代图书馆信息服务的核心内容和基础性服务模式，主要通过可供网上查询的各类数据库来实现。根据数据库的文献信息类型、载体形式、使用方式，可概括为以下几种主要服务方式。

（1）光盘数据库网上检索服务。主要通过光盘镜像发市软件、WEB 检索接口软件等，实现光盘数据库资源的网上检索利用。

（2）网络数据库镜像服务。通过建立网络数据库本地镜像的方式，能极大地提高图书馆数字文献的网络检索服务质量。

（3）在线数据库授权检索服务。通过购买数据库网络使用权，开展网络虚拟资源检索服务，已成为网络环境下文献信息服务的重要组成部分。

（4）自建特色数据库服务。近年来，许多大中型图书馆都建立了特色文献数据库，提供网上查询服务。

5. 数字化参考咨询服务

随着信息技术的迅猛发展，图书馆正在兴起一种新型的信息咨询服务模式——数字化参考咨询（Digital Reference Service），也称为虚拟参考咨询服务（Virtual Reference Service）、网络参考咨询（Networked Reference Service）或在线参考咨询（Online Reference Service）。数字化参考咨询使得咨询工作不再受时间和空间的限制，它主要通过以下几种常见的服务模式向远程用户提供同步咨询、异步咨询和合作式咨询服务，随时解答用户的问题。数字化参考咨询服务包括：自助式咨询模式、电子邮件（E-mail）咨询模式、Homepage（信息咨询网页）模式、实时咨询模式、网络信息专家咨询系统模式、网络合作咨询模式等。

6. 资源导航服务

根据用户需要，图书馆利用导航技术，帮助用户查找、鉴别和选用信息资源。如资源分类浏览服务、新书导读、学科指南、数据库指南等。把常用的、重要的数据库地址或相关的信息资源预先汇集起来，或建立专业导航库，帮助用户从网上查找所需有价值的信息；同时，通过搜索引擎等各种检索工具，搜集、加工和整理网上各种有用信息资源，转化为用户所需要的特定信息，提供给用户。

7. 特色化服务

特色化服务主要包括：

（1）电子文献传递、馆际互借服务。利用文献传递系统，与国内外的同行和有关部门建立同盟，达成文献传递的协作关系，向各自的服务对象提供电子文献传递服务；并通过电子邮件、传真、复印等方式传递给用户。

（2）中间代理服务。如为用户提供科技查新、代查代检等服务。

（3）学科导航。

（4）新书评介、导读服务。

（5）期刊目次通告服务。

（6）多媒体信息服务等。

（7）个性化服务。利用信息过滤、信息报送和数据挖掘等智能技术，针对不同用户采取不同的服务策略，提供主动服务，使用户通过尽可能小的努力获得尽可能好的服务。

（8）多媒体信息点播。

（9）基于学科馆员的知识服务。

8. 网络教育

网络教育是一种全新的教育方式，采用远程教学，利用多媒体技术，将课程教育、专题教育、普及教育等方式结合，满足用户教育的需求。

（三）图书馆信息服务模式

随着现代图书馆逐步发展和成熟，数字信息资源、信息服务系统和用户信息环境的发展与变化，其信息服务模式经历了一个由"馆员中心"、"资源产品中心"到"用户中心"的发展变化过程。

1. 馆员中心服务模式

馆员中心服务模式是一种从信息服务人员出发，并以信息服务人员为中心的服务模式。从图中可以看出，信息服务人员在这一模式中处于主动、主要和中心的地位，是信息服务工作的中心，一切工作以是否有利于服务人员开展服务工作为目的，而过少考虑信息用户的主动参与。用户自始至终处于被动接受的地位，不能主动地选择和参与信息服务产品的生产，只能坐等服务人员给他们提供产品，他们的需求在服务人员的信息服务工作中得不到充分的反映，因而也就得不到充分有效的满足。这种被动坐等的信息服务模式很难适应现代图书馆信息用户的需求。

2. 资源/产品中心服务模式

资源产品中心服务模式，是一种面向信息资源的，并以信息服务产品为中心的信息服务工作模式。信息服务人员通过对信息资源加工增值形成信息服务产品，并以某种策略与方式提供给信息用户使用。在这种服务模式中，服务活动的中心是信息资源与产品，关注的是信息资源的加工和服务产品的生产，服务人员较少去考虑信息用户的需要。此服务模式各要素中突出服务资源、产品的地位，用户是客体，始终有求于图书馆，居于从属地位，信息服务人员的特定服务和信息用户的能动性受到忽视。这是一种传统型的信息服务模式，在现代图书馆发展的初期阶段发挥了重要作用，但随着现代图书馆信息环境的变化与发展，此模式在数字图书馆信息服务中已经缺乏生机与活力。

3.用户中心服务模式

用户中心服务模式，就是信息服务工作一切从用户信息活动出发，基于信息用户的信息需求并以用户信息需求的满足与问题解决为目标的信息服务工作模式。信息服务工作从信息用户出发，根据信息用户的信息需求与解决问题的信息活动的需要，以某种策略与方式生产用户需要的信息产品提供给信息用户，用户需求与问题在这个服务活动中得到彻底解决。用户中心服务模式充分注意到了现代图书馆信息服务活动各要素之间合理结合与服务系统功能放大，特别强调了信息用户在信息服务活动中主观能动与参与作用，用户是这一服务模式中的主体。用户中心服务模式是当今与未来数字图书馆信息服务的主流模式。

（三）图书馆信息服务原则

信息社会对图书馆信息服务提出了更高的要求，文献的服务方式、服务内容、服务手段、服务范围、服务意识、服务模式等都有较大的调整和转变。因此，我们应该遵循以下文献服务工作的原则。

1.服务方式多样化

人类进入21世纪，现代信息技术发展突飞猛进，传统馆藏内涵的扩充和数字图书馆的出现，对图书馆的传统文献服务工作方式提出了挑战。信息社会是以数据库信息技术为利用对象，以信息技术为手段，以电子文献的形式提供给用户的交互服务。文献信息传递具有多向性的特点，图书馆一对一、人对人的传递方式将一对几、机对人、几对机的情报型传递方式所取代。对一个图书馆的评价已不仅仅局限于馆藏量、座位数等。而应评价图书馆通过多少种方式为读者提供了服务，以及提供各种服务的快捷性、能力和质量等如何。

2.服务内容个性化

在信息社会，图书馆面对的将是建立在广泛基础上的需求日趋多元化，个性化的用户，图书馆要改变以馆藏为中心的传统服务模式。代之以藏用并重甚至以用为主，最终目标是针对每一个人和每一项特定任务，为特定的信息找到特定的用户，使信息发挥最大效用。目前，基于网络环境的个性化信息服务模式已初露端倪，大体有词表导航、推送服务、信息传播服务等中介信息服务。图书馆员要密切关注网络环境下信息服务的发展和变化，及时掌握新技术，才能保证并满足用户个性化价值追求的需要。

3. 服务手段网络化

传统的文献服务手段是单一的。读者通过口头咨询或利用各种索引及文摘等检索工具检索到所需图书的有关信息。然后到借阅窗口索取文献，在阅览方面，也是只能提供现有的纸质文献，而且是只能自己去阅读。在其他方面，服务手段也缺少。

在信息社会中，图书馆信息服务手段发生了根本性的变革，由传统的文献信息服务转变到网络化信息服务，出现了数据库、电子出版物、电子邮件等形式的多种服务手段。读者的咨询除了面对面、信函、电话等外，还可以利用终端机通过网络进行信息远程查询，在网上进行交互式问答，通过电子函件进行服务，读者的检索可以随时随地在网上进行，查询范围也超越了馆藏的界限，可以利用整个网络世界的信息资源，提供网络查询服务将是图书馆服务的一个主窗口。

4. 服务范围远程化

传统的文献服务工作总是处在一个特定的地域范围内，都有自己的特定服务对象，通常人们会按照"就近原则"选择离自己最近的图书馆。这种传统的服务方式存在两个弊端：一是少数图书馆拥有的信息资源必定有限，二是各图书馆服务读者范围相对固定．不利于信息资源的广泛传播和充分利用。互联网的出现，使单个图书馆成为信息网络上的一个节点，人们可以在网络中使用全地区、全国、全球的信息资源，读者对图书馆存取方式可以不受时空限制。

5. 服务意识超前化

文献服务意识强，图书馆发展就快。文献服务意识的强弱，对图书馆的发展起着不可低估的作用，而且服务与发展相辅相成。传统的文献服务观念落后。只求馆藏数量，不讲馆藏质量；重藏轻用，忽视信息传播。使图书馆服务大多仅仅停留在书籍报刊服务上。经济问题、管理问题及科技实用技术等方面所占比例则较小。总的来说是宏观的多，主动服务的少，这些传统观念严重制约着图书馆的健康发展。

在信息社会和知识经济时代，服务意识超前化是图书馆加强文献服务工作首先要解决好的问题。图书馆文献服务人员必须更新观念，彻底改变旧思想，旧观念。一是要树立竞争意识，开拓创新，不被社会淘汰。二是要改变"重藏轻用"的观念，改变旧的一套封闭式的、守株待兔式的服务模式，去适应信息社会图书馆读者服务工作的需要。三是要改变"以我为中心"的思想，任何规章制度的制定，图书的采访，分类编目体系等都应照顾到读者的利益。

6.服务模式集成化

集成服务是信息社会中图书馆提供文献服务的发展模式。所谓集成文献服务是指对于某一特定领域或某一特定用户的文献需求，把文献资源保障体系诸要素（功能要素，信息要素，技术要素等）有机地连接成一个整体，使用户得到面向主题的文献服务。

二、图书馆信息服务体系的构成

（一）信息服务原则

信息服务原则是制订信息服务规则、构造信息服务流程的基本理念，它在整个信息服务体系中起着主导作用。

1.个性化服务原则

最大程度地满足每个读者的个性化要求，从而与读者产生互动的个性化主动服务能真正体现用户为中心，使读者产生归属感和认同感。另外，可以把信息服务对象按不同的标准进行细分，并根据其不同的特点确定最适当的服务方式和内容。例如高校馆可按照读者身份划分为教师、学生、行政人员、外来人员等几大类服务对象；还可进一步按文化层次将学生细分专科生、本科生、研究生等，然后根据各类读者需求的差异性做出分析，进行针对性服务，在统一的信息服务体系中体现不同的层面。

2.易用性原则

实践证明，易用与可用是影响用户信息查寻行为的两个重要因素。正如

Krug先生在他畅销世界的（Don't Make Me Think）里所说的，留住第一眼用户的法宝首先是"别让我思考！"。一个优秀的信息服务体系，在设计业务流程时，应首先从方便用户使用出发，简化流程操作，强化系统功能，提供培训与帮助，消除阻滞因素，从而提高信息产品的利用率。

3. 协作服务原则

积极利用现代信息技术手段开展体系内协作、馆际间协作能整合优势资源，进行大规模、全方位、多层次、高效能的服务。

4. 合法性原则

图书馆开展信息服务应当保障公民自由获取信息的基本权利，同时不可违背相关法律法规，并从可靠性、系统性和完整性方面对信息质量把关，以使信息服务工作产生积极的社会效益。

（二）信息服务相关制度

1. 组织与经费保障制度

图书馆信息服务体系作为一个整体，应有完善的配套制度。人员组织与资源是这个体系的基础，因而在馆际协作服务体系中应当有地区性协作中心制订相关的制度，以形成约束力，保证体系的正常运转。

2. 业务规范

联合协作的前提是遵循共同的规范。包含联合数据规范、通用接口协议、文献传递流程、联合咨询的轮值制度、馆际互借的经费支付办法等等。

（三）信息服务系统

信息服务系统是图书馆进行信息服务的实体，包含以下几方面的内容：

1. 资源

包含信息服务组织结构内一切馆藏文献、数据库、网络虚拟资源的总和。一次文献资源可通过购买、搜集（如利用SPIDER进行的网络信息挖掘或手工搜索）等手段获取，通过地区性协作组织进行联合采购是充分利用有限经费的有效方法之一。同时还要注意二次文献资源的建设，如编制专题文摘、索引等。

2. 组织结构

图书馆传统信息参考组织结构采用的基本是馆长—部主任—信息服务人员模式的直线制结构，工作人员以参考咨询部门为主体，机构较为简单，难以适应多样化的信息需求。以馆际互借服务为例，一个基本的业务流程，就涉及到双方馆的信息咨询部（接收并处理互借请求）、技术部（开发维护馆际互借平台）、读者服务部（提供所需文献）、文献资源建设部（编制维护联合目录）等多个部门，任何一个环节出现问题，就会导致整个服务流程的阻滞。这就要求现代图书馆信息服务系统应当采取能纵横协调的多维多层的组织结构，方能使多项专门任务能在一个组织之内平衡协调地完成。

3. 信息处理平台

在信息技术高度发达的今天，建立起能在分布式环境下提供集成化服务的信息处理平台则是现代图书馆信息服务体系的必要手段，体现了"法"的因素。

（1）信息整合：从信息资源的构成看，大量资源来自异构的检索平台、多样化的语种、不同的访问权限，各类型资源的内容也存在着一定的交叉重复，导致检索时既需掌握多种系统的使用方法，又需要利用不同检索工具。重复使用各种检索策略，造成人力浪费和检索效率的低下，甚至出现人为的遗漏，使信息资源难以实现交互式的完全共享。要解决这些问题，应通过开放语言描述集成定制结构或流程，以分布服务和开放描述支持对资源（如 OPAC、各类型数据库、网络信息资源库、实时咨询知识库等）的动态的搜寻、调用、解析和转换，通过开放链接进行数据对象的传递，从而使集成本身形成可解析、可复用、可伸缩、可扩展的知识元库，然后通过开放式协议对分布式信息资源进行有效整合。

（2）信息分析评审：对于知识元库中的数据，经过动化技术聚类、摘要、提取后，还可由计算机系统自动分析或分发至咨询专家进行分析、评审，以确认其价值并提供给相应的用户。

4. 服务平台

网络信息服务大量的需求来自于不同的读者类型、要求提供不同种类的资源、信息传递与推送也必须经过不同的途径，故而在实行服务时，需要从易用性原则出发，将模块化的服务平台（如终端用户检索软件模块、在线咨询交流软件、个性化服务定制与推送软件模块、快速物流传递系统等）集成在统一的用户界面下，使读者享受到快捷高效、交互型的一站式服务。以中国人民大学图书馆为例，其"数字图书馆个性化信息服务系统"集数字资源检索、个性化推荐、在线交互咨询服务为一体，读者可整合检索包含馆藏书目、馆内光盘数据库资源以及各种许可范围内的网络数据库资源；可直接进行续借、预约，在线阅读全文电子书，下载部分论文全文；自动根据用户填写的研究方向为用户推荐相应的图书论文资源，同时据用户对资源的一些反馈信息来进行协同推荐；还可进行在线交互式咨询。

第三节 图书馆的管理服务体系

在我国，对于图书馆管理含义的认识，是随着国外管理学理论和方法的译介，以及图书馆管理实践的发展深化而逐渐完善起来的。

一、图书馆管理

图书馆管理是研究图书馆活动及其规律的科学。它是管理科学应用于图书馆而形成的，是现代图书馆学的一个重要的分支学科。主要研究各个图书馆的管理活动以及对众多图书馆乃至整个图书馆事业的管理。

（一）图书馆管理的含义

关于图书馆管理更为明确的涵义至今还没有一个确切的表述，国内外学者看法也不尽相同。国内许多学者给图书馆管理下的定义至今尚未取得学术界统一表性的定义。

倪波、苟昌荣认为：图书馆管理是指应用现代管理学的原理和方法。合理组织图书馆活动，有效地利用图书馆的人力资源和物质资源，发挥其最佳效率，达到其预定目标，并在此过程中不断地审查改进，最终圆满完成任务的过程。

黄宗忠认为：图书馆管理就是通过计划、组织、指挥、协调和控制等行动，最合理地使用图书馆系统的人力、财力、物质资源，使之发挥最大作用，以达到图书馆预期的目标，完成图书馆任务的过程。

吴慰慈认为：图书馆管理是对图书馆的文献信息、人力、财金、物质资源，通过计划、决策、组织、领导、控制和协调等一系列过程，来有效地达成图书馆的目标的活动。

原国家教委高教司《图书馆管理学教学大纲》提出：图书馆管理是指以图书馆发展的客观规律为依据，遵循管理工作的内容与程序，建立优化的管理系统，合理配置和利用图书馆资源，实现其社会职能的控制过程。

图书馆管理是把图书馆的文献信息资源、用户、馆员、技术方法、设施等分散要素的联系起来构成一个有机的整体。没有管理，就不能开展图书馆的活动，更谈不上图书馆工作质量与效率，达不到图书馆预期目标，完不成图书馆任务。这种管理活动既包括信息资源的管理，也包括图书馆人力资源、物质资源、财金资源的管理。图书馆管理者必须平衡四者之间的关系，不能厚此薄彼。

图书馆管理既不是指图书的管理，也不是指图书馆的具体业务工作。与图书馆管理相关的图书馆管理学，则是研究图书馆管理的基本理论、管理过程、管理方法、各种具体管理和图书馆管理趋势的科学。它是图书馆学的一个分支学科，是管理学在图书馆管理实践中的应用。图书馆管理是遵循图书馆工作的客观规律，通过计划、组织、协调、指挥等手段，合理配置和使用图书馆资源，以达到预期目标，满足用户知识信息需求的一种活动。

我们认为：图书馆管理是对图书馆的资源，通过一定的科学手段而实施的行为过程的目标活动。它包括微观管理和宏观管理两个部分，微观管理是对于个体图书馆的管理。宏观管理则是对社会图书馆事业体系的管理。在当今信息时代，抓住时代特色，全面运用现代管理理论，用以指导现代图书馆的全部活动，提升现代图书馆管理水平的整个过程。

（二）图书馆管理的特征

作为一种特殊的社会实践活动，图书馆管理具有一般社会实践所共有的客观性、能动性和社会历史性等特性，不过这些特性在图书馆管理中有其具体的表现形式。整个实践的特性对于不同的实践活动来说是一种共性的东西，而具有这种共性的各种实践活动又表现出不同的特性，因此图书馆管理具有以下几个主要特征。

1. 总合性

所谓图书馆管理的总合性，从空间上来说，就是它贯穿在一切图书馆活动中，存在于图书馆活动的一切方面和一切领域，凡是有图书馆活动的地方，就有图书馆管理存在。从时间上来说，它与图书馆共始终。在中国商代，不仅有藏书之所、掌书之人，而且有管书之法。商代设史官掌管藏书，虽然这一时期尚未形成书籍分类和编目体例，但对藏书的管理已存在一定之法。商代史官在甲骨片编连成册之后、为便于查找，在贮藏中采用标签形式将其标示。另据英国考古学家伍利1930-1931年在幼发拉底河口附近的乌尔发掘出的400多块泥版文书和1000多片残片中，发现上面的经济资料是按主题和年代排列的，泥版还挂有内容简介的标志牌。经专家鉴定，这些泥版文书是一所寺庙图书馆收藏的，大约存在于公元前3000年。这是国外存在最早的藏书管理，代表着国外原始的图书馆管理思想。随着信息技术的发展，图书馆的形态可能会发生一些变化，传统的纸质图书馆可能会逐渐萎缩，虚拟图书馆、电子图书馆、数字图书馆或网络图书馆将登上历史的舞台。但我们认为，只要还存在图书馆活动，不管其形式如何，仍然离不开管理。因此，在图书馆发展的长河中，管理是无处不在、无时不有的一种社会活动，它在图书馆系统中横贯各个层次，涵盖一切领域，具有总合性。

2. 依附性

任何图书馆管理都必须依附于一定的图书馆业务工作，它的全部实际内容和具体形式不能离开其他业务活动而单独存在，因此图书馆管理总是对某种业务活动（文献采选、分类编目、书刊借阅、参考咨询、文献检索、情报研究等）的管理。图书馆管理的这种依附性主要表现在：图书馆管理的目标必须依托于具体的业务活动才能实现，图书馆管理的过程总是伴随着其他业务活动的进行而展开，图书馆管理的结果则总是融合在其他业务活动的成果之中。也就是说，图书馆管理必须以其他某一种、某几种或全部业务活动作为自己的"载体"。

3. 协调性

所谓协调性是指调节和改造各种管理对象之间的关系，使他们能相互适应，并按照事物自身固有的规律性在整体上处于最佳的功能状态。图书馆管理与其他业务活动不同：

首先，从活动的对象来看，一般业务活动总以某个特定的具体事物作为自己的对象，如文献采选以图书馆未收藏的新书、新列、新报、新光盘等文献载体为对象，分编工作以图书馆已采购回来的新文献为对象，咨询服务以读者为对象等。但是，图书馆管理在一定意义上却是以图书馆系统的各种业务活动为自己的对象，是对这些业务活动之间的关系以及这些业务活动内部的各种要素之间的关系进行协调的活动。因而与各种业务活动相适应，就有协调这些活动的采选管理、分编管理、借阅管理、咨询管理等形式，这些管理活动通过协调各种业务活动而间接地对它们起作用，从而改变它们的存在状态。

其次，从活动的任务来看，一般的业务活动都有自己特定的具体任务，它们或者是为了购回本馆读者所需要的文献，或者是为不改变文献的形式特征、或者是为了将读者所需要的文献传递给读者，或者是对读者进行信息检索技能培训，或者是为读者提供咨询课题的解答方案等。然而图书馆管理的任务却是"协调个人的活动，并执行生产总体的运动——不同于这一总体的独立器官的运动——所产生的各种一般职能"。也就是说，图书馆管理的主要任务是协调人们之间的关系和利益，协调人们活动的状态和过程，使图书馆各种业务活动的要素建立某种有序的优化结构。所以，图书馆管理是一种柔性的社会活动，图书馆管理者一般并不直接从事情报产品的生产或信息服务活动，它主要是通过协调各种业务活动的内外关系，特别是馆员之间的关系以及馆员和读者之间的关系，使各种要素、各种环节在共同目标最有效地满足读者的信息需求的指引下，消除彼此在方法上、时间上、力量上或利益上存在的分歧和冲突，统一步调，使图书馆的各种业务活动实现和谐运转，成为一个有机的整体。

4. 组织性

图书馆管理的组织性，一方面指的是图书馆管理活动总是通过一定的组织（如学校图书馆、科学图书馆、企业图书馆、公共图书馆、工会图书馆等）进行的，这种组织是由进行管理活动的人所组成的一个有序结构。组织既是管理的主体，任何图书馆管理都是由一定的组织机构（即特定的图书馆）去进行的；同时，组织又是管理的对象，因为任何图书馆管理都是对一定组织（即特定的图书馆）的管理，孤立的个人，离开了一定组织的人，是无所谓图书馆管理的。另一方面，它指的是图书馆管理活动本身就是一种组织活动，这种组织活动持分散的资源如人力、物力、财力、信息等资源组合起来，形成一个稳定的、能够不断根据客观环境的变化而进行物质和社会双重结构调整的过程。这种组织过程既把各种离散的、无序的事物结合成一个相互联系、相互制约的管理组织系统，这是图书馆管理活动得以进行的物质和社会实体；同时又能不断地根据变化着的外部和内部情况，对管理活动的各种要素之间的关系进行调整，以寻求相适应的物质与社会匹配关系，使图书馆系统朝着管理的目标运动。前者指的是静态的组织性，它表现为一种有序的组织形式；后者指的是动态的组织性，它表现为一种能动的组织职能。图书馆管理的组织性是图书馆管理最基本的特征，也是其他特征存在的内在根据。

5. 变革性

管理在本质上是变革活动，是使人获得真正自由的活动。管理的特点就是变革——迅速的、不断的、根本的变革。图书馆管理也不例外。从现象上看，图书馆管理有保守的一面，它要维持图书馆系统一定程度的稳定，要用一定的原则、规章制度约束图书馆的成员。但是，保守性、束缚性只是图书馆获得发展的手段，因而是暂时的、相对的。稳定是运动的一种特殊状态，因此，图书馆系统中的人、财、物、信息等要素是不断变化发展的，图书馆系统外部的经济、政治、文化、科技等环境也在不断变化。要实现对图书馆的真正有效管理．目标和计划就要反映对象的变化，协调活动就是要使系统内外因素的配合在变动中定向合理，要不断通过信息反馈实现对图书馆的动态控制，要根据图书馆的发展改变失去合理性的规章制度。可见，图书馆管理的变革性是由图书馆本身的运动决定的，具有客观性。图书馆管理的变革性更重要地表现为其发展演化。图书馆管理是一种主观见之于客观的活动，它要反映图书馆的变化，不仅要反映图书馆现时的变化，而且反映图书馆变化的趋势，还要反映趋势的转变，这一切只有通过科学预测、设立目标、制定计划、完善组织、实施控制等一系列动态管理活动反复循环才能实现。

6. 科学性

图书馆管理的动态性并不意味着图书馆管理没有规律可循。尽管图书馆管理是动态的，但还是可将其分成两大类：一是程序性活动，二是非程序性活动。所谓程序性活动，就是指有章可循，照章运作便可取得预想效果的管理活动，如制定读者服务工作中的各种规章制度，制定人员管理工作中的录用、奖惩、培训等方面的条例，制定行政管理的各种规章制度，制定后勤管理的各种规章制度等等。所谓非程序性活动，就是指无章可循。需要边运作边探讨的管理活动，如建造新馆、建设图书馆自动化系统、图书馆组织机构的调整、复合图书馆的设计等。这两类活动虽然不同，但又是可以转化的。实际上，现实的程序性活动就是以前的非程序性活动转化而来的，这种转化的过程是人们对这类活动与管理对象规律性的科学总结，图书馆管理的科学性在这里得到了很好的体现。此外，对新管理对象所采取的非程序性活动只能依据过去的科学结论进行，否则，对这些对象的管理便失去了可靠性，而这本身也体现了图书馆管理的科学性。

由于图书馆管理对象会分别处于不同系统（如科学院系统、文化系统、教育系统、工商企业系统等）、不同部门（如采访部、编目部、流通阅览部、典藏部、参考咨询部、研究辅导部、信息技术部、特藏部等）、不同环节（如出纳台借还、书库整理）、不同的资源供给条件等环境中，这就导致了对每一具体管理对象的管理没有一个唯一的完全有章可循的模式，特别是对那些非程序性的、全新的管理对象更是如此，因此，图书馆具体管理活动的成效与管理主体管理技巧的纯熟程度密切相关。事实上，管理主体对管理技巧的运用与发挥都体现了管理主体设计和操作管理活动的艺术性。另外，由于在达成图书馆资源有效配置的目标的过程中，可供选择的管理方式、手段多种多样，因而如何在众多可供选择的管理方式中选择一种合适的用于现实的图书馆管理之中，也是管理主体进行管理的一种艺术技能的体现。

二、图书馆管理的对象

图书馆管理的对象有三大部分：人力资源管理、物力资源管理和财力资源管理。人力资源管理包括图书馆员工管理和读者管理；物力资源管理包括图书馆的文献信息管理、图书馆的建筑和设备管理以及技术方法管理；财力资源管理指图书馆的各项经费开支以及各种经营性收入管理。

（一）图书馆人才资源管理

1. 员工管理

图书馆员工是图书馆连接文献信息与读者的纽带和桥梁，是图书馆活动的管理者和组织者。图书馆工作效益的高低和社会影响的好坏，取决于图书馆的员工，所以图书馆员工是管理的主体要素。图书馆的员工分为图书馆专业人员、图书馆技术人员和图书馆行政人员三大部分。管理者应通过定岗、定员、考核、选举、激励等多种形式，激发员工的积极性和创造性，调动他们的潜力，使员工的聪明才智得到充分发挥，努力做到人尽其才、各得其所、各获其荣。

2. 读者管理

读者又称为"用户"，是图书馆的服务对象。图书馆因读者而生存，读者的存在和需要是图书馆生存和发展的动力。由于图书馆读者群的复杂性、多变性和信息需求的多样性，读者管理成为图书馆管理中最活跃的要素。管理者必须树立"读者至上"的思想，一切管理工作都以用户文献信息需求为出发点和归宿，最大限度地满足读者日益增长的知识信息需求。

（二）图书馆物力资源管理

1. 文献信息资源

图书馆的文献信息资源统称"图书"，是图书馆的"立身之本"，也是图书馆存在的先决条件，是图书馆系统中最基本的要素。它是根据图书馆的性质、任务和方针，以及特定读者群的文献信息需求，经过长期日积月累而形成的文献信息体系。图书馆的文献信息资源随着科学技术的发展，载体越来越丰富多样，有印刷型资源、缩微型资源、声像资源、电子型资源和网络资源等。对这些资源进行管理既要确保文献信息资源的系统完整，又要便于读者对文献信息的充分利用；既要着眼于馆藏的特色建设，又要做好资源的共建共享。

2. 建筑设备

建筑设备又称"设备"，是图书馆生存的物质条件。传统图书馆设备包括：建筑、书架、目录柜、阅览桌椅等。现代图书馆设备，除了传统图书馆设施以外，还包括许多现代化技术设备，如视听设备、复印设备、缩微阅读设备、传真设备、文字处理设备、图书馆计算机自动化系统、图书馆消防安全系统、中央空调系统、局域网以及互联网接口等。这些设备可统分为两大部分：一部分是围绕着业务工作而产生的现代化技术设备系统；另一部分是为业务主体服务的行政后勤服务技术设备系统。

3. 技术设备

图书馆的技术设备，以自动化系统为核心，由计算机软件系统、硬件系统和数据库三大部分组成。随着科学技术的发展，数字化图书馆的出现，信息设施、信息资源、信息人员的智力将融为一体，图书馆的自动化系统会越来越趋于完善。图书馆的建筑设备将会随着这些技术方法的应用而发生很大的变化。为此，图书馆的管理者应用战略的眼光去规划和建设图书馆文献信息服务技术设施体系，为信息资源体系的形成、维护、发展，以及开发利用提供条件。

（三）图书馆财力资源管理

图书馆的财力资源主要来源于政府对图书馆的拨款，以及社会各界对图书馆的资金投入。图书馆的经费开支主要用于购置各种载体的文献信息资料、业务活动开支、行政管理费用、员工工资、设备维护费等。经费预算是图书馆经费管理的一项基础工作，在预算的执行过程中，应该有严格的经费结算制度。管理者应通过核算执行情况，为经费管理提供相关信息。在经费管理过程中，应加强财务制度，严格执行有关的财务制度和规范，通过严格的财务制度管理图书馆的经费，以最低的成本产出最大的效益。

三、图书馆管理基本要求与内容

（一）图书馆管理基本要求

现代图书馆管理的基本要求是管理规格化，劳动组织合理化，工作人员专业化，业务工作计量化。具体地说管理规格化是指有完善的规章条例和业务标准，所以，图书馆管理的规章条例化和业务技术标准化是规格化的两大内容。劳动组织合理化是指以最经济的人力取得最佳的工作效果是图书馆合理的劳动组织所要达到的主要目标，为了实现这个目标，必须：①根据本馆的性质和具体任务，以节约人力、方便管理、减少层次、提高效率为原则，合理建立业务机构；②根据本馆收藏的文献资料的类型和用户需要的特点，科学地划分工序和工作范围；③建立岗位责任制，明确规定职责范围，让每一个部门和每一个工作人员都承担起应负的责任，做到各负其责，各尽其力。工作人员专业化是指培养一支合格的专业化队伍，是实现图书馆管理目标的必要措施。图书馆工作人员的专业化包括两个方面：一是必须具备图书馆学、信息学的基本知识和图书馆工作的基本技能；另一个是向文献信息工作专门化的方向发展。业务工作计量化是指建立一套系统的图书馆管理统计制度。统计数据能够反映图书馆的基本情况，是改进工作、提高服务质量的重要依据，对于图书馆实行科学有效的管理可以起到"耳目"和"参谋"的作用。

（二）图书馆管理内容

现代图书馆管理是通过决策、计划、组织、控制、协调实现的。各环节之间不是相互割裂的，是互互联系、相互制约，共同作用于管理运动的全过程，形成了图书馆管理的特定内容。

1. 决策

任何图书馆系统及其所属的子系统的管理过程，都离不开正确的决策。图书馆系统的决策，主要包括：图书馆发展方针、政策、战略方面的决策；各项业务工作的决策，如采集文献品种与复本数量的决策，分类法的选择，馆藏划分最优方案的选择，排架方式的选择，开架与闭架方式的选择等等。人事方面的决策，包括人员智力结构的确定，人员更新与培训的方式，奖惩制度的制订等等。财务、设备方面的决策，包括经费及其合理分配，设备、用品的选择等等。

2. 计划

这是管理过程中的一个十分重要的因素。计划是一种预测未来、确定目标、决定政策、选择方案的连续过程，是图书馆各项活动的指针，图书馆系统的各方面决策都是要通过计划去实现的。图书馆计划包括两个基本方面：一是国家图书馆事业发展计划，一是个体图书馆的发展计划。

计划是由定额、指标、平衡三部分组成的。各项定额是发展计划的基础，计划的内容和任务则体现在指标上，计划就是综合平衡，平衡表是基本手段和工具。国家图书馆事业发展计划是各分项计划的集合，一个馆的总体计划是本馆内各个部门计划的集合。在制定各项计划时，应明确该项计划的主要任务及其在总体规划中的地位和作用，认真选取衡量该计划发展水平的主要指标，规定发展的规模和发展速度，突出发展重点，规定适当比例，注意各计划之间的协调。

3. 组织

组织指对各项活动所需的资源加以组合，建立组织的活动与职权间的关系的过程。组织是发挥管理职能、实现管理目标、完成计划的保证。组织工作是一个分工的行为，同时又是一个组织各方进行协作的行为。组织工作还包括人事工作，即为组织的工作过程中设置的工作岗位配备合适的职工人选。因此，在图书馆管理系统中必须要有健全的组织机构，明确各个工作岗位的职责，确立各级人员之间的相互关系，做到职责分明，权责结合。

4. 领导

领导工作是影响人们为实现组织的目标而努力。包括激励、领导的方式方法、沟通等问题。图书馆要建立合理的领导层的群体结构，注意选拔主导型人才，重视领导者群体的智力结构，加强领导者之间的团结协作。图书馆的领导应当注意在正确运用合法权力、奖励权力之外，学习和掌握图书馆专业知识和管理知识，不断完善本人各方面的素质，增强自己的专家权力和个人影响力。

5. 控制

这是按既定的工作计划、标准去衡量各项工作成果，并纠正偏差，使工作按计划的方向进行。所以，控制不仅是对现有工作成果的评定，更重要的是认识和判断工作发展的趋势并为改进工作提供信息反馈。可以说，没有良好的信息反馈，图书馆就无法对自己的各项工作进行有效的控制。这是因为控制的功能是通过输入、中间转换、输出、反馈四个环节实现的。

6. 协调

协调是管理过程中不可缺少的环节，它可以使图书馆事业的建设或一个图书馆的各项工作趋向和谐，避免矛盾和脱节现象。图书馆的协调，从微观角度看，指的是图书馆内部纵向和横向的协调。纵向协调，就是要保持图书馆各层次子系统的上下平衡；横向协调，就是要保持图书馆系统各层次彼此之间的协作、以避免各个工作环节和各个部门之间发生脱节或失调现象。图书馆的协调，从宏观角度看，是指与图书馆外部的协调。这种馆际之间的协调，也分为纵向层次的协调和横向层次的协调。纵向层次的协调指的是本系统图书馆从上至下的协调；横向层次协调指的是本图书馆系统方针、任务与其他图书馆系统的协调。

四、图书馆管理的基本原则与意义

（一）图书馆管理的基本原则

1. 集中管理

集中管理是我国图书馆事业管理的重要原则。集中管理包括两个方面内容：

一是指图书馆事业建设要有集中统一的管理，以便协调全国各系统、各地区图书馆的工作，有目的地规划全国图书馆事业的发展，组织全国性的图书馆事业网；二是指图书馆业务技术工作的集中管理，即实行图书馆业务技术工作的标准化，其中包括统一分类、统一编目、统一数据存储格式和信息交换标准等。

2. 民主管理

民主管理是我国图书馆管理的又一重要原则。所谓民主管理，就是吸收图书馆工作人员和用户代表参加图书馆的管理工作，图书馆可以建立有馆员和用户代表参加的民主管理组织。建立这个组织的目的是提高图书馆的管理水平，它在图书馆管理中起着参谋作用，其任务是：

（1）对图书馆工作提出合理化建议和改进意见；

（2）督促图书馆工作计划的执行；

（3）对专业人员的安排和使用提出建议；

（4）对领导干部的工作进行监督等。

3. 计划管理

这也是我国图书馆管理的重要原则。图书馆的计划管理就是要发挥工作计划在管理过程中的作用。工作计划是根据客观实际情况和工作任务的要求，预先确定开展工作的目标、措施和步骤以及方法等等。工作计划可以分全馆计划、部门计划或某一项工作的专门计划。制订工作计划必须从实际出发，留有余地。在执行计划的过程中要随着客观情况的变化对计划做适当的修改。如果工作无计划，就不能有效地组织业务活动。因此，正确地制定和执行各种工作计划是图书馆管理中不可缺少的环节。

4. 注重经济效果

注重经济效果就是要研究如何合理地使用人力和经费，最充分地发挥图书馆各种设备的能力，建立最优化的文献信息资料的收藏系统和服务系统，以及与之相适应的各种科学的规章制度和条件。要力求用最少的经费补充用户最需要、最有使用价值的文献资料，用最经济的劳动加工整理各种文献信息，用最快的速度为用户提供各种资料，并使图书馆的各种设备最大限度地发挥作用，从而保证图书馆各种活动的最大效能。这些应该是图书馆管理所追求的目标。人力、物力、财力和时间的浪费以及无效劳动，都是与图书馆管理的原则不相容的。注重经济效果，应当成为图书馆管理的一项基本原则。

（二）图书馆管理的意义

1. 图书馆管理是图书馆事业具有全国规模的需要

图书馆工作是在科学发展和社会进步的推动下不断向前发展的，它自身同样经历着又分化又综合的过程。在科学文化信息交流中分化出图书馆系统，图书馆系统又分化成各种子系统和二级子系统；这些子系统和二级子系统又相互依赖，互相制约，不可分割，共存于图书馆系统的统一体中，共同完成向社会提供文献信息的任务。

随着人类社会的进步和科学文化的发展，图书馆的数量不断增多，类型不断增加，同用户的联系面更加广泛。这说明图书馆已不是孤立的单个的存在，而是一个社会的有机整体。因此，需要通过管理密切图书馆与图书馆之间、图书馆与用户之间的联系。

图书馆事业是由各种不同类型的图书馆组成。要使具有全国规模的图书馆事业布局合理，使之协调而又有计划地发展，必须对全国图书馆事业实行科学有效的管理，以便把丰富的文献资源当作全社会的共同财富，有效地加以开发和利用。

2. 图书馆管理是有效利用信息资源的需要

信息广泛存在于自然界和人类社会，包括自然信息、社会信息、生命信息和机器信息。对于人类来讲，每时每刻都在传递和接受着大量的信息，其核心是知识。信息是动态的概念，它只有在流通中才能发挥作用。只有运用科学的方法加以管理，信息的价值才能得到有效的体现。

当前社会中，文献是主要的信息来源，是信息存在的一种物质形态。在文献量激增的当代社会里，要求图书馆对数量庞大、内容复杂的文献资料进行准确地挑选和科学地整理加工，以便及时将信息传递到用户手中，没有对文献信息资源科学有效的管理是根本不可能做到的。所以科学有效的管理是有效利用信息资源的前提。

3. 科学有效的管理是实现图书馆工作现代化的需要

图书馆组织管理的有效性和科学性，既是图书馆工作现代化的需要，也是实现图书馆工作现代化的基础。没有图书馆组织管理的科学化，也就无法实现图书馆工作的现代化。例如，要建立起拥有先进的技术和设备、能够迅速准确地将文献信息资料传递到用户手中的信息网络，就必须加强对图书馆工作和图书馆事业的科学有效的管理。没有科学有效的管理，不提高图书馆管理的水平，即使有了先进技术和设备，也不能充分发挥作用。现代化信息网络的建设及其作用的发挥，不仅取决于现代化的技术和设备，而且取决于图书馆管理的水平。

第四章 图书馆文献信息服务体系

第一节 图书馆文献信息服务

一、文献信息服务

广义而言，文献信息服务是指文献信息机构的整个业务工作，包括文献信息的搜集、整理、编研和提供利用等活动。由于文献信息机构是一个服务性的机构，文献信息业务工作的各个环节相互联系、密不可分，为社会提供文献信息，离不开文献信息的搜集、整理和编研。一般地说，文献信息服务是指图书馆（室）、情报所（室）、档案馆（室）这三类文献信息机构根据用户的文献信息需求，组织用户获取和利用文献信息的工作。这也就是图书馆界所谓的"读者工作"或"图书馆服务"、情报界所谓的"情报服务"、档案界所谓的"档案提供利用工作"或"档案服务"的统称。

狭义而言，文献信息服务单指文献信息机构接待用户、直接为用户提供文献信息的工作。本书所指的文献信息服务是一般意义上的文献信息服务，即用文献信息服务代替"读者工作"、"情报服务"、"档案提供利用工作"等概念，以适应图书情报档案工作一体化和图书情报档案事业整体化发展的需要。

图书馆的文献信息服务是图书馆将各种信息资源，包括纸质的、数字化的以及网络信息资源提供给用户。具体来说，也就是信息服务提供者对相关信息进行搜集、整理、加工，利用各种手段和方式为信息用户（社会或机构内部用户）提供信息产品和服务的过程与活动。信息服务是以用户需求为导向、以信息服务内容为基础、以信息服务方式与策略为保障、以信息服务人员或系统为纽带，借助各类信息工具而开展的活动。其基本宗旨就是更好、更高效地利用信息资源，充分发挥其效用，将实现了增值的信息提供给用户，从而满足信息用户对文献、信息的需求。与此相对应的，图书馆信息服务就是指图书馆以用户的信息需要为依据，以信息资源为基础，利用图书馆的各种设施或其他条件，通过对文献信息或网络信息的搜集、整理、开发、传递和交流，向用户提供信息产品和服务的过程。除此之外，作为社会文化与教育中心的图书馆，开展宣传、教育、导读等服务活动也是其信息服务的主要方面，图书馆信息服务的实质就是向用户传递知识、交流信息、进行教育、丰富文化生活。

（一）文献信息服务的要素

（1）信息服务的对象，亦即信息用户，它是信息的接收者，也是推动图书馆信息服务发展的原始动力。

（2）信息提供者，亦即服务者，也就是图书馆及其相关人员，他们通过对文献资源的选择、加工、整理，形成信息产品来满足用户的信息需求，它是信息服务的主体。

（3）信息产品，它是指经过图书馆收集、整理、加工出来的各种已知的或潜在的社会信息、科学知识及科研成果，它构成了信息服务区别于其他服务的本质特征。

（4）信息服务方法，如推送技术、软件技术、视频技术等，它是开展信息服务过程中所运用的各种技术与方法，是提高信息服务效率的必备手段。

（5）信息服务设施，如馆舍、图书流动车等服务场所和计算机、通讯设备、复印机等技术设备，它是开展信息服务的物质基础。

（二）文献信息服务的特点

1.服务方式多样化

图书馆面对众多的读者，读者的需求是不同的，图书馆开展的活动也是有针对性，所带来的服务也是不同的。从读者角度看需要的服务是 VIP 的快捷服务，图书馆设置了各服务部门，来应对读者的需求服务形式。现代图书馆结合信息服务特点，开展远程、数字、移动方式等服务，来满足读者多样化的文献服务需求。

2.服务内容个性化

图书馆面对多元化、个性化的用户，根据读者需要及时开展个性化服务，为特定的信息找到特定的用户，使信息发挥最大效用。目前，基于网络环境的个性化信息服务模式已初露端倪，大体有词表导航、推送服务、信息传播服务等中介信息服务。

3. 服务手段网络化

图书馆的服务重点已经由传统的文献信息服务转变到网络化信息服务。利用数据库、电子出版物、电子邮件等形式的多种服务手段，为读者咨询除了面对面、信函、电话等外，还利用终端机通过网络进行信息远程查询，在网上进行交互式问答，通过电子函件进行服务，读者的检索可以随时随地在网上进行，查询范围也超越了馆藏的界限，可以利用整个网络世界的信息资源。

4. 服务范围远程化

互联网的出现，使单个图书馆成为信息网络上的一个节点，人们可以在网络中使用全地区、全国、全球的信息资源，读者对图书馆存取方式可以不受时空限制。

二、文献信息服务的内容与方式

（一）文献信息服务的内容

一般意义上的文献信息服务，其内容主要包括以下三个方面：

1. 文献信息服务对象研究工作

文献信息服务对象研究工作就是调查研究文献信息用户的工作。要为文献信息用户提供有针对性的文献信息，必须要研究用户，了解用户，掌握用户的文献信息需求规律以及用户获取和利用文献信息的行为规律。因此，调查、分析和发现用户的文献信息需求、文献信息获取行为和文献信息利用行为规律是文献信息服务工作的重要组成部分。

2. 直接为用户提供文献信息的工作

直接为用户提供文献信息的工作就是将文献信息机构储存的文献信息以不同的方式提供给用户利用，直接为用户服务的工作。这是文献信息服务的主要方面，其具体内容包括对用户进行文献信息知识教育或其他有关知识教育，文献信息宣传报导服务，文献信息外借服务、阅览服务、复制服务，文献信息咨询服务、定点服务、定题服务等。

3.文献信息服务的组织管理工作

文献信息服务的组织管理工作就是对文献信息服务的各个方面进行计划、组织、指挥、控制和调节的工作。为使直接为用户提供文献信息的工作顺利而有效地进行，必须加强对文献信息服务的组织管理，因此，文献信息服务的组织管理也是文献信息服务工作的重要组成部分。具体来说，文献信息的组织管理包括文献信息服务对象管理、文献信息服务人员管理、文献信息服务设施管理、文献信息服务时间管理、文献信息服务统计等.

以上三方面的工作相互作用、相互制约，缺一不可。其中，直接为用户提供文献信息的工作是文献信息服务工作的主体，文献信息服务对象研究工作是直接为用户提供文献信息的工作的前提，文献信息服务的组织管理工作是搞好直接为用户提供文献信息的工作的保证。

（二）文献信息服务的服务方式

图书馆文献信息服务是图书馆以馆藏为主体，通过搜集、处理、存储、传递各种文献信息并提供技术服务的一项工作。其服务的方式有：

1.传统文献信息服务方式

传统的文献信息服务主要包括外借服务、阅览服务、视听服务、馆外流动借阅和文献复制服务等。它是图书馆信息服务中最基本、最直接、最经常，也是最大量的一种服务方式，是图书馆的主要服务内容。它是读者利用图书馆中各种文献的主要渠道，是图书馆文献资源与读者之间联系的"纽带"，也是衡量图书馆工作好坏的重要标志之一。

2.现代文献信息服务方式

现代信息服务是传统文献服务的延续和发展。一方面，涵盖了传统文献服务项目.采用先进技术，改善服务手段，取得更好的服务效果；另一方面，开发出许多新的服务领域和服务形式。严格地讲它代表图书馆服务的水平和效果，其主要服务方式有图书馆自动化服务、网站服务、电子文献检索和文献传递服务等。

3.宣传与教育方式

（1）宣传与导读服务。要提高文献利用率，图书馆就必须要加强宣传与导读工作。要对读者进行馆情和馆藏介绍、服务项目介绍、各种资源的使用方法介绍等；也可以开展新书通报、书评讲座，编制导读书目，推荐优秀读物等。通过各种形式的宣传报道与导读工作，可以让读者及时了解图书馆文献信息收藏及开发利用情况，吸引更多的读者利用图书馆资源，使读者潜在的文献信息需求转化为现实需求。在网络环境下，宣传与导读还可通过图书馆的主页、微博等途径实现。

（2）用户教育。用户研究，即对用户的阅读需求、阅读心理、阅读动机、阅读兴趣、阅读能力、文献获取行为及规律的研究等，也包括阅读效果及服务效果的评估、用户信息意识的调查等。用户是图书馆的服务对象，对用户的研究是做好信息服务工作的前提，是提高服务质量的重要一环。

在了解用户需求情况的基础上，还要积极开展用户教育工作。在传统的服务环境中，用户教育主要是举办各类与利用图书馆有关的讲座、培训，开设文检课，向读者介绍文献和文献检索知识，辅导读者利用图书馆。在网络环境中，应对用户进行信息基础理论、信息检索、信息利用教育、计算机操作和应用能力教育、网络认知能力和信息评价等方面的教育，不断培养其信息意识，提高其检索和获取信息的技能，提升其信息能力和信息道德水平。

4. 其他服务方式

（1）个性化信息服务。个性化服务是指图书馆根据用户的特性提供具有针对性的信息内容或系统功能，能够满足用户的个人信息需求的一种服务，它包括个性化信息定制服务、个性化信息推送服务、学科信息门户服务、个性化信息推荐服务和个性化信息检索服务几种形式，是培养个性、引导知识信息消费、促进知识创新的人性化服务，是当前图书馆信息服务的重要内容和发展的趋势。

（2）现代参考咨询服务。参考咨询是图书馆参考咨询人员针对用户提出的疑难问题，利用各种参考工具、检索文献、专题数据库及网络资源，帮助用户查寻或直接提供有关文献、信息及信息检索途径，用个别解答的方式为用户服务的一种服务方式。参考咨询服务的形式与内容随时代而发展。

三、文献信息服务的发展历程

从19世纪的封建藏书楼时期，到读者服务开创初期，再到今天的计算机与网络的广泛应用时期，人们无时无刻感受着图书馆信息服务的巨大变化。在日新月异的信息环境中，图书馆在信息资源采集、组织加工、信息服务、管理模式等诸方面都随之发生着深刻的变革，经历了传统信息服务、自动化服务到数字时代图书馆信息服务三个发展阶段。

（一）传统信息服务阶段

传统信息服务阶段主要指 20 世纪 80 年代以前的传统图书馆所采用的信息服务方式。它以纸质印刷型文献资料为主，也包括缩微型、视听型、机读型等非书资料。采用藏与用相结合的模式。在服务中，藏书是核心，是主体因素；而读者则是客体，居于从属地位。借阅方式主要以馆内阅览、馆外借书为主，读者必须到馆才能获得服务。读者服务活动主要都集中在图书馆的建筑实体内，实体馆藏是图书馆开展服务的必要的物质基础。而文献资源只为一馆所藏，来源单一，脱离了完整的社会信息资源体系。图书馆的读者服务以馆藏文献的物理查检与传递为主，大多以整本书刊为传递的对象，属于简单信息服务而非增值信息服务。其他的服务方式如参考咨询、馆际互借、文献开发等，规模小且质量不高。馆员着重的是图书的收集、加工和流通等，是所谓的资源管理者。馆员的大部分工作都是手工操作，体力劳动较多。传统服务主要包括外借服务、阅览服务、馆际互借、复制服务、文献报道服务、文献宣传服务、文献检索服务、文献开发服务、参考咨询服务、读者教育服务等。总体来说，传统图书馆的服务是"以馆藏为中心"，"以馆员为中心"的阵地式服务，它受开馆时间和物理空间的限制，一般是"等客上门"的被动服务的模式。为读者服务的核心能力是以馆藏文献的多少来决定的，而非图书馆的信息服务能力。

（二）自动化服务阶段

20 世纪 80 年代以来，随着计算机技术广泛应用于图书馆的各个工作环节，计算机代替了传统的手工操作，实现了采访、编目、流通、检索及内部管理的自动化。技术手段的转变引起编目模式、流通阅览模式及参考咨询模式的相应转变，信息服务的空间和范围极大地拓展。图书馆的信息服务开始摆脱传统的服务方式，摒弃单个、重复、被动、琐碎的手工服务，开展机读目录检索、联机检索、光盘检索、数据库远程检索、文献传输等服务，变原有的图书馆一对一、人对人的传递方式为一对几、机对人的播报型传递方式。特别是流通自动化系统的运用，使得文献信息服务的效率大大提高。图书馆提供信息资源的范围和载体也更加广泛，馆藏文献由单一的印刷型文献向以磁介质、光介质为媒体的电子文献、机读文献转化。图书馆服务工作从满足书刊借阅的文献需求为主，转移到以满足知识信息需求为主、以信息开发服务为主，变"我有什么，就给你什么"为"你需要什么，我就给你加工、提供什么"，信息服务的针对性大大增强。图书馆从文献资料的收藏者和提供者，转变为信息产品的生产者、开发者和提供者。

总之，自动化服务阶段是传统服务与数字化信息服务相对接的服务阶段。在这一阶段中，传统服务与现代服务相辅相成，优势互补，在多种信息资源的基础上，利用现代化技术手段提高工作效率和服务质量，更好地满足用户的需求。

（三）数字时代图书馆信息服务阶段

数据库技术和网络技术的快速发展和在图书馆的广泛应用，使图书馆逐步形成了依托馆藏文献和各种数字资源，以信息资源管理为基础，以网络为支撑平台，通过网络全面地提供检索、浏览、下载、咨询和知识导航等形式多样的网络数字资源服务模式。在这种从纸质资源到数字资源，从图书借阅到远程获取，以知识服务为主的新型服务模式下，图书馆的工作重心从收藏转向获取，从文献描述转向文献传递，从提供文献线索转向提供分析、加工后的增值信息产品。图书馆服务水平的高低也不再单纯由馆藏数量多少和规模大小来决定，而主要取决于联机数据库、网络信息存储和传递的能力以及图书馆服务的质量。数字图书馆的信息服务是一种以知识为基础，综合利用现代科学技术和方法，为解决用户所面临的各类现实问题而进行的一系列智力活动，强调的是对用户的知识援助和智力开发，体现的是一种"知识传递"和"知识增值"服务。

第二节 文献借阅服务

一、文献外借服务

文献外借服务是指信息服务机构利用一定的空间和设施为用户创造各种阅览条件，让用户在指定时间和场所进行文献的阅读，或将文献出借给用户的一种信息服务方式。

图书馆收藏大量文献的目的是供读者阅读利用的，文献对外出借就是最主要的方式。图书馆有大量的文献（主要是印刷型文献）读者需要用较长的时间才能通读完，因此，图书馆允许读者通过办理必要的手续后将馆藏文献携出馆外，并在一定时期内归还。在规定的期限内享受自由使用的权利并承担保管、保护义务。文献外借是最受读者欢迎和读者最常用的方法。文献外借满足了读者在阅读时间、阅读方式、阅读范围等方面的需求。图书馆通常将有复本的普通书刊提供外借，对那些无复本或按规定不允许外借的文献则采用其他方式提供服务。

外借服务方法，是满足读者将部分藏书借出馆外自由阅读的方法。它在一定程度上满足了读者阅读文献的需要，同时也比较方便，普遍受到读者的欢迎，因而成为传统的、基本的服务方法之一。目前，在图书馆的读者服务工作中，大量的工作还是通过采用这种方法来完成的。

（一）文献外借服务的形式

外借服务方法有多种形式。根据各种读者的组织形式和需求程度，可以把外借服务方法归纳为以下几种具体形式：

1. 个人外借

个人外借是图书馆文献外借最传统、最基本的形式。读者要在图书馆办理借书证或借书卡（磁卡），凭借书证或借书卡，以个人读者的身份在馆内设置的借书处外借馆藏文献。根据读者外借文献内容的需求、馆藏文献的类型、读者成分的不同，图书馆可以分别设置功能不同的借书处，用于满足读者的不同需求。个人外借作为图书馆为读者服务的基本形式，是图书馆文献流通数量最大的形式。

2. 集体外借

集体外借是图书馆为群体读者服务的方法。按照图书馆的规定办理集体借书证，由专人负责，代表小组成员或单位读者向图书馆借书处集体外借批量文献，以满足集体读者和单位读者共同的阅读需求。"集体外借"与"个人外借"不同，这种方法一次外借的文献品种多、数量大、周期长。在借阅周期内，读者可以从图书馆借出的文献中，自由的交换调阅自己所需的文献。集体外借，一人借书，众人享用，减少了其他人往返图书馆外借文献的困难和时间。这种服务方法在方便读者、满足读者阅读需要的同时，还可以利用图书馆合理安排分配有限文献，缓和供求矛盾，节省接待读者的时间。因此，这种方法在公共图书馆、学校图书馆、科学专业图书馆采用得非常普遍。

3. 馆际互借

馆际互借是图书馆之间、图书馆与文献情报部门之间建立馆际协作关系。由于各图书馆的任务不同，收藏文献范围、类别、类型等不同，为了解决本馆文献无法满足读者阅读需求的问题，帮助读者从其他图书馆借阅文献的一种服务方法。通过邮寄或直接外借的方式，为读者间接借阅所需文献。这种外借服务方法，不仅适用于本地区图书馆之间、图书馆与文献情报部门之间，同时还适用于国内图书馆之间、甚至国际图书馆之间或图书馆与文献情报部门之间。因此，这种方法变馆藏为地区之藏、国家之藏，以至世界之藏，打破了馆藏资源的封闭界限，也打破了读者利用图书馆文献的空间界限，实现了不同范围、不同地区文献信息资源的共享。这种服务方法已成为解决读者特殊文献需求的重要方法。

馆际互借在西方有着悠久的历史。1901年，美国国会图书馆开始对其他图书馆实行馆际外借服务，并向大约400多家图书馆提供馆藏目录卡片。1917年，美国图书馆协会制订了《美国图书馆互借实施规则》，它是世界上第一个馆际互借规则。之后，英国、苏联等国家图书馆也颁布了相应的规章制度。1993年由美国图书馆协会与成人服务专业委员会再次修订了美国图书馆互借规则，2001年又加以修改，定名为《美国馆际互借规则》。该规则顺应馆际互借的发展，强调了数据保护，对获得申请馆授权可自办的读者减少了代办中间环节，缩短了资料获取时间。如今，国际联机计算机图书馆中心（OCLC）在开展全球信息资源共享、推进全球馆际互借服务方面进行了卓有成效的探索，把传统的馆际互借服务推向了新的高度。OCLC大力发展成员馆，开发了一个馆际互借系统，利用这个系统OCLC的成员馆可通过网络完成成员馆之间的馆藏互借。

就我国而言，关于馆际互借的规定，最早可见于1924年6月的《上海图书馆章程》，而最早开展馆际互借服务的则始于1927年北平图书馆（现国家图书馆）。我国于1956年颁布《高等学校图书馆馆际互借办法（草案）》，次年，国务院批准了《全国图书馆协调方案》，1990年国家科委颁布《中国科学院文献情报系统馆际互借规定》。目前我国开展馆际互借服务以国家图书馆、上海图书馆和北京地区高校图书馆文献资源保障体系（BALIS）系统为代表。

4. 预约借书

预约借书指的是读者向图书馆预约登记某种需要借阅但暂时借不到的文献，

待读者所需文献入藏后或其他读者将文献归还图书馆后,即按照预约登记的先后顺序通知读者到馆办理借阅手续的一种外借服务方法。一般地说,读者一时借不到所需文献,主要原因是:一是读者所需文献已经被别的读者借阅,暂时还未归还;二是读者所需的文献虽然已经采购到馆,但还未加工完毕,尚未入库流通;三是读者所需文献因排架时出现差错,一时无法满足借阅需求。无论是何种原因,只要读者所需文献归还图书馆或加工完毕入库流通,图书馆都将按照读者登记的顺序通知读者到馆办理借阅手续。因此,这种方法在满足读者的借阅需求、方便读者的同时,对降低文献"拒借率"提高馆藏文献的利用率有十分明显的作用。

5. 邮寄借书

邮寄借书是一种通过邮政通讯手段将读者所需文献邮寄给读者利用的服务方法。这种方法的服务对象可以是个人读者,也可以是集体读者或单位读者。开展"邮寄借书",对远离图书馆且急需借阅文献的读者用户来说,为他们提供了一种行之有效的服务方法。因此,这种方法深受读者用户的欢迎,也是图书馆"一切为了读者"服务精神的体现。

6. 流动借书

流动借书是一种通过馆外流通站、流动服务车等手段,将馆内文献送到读者用户身边开展借阅活动的服务方法。"馆外流通借书"扩大了文献流通的范围,方便了不能直接到馆借阅文献的读者,密切了图书馆与读者的联系,满足了读者阅读文献的迫切需求。

图书馆定期将部分馆藏文献送到馆外供读者选择借阅。这种方式可方便不能亲自来馆的读者,扩大文献流通范围,密切图书馆与公众的联系,是基层图书馆经常采用的形式。

很多国家,图书馆界意识到当代社会要求需要加强图书馆社会职能,应把图书馆服务扩展到广大的潜在读者群中去。因此,图书馆广泛开展多种多样的流动服务,为远离图书馆或不便于到馆的读者及潜在读者提供的馆外文献服务。汽车图书馆是主要的流动图书馆服务方式,它又称流动书车。一般用装有书架和借书桌等设备的汽车,将图书馆的部分书刊资料定时定点地送到厂矿、农村或其他偏远地方,供读者阅览,并办理外借手续。有时还开展宣传图书或普及知识的群众性活动,如举办朗诵会、图书展览、读者会议、座谈会等。一些图书馆除提供印刷型文献的流动服务外,还携带录音录像磁带、科技电影和放映设备到流通点播放。

(二)文献外借服务的特点

1. 它可以使读者不受图书馆时间和空间的限制,极大地方便读者利用图书馆文献资源

由于图书馆接待读者的时间和空间是有限的,难以满足大量的读者经常在图书馆内阅读文献的需要。通过外借服务方法,读者可以在规定的期限内,自由地安排阅读时间和地点,不受图书馆开放时间和阅览室空间的限制,从而充分利用所借的书刊文献。

2. 可以降低图书馆工作人员借还图书的工作量,减缓阅览室空间紧张的矛盾

长期以来,由于我国图书馆读者服务手段落后,图书馆工作人员劳动强度大,以及阅览室空间紧张,已经成为图书馆读者服务工作发展的桎梏。要降低和减少读者服务的劳动强度,缓和有限的空间设施和读者日益强烈的文献需求之间的矛盾,就要在外借服务方法上进行改革和创新。

3. 能够诱导读者潜在需求向现实需求的转化,促进读者阅读行为的产生

由于外借服务方法提供给读者的是以整本书刊为单位的原始文献,比较直观。尤其是在开架借阅过程中,读者与文献直接接触,可以刺激读者阅读欲望的产生,使潜在的需求转化为现实需求,从而产生阅读行为。对那些不能前来或不能常来图书馆的潜在读者,通过巡回外借服务、送书上门、馆外流通、邮寄借书等形式,使他们方便地借到和利用自己所需要的文献,以充分满足他们的文献需求。

4. 不能满足读者的全部借阅需求

由于外借服务方法不仅有外借范围、品种和期限等方面的限制,而且对读者的借阅权限也有限制,并非所有的读者都能享受外借图书的权利,因此它只能满足读者的部分文献需求。

5. 文献破损率较高,影响文献的使用寿命

由于文献经常处于流通状态,使文献的外观形态受到损害,从而影响文献的使用寿命。

正是由于外借服务方法的这些特点，促使图书馆既要最大程度地发挥外借服务方法的有效功能，又要采用其他的服务方法，以弥补外借服务方法的不足，从多方面满足读者的文献需求。

二、文献阅览服务

文献阅览服务是图书馆另一项最基本、最受欢迎的读者服务，是利用图书馆的文献、建筑、设备等条件，吸引读者利用图书馆资源的一种服务方式，它是图书馆读者服务的一种主要方式。各级各类图书馆都设有不同类型的阅览室，配备有一定数量的服务人员，直接为读者提供文献，开展阅览服务。

（一）阅览服务的特点

阅览服务与其他服务方法相比，具有以下几个特点：

1. 具有完备的辅助书库藏书体系

在一般情况下，图书馆为提供阅览服务的阅览室，配备了为读者阅读和参考使用的辅助书库，这些辅助书库根据不同读者类型、不同使用方式配备了种类齐全、新颖丰富、使用价值较高的各种文献，包括了许多不外借的文献（如期刊、工具书、二次文献、特种文献、珍贵文献、手稿典籍等），优先保证读者在阅览室的阅读利用。因而，阅览室辅助藏书具有全面性、现实性、针对性、流动性的特点。

2. 读者可以在阅览室内充分利用文献内容

由于阅览室将丰富的藏书陈列于室内，使读者能够按照自己的专业和需求，自由选择文献中的篇章段落、数据图表以及特定知识和信息，不受数量品种的限制。同时读者还可以利用图书馆的特殊阅读设备，如显微设备、视听设备、复制设备，等等，这些都为满足读者对文献的可读、可查、方便、可行的要求提供了现实条件。既满足读者对特定文献的需求，又可以避文献的不必要外流，提高了文献的利用率。

3. 就室阅读

就室阅读可以说是阅览服务最明显的一个特点。由于阅览室的辅助藏书品种多，复本量小，在内容上保持相对稳定、全面、系统和完善，为读者的文献利用提供了丰富的文献资源。通过就室阅览，满足读者特殊的需求，提高文献周转速度，尤其是对一些在外借服务中不能提供的文献，读者可以通过就室阅读进行利用。

4. 为读者提供了良好的阅读环境

一般来说，阅览室有宽敞的空间、舒适的桌椅、精良的设备、明亮的光线、整洁的环境、安静的气氛，为读者学习和研究提供了良好的环境。有些专门的阅览室，如声像阅览室、缩微阅览室等，还配有供阅读视听资料和缩微资料之用的阅览设备，这样的阅读环境和条件是其他任何地方也无法比拟的。所以，当读者走进阅览室时，就会被浓厚的学习气氛所感染，从而自觉地投身于恬静肃穆的学习环境之中，大大提高阅读效率。

5. 图书馆工作人员可以认真地观察、分析和研究读者

读者在阅览室阅读的时间多，周期长，有的读者甚至长期利用阅览室的文献，使图书馆工作者有较多的机会去接触读者，了解读者，掌握读者文献需求的动向和阅读效果，辅导读者利用各种检索工具查找文献线索，从而密切了馆员与读者的联系。

（二）阅览室的种类

设置各种类型的阅览室，发挥各自的作用，并使它们形成相互配合、相互补充、有机联系的阅览室体系，以尽可能全面而又有区分地满足各类读者的不同需要，是搞好阅览服务的基本保证。设置阅览室的数量、类型与规模，应依图书馆的实际条件和读者需要而定。

综观各类型图书馆所设置的阅览室，大体可分为三种类型，即普通阅览室、分科阅览室和参考研究室。各种阅览室在设置目的、藏书范围、读者对象以及具体作用上，都有其不同的特点。

1. 普通阅览室

普通阅览室是为读者一般性的学习和阅读提供参考自学的场所，通常配备了常用性的书刊资料，其内容范围综合广泛，现实性强，适用于各个层次的读者选择。普通阅览室一般规模较大，座位较多，利用率极高，接待读者广泛集中，借阅手续简单方便，很受读者欢迎。普通阅览室按照阅读活动的使用方式，可以

有三种组织形式。第一，单独配备辅助书库的普通阅览室。这种阅览室的辅助书库与阅览室既分开又相连，读者查找目录，填写借书单，等候馆员取书，押证借出，就室阅览，也称闭架借书阅览室。第二，室内陈列藏书的普通阅览室。其辅助藏书与阅览室结合在一起，读者可直接在室内开架的书架上自由选取，就近阅览，不须办理任何借还手续，也称开架阅览。第三，读者自带书刊自学的阅览室。室内不配备系统辅助藏书，只配备少量现期报纸杂志，允许读者自带书刊进入室内学习，具有自修学习室的性质。

2.分科阅览室

分科阅览室是为满足不同类型的读者对象对特定文献的不同需求层次而设立的专门阅览室。它通常根据知识门类、读者类型、文献类型和载体形式进行组织，从而成为图书馆阅览服务体系的主体部分。第一，各种知识类别的分科阅览室，是按知识门类设置的。这种阅览室集中了某些学科范围的系统藏书，便于读者按专业和课题查找和利用文献，也便于工作人员熟悉、研究某些学科知识与文献，向专业化方向发展，成为专业文献专家。如社会科学阅览室、自然科学阅览室、文学艺术阅览室、应用科技阅览室，等等。第二，各种读者类型的阅览室，是按读者对象设置的分科阅览室。这种阅览室的设置是为了从读者群的职业、年龄、文化程度及对文献的特殊需要出发，有针对性、有区分地为不同读者群开展阅览服务，便于工作人员专门熟悉和研究某些特定读者的阅读心理、阅读需要、阅读特点与阅读效果，成为读者阅读与检索文献的助手和参谋。如学生阅览室、教师阅览室、科研读者阅览室、少年儿童阅览室，等等。第三，各种藏书载体的分科阅览室，是按文献的载体形式设置的分科阅览室。这种阅览室的设置是为了专门管理和集中使用具有特殊条件的各类型出版物，满足读者对某些功能显著的文献类型的系统需要。如古籍善本阅览室、缩微资料阅览室、视听资料阅览室，等等。此外，还有按语言文字设置的阅览室，如外文图书阅览室、少数民族语阅览室等，以便为懂得有关语种的读者提供集中查阅和参考利用。

3.参考研究室

参考研究室是为有关专家读者进行科学研究活动专门设置的集阅读、研讨为一体的多功能研究室。这是一种特殊类型的阅览室，是为了满足科学、教育、文艺及其他专业工作人员从事科学研究或创作，需要集中一段时间参考阅读有关方面的文献而专门开辟的。它具有规模较小，专人专用；时间较短，集中利用；内容专深，针对性强；及时更换，灵活方便等特点。参考研究室在整个阅览室体系中，格局独特，既是阅览室，又是研究室、工作室、会议室和业务办公室。而且参考研究室对辅助藏书的要求非常严格，多由专家亲自挑选和使用。目前许多国家的图书馆在其布局上发生了很大的变化，如在书库与阅览室之间设置参考研究室，以满足读者的特殊需要。

（三）阅览服务方式

文献阅览服务是图书馆读者服务的重要文献流通服务，它不仅受到所有图书馆的重视和广泛采用，而且阅览服务方式也在不断的创新和发展。从许多图书馆读者工作的实践看，文献阅览服务的方式主要有下列 4 种：

1. 闭架阅览方式

闭架阅览方式指的是不允许读者进入文献库在书架上自由挑选所需文献，而必须通过馆员提取才能借阅馆藏文献的一种借阅方式。在这种阅览服务方式中，读者可以进入阅览室，但不允许进入书库自我提取阅览所需文献，只能通过阅览室的图书馆员，由图书馆员代取。因此，读者要阅读适合自己需要的某种文献时，必须按照阅览室的规定，通过查阅目录，填写借书单，由服务人员到书库凭借书单，办理借阅手续后，才能阅读使用。用后即刻返还，不能携带出馆外。

2. 开架阅览方式

开架阅览方式指的是允许读者进入阅览室或书库，并在书架上自由挑选取阅文献的一种服务方式。在这种阅览服务方式中，读者具有高度的自由权。首先，读者进入阅览室或阅览室的辅助书库时，没有任何限制；其次，读者可以在书架上随意挑选文献，取阅文献。因此，这种阅览服务方式深受读者的欢迎，也是现代图书馆服务方式发展的一种趋势。

3. 半开架阅览方式

半开架阅览方式指的是图书馆利用陈列展览的形式，将部分流通量大的文献或最新入藏的文献安放在特制的可视书架上，读者可以看到书脊或封面上的有关内容，进行浏览挑选，并通过图书馆员提取借阅的一种阅览服务方式。这种阅览服务方式，有人称之为"亮架"式。"半开架阅览方式"与"闭架阅览方式"

相比，对读者的开放程度相对高一些，读者在挑选借阅文献时，"半开架阅览方式"与"开架借阅方式"相比，对读者限制多一些，读者最渴求的是一种自由挑选、独立使用的权利，在这种服务方式中读者受到诸多限制，最重要的是不能自由取阅，必须通过图书馆员的传递。此外，在这种服务方式下，图书馆提供给读者利用的文献只是馆藏文献的一小部分，远远不能满足读者的阅读需求。因此，"半开架阅览方式"作为一种介于"开架借阅方式"与"闭架借阅方式"之间的辅助阅览体制，尽管其有独特的作用，但只能作为一种特定条件下的辅助方式采用。有条件的图书馆，还应该尽可能地采用"开架借阅方式"。

4. 三结合阅览方式

所谓"三结合阅览方式"，指的是在图书馆为读者提供阅览服务时，同时采用"开架"、"半开架"和"闭架"的方式。采用这种阅览方式，一般做法是根据馆藏文献的复本多少、新旧程度、参考价值和读者需求等方面的情况，将一部分文献公开陈列在阅览室内供读者随意阅览；一部分文献在半开架书架上由图书馆员帮助借阅；一部分文献则收藏在书库中，读者通过查找目录后，通过图书馆员办理借阅手续在阅览室内阅读。

（四）阅览服务管理

从图书馆为读者服务的阅览方式、阅览室的类型、数量都将影响到图书馆的工作效果。为此，每个图书馆在设置阅览室时，都要认真研究本馆的实际情况，比如本馆的性质、任务，本馆的馆藏文献量和特点，本馆的读者数量和主要成分，以及本馆的客观条件等，建立的各种类型、各种功能的阅览室。在阅览室具体设置、布局之时，要尽力考虑阅览室的环境条件，比如光线是否明亮、空气是否流通、环境是否清洁整齐、安静舒适、是否具有浓厚的文化、科学氛围等。为读者看书学习、研究问题提供一个良好的环境。

1. 读者的管理

对读者的管理要求做到管理方法科学、服务态度端正。阅览室工作人员要把读者当作图书馆的主人，当作自己的朋友，在管理读者的时候要尽力改进工作方法，态度热情和蔼，讲话亲切诚恳，注意语言的艺术和技巧。

读者工作的实践经验告诉我们，一个条件完备、馆藏文献丰富的阅览室，必须有完善的规章制度来保证。因此，在具体制定阅览服务的规章制度时，要明确规定每一个阅览室的馆藏文献特点和它的重点服务对象；要明确规定读者利用阅览室的基本条件和具体使用馆藏文献的方法步骤；要明确规定读者爱护书刊的要求和丢损书刊后应承担的责任；要明确规定读者和图书馆员都应维护的公共秩序和公共环境的基本要求。如此等等，都是应当在阅览服务制度中明确规定的内容。与此同时，还要在具体工作服务过程中，认真贯彻执行有关规章制度的内容，使规章制度能落到实处。

2. 工作人员的管理

阅览室的各项管理工作都必须靠工作人员去做，因此，要做好阅览室各项工作，首先要加强工作人员自身的管理，提高自身的素质。其次加强学习，具备广博的科学文化知识、专业知识和扎实的图书情报业务知识以及较强的服务工作能力。馆员还要有观察、了解、分析读者的能力，以及谦虚谨慎、互相尊重、相互支持、团结协作的美德，才能共同搞好阅览室工作。

3. 文献的管理

图书文献是人类数千年智慧的承载物，是图书馆赖以完成基本工作任务的物质基础。因此，阅览室所收藏的文献必须适用于主要服务对象，必须具有广泛的适用性，如学生开架阅览室的文献，必须适合广大学生教学参考的需要，非教学参考书不作为重点收藏对象。对馆藏文献布局和排架，也必须讲究科学性、合理性。相关学科的文献应集中到同一处，不能分散排架，并且对文献进行细排架，以方便读者查找。

第三节 文献传递服务

一、文献传递

1. 文献传递与文献传递服务

文献传递是将用户所需的文献复制品以有效的方式和合理的费用，直接或间接传递给用户的一种非返还式的文献提供服务，它具有快速、高效、简便的特点。

现代意义的文献传递是在信息技术的支撑下从馆际互借发展而来，但又优于馆际互借的一种服务。通过开展文献传递服务，不仅缓解了图书馆经费、资源不足与读者日益增长的文献需求之间的矛盾，也对教学科研起到了很好的支撑作用。

文献传递是文献资源共享的重要方式之一。根据《新编图书馆学情报学辞典》的定义，文献传递服务是图书馆或其他文献收藏机构根据读者要求，直接向他们提供所需文献的服务方式。文献传递服务主要是通过复制、拷贝、扫描原文，然后采用邮寄、传真、e-mail 等方式将文献传递到用户。如今文献传递服务已经成为当代图书馆一个非常重要的服务领域，这项在世界发达国家图书馆已经开展了几十年的服务充分适应现代读者的需求和图书馆业务拓展的特点，已经越来越展示出它强大的生命力。

2. 文献传递的发展历史

最初的文献传递服务是由图书情报机构以图书馆与图书馆之间的互相借阅形式（即馆际互借）出现的。19 世纪中期，德国的默尔（Robertvon Mohl）首次提出了图书馆之间藏书建设分工协调的思想，到 1893 年德国就制订了馆际互借条例。1917 年，美国图书馆协会也制订了馆际互借规则，明确指出图书馆可利用他馆的资料供个人使用。以馆际互借为主要形式的文献传递服务主要包括异馆间的图书借阅、资料复印等，一般免费提供，用户几乎不承担费用，必要时采用邮寄方式传递给用户，这是最初的文献传递形式。

进入 20 世纪后，人们普遍认为由于世界上大量出版物的不断涌现，任何一个图书馆只依靠自身的馆藏已不能满足读者的广泛要求，必须要依靠图书馆之间的资源共享、相互协作来保障资源的提供，这个共识是文献传递发展的动因。随着计算机远程数据库检索并确认文献线索，然后获取原文的替代品，并以收费的方式获取资料，由此诞生了电子化文献原文传递服务。

到了 20 世纪 90 年代，文献传递服务进入成熟兴盛期。计算机技术、网络技术、数据库技术的成熟与发展给文献传递服务的发展带来了契机，一些界面友好、检索提问方式简单、功能齐全的综合型和专业型数据库纷纷涌现，特别是 Z 39.50 协议的推出，打破了文献数据信息通信和传递网络化的屏障，实现了分布式数据库系统的透明互访，为用户检索提供了极大的方便。联合目录数据库、全文数据库和电子书、电子期刊数据库的大量涌现也为文献传递提供了更广泛的可供选择的资源保障。

如今，随着信息化、网络化、数字化在图书馆领域的深入应用，开放的、互联的、便捷的、整合的文献传递网络体系已逐步形成，它突破了传统的空间局限性，使得文献资源在整体开发、交流，利用的深度、广度以及传播的速度上都发生着巨大的变化。在这个无边界的开阔的高速低廉运行的"大图书馆"环境中，文献传递服务正发挥着越来越重要的作用。

二、国内主要文献传递服务机构

21世纪以来，文献传递服务在中国大陆得以迅速发展。中国大陆文献传递服务的代表主要有国家图书馆、三大图书馆联盟（CALIS、CSDL、NSTL）和上海图书馆。

1. 国家科技图书文献中心（NSTL）

NSTL是国家科技图书文献中心（National Science and Technology Library）的简称，国内最早的联盟性质的虚拟式的科技文献信息服务机构，2000年6月12日经国务院领导批准科技部联合财政部等五部委成立，以文献传递服务为主要业务。同年12月正式开通了NSTL网络服务系统。NSTL采取"统一采购、规范加工、联合上网、资源共享"的运行机制，其目标是建立一个国家级的科技文献信息资源保障与服务体系。NSTL网络服务系统作为对外服务的重要窗口，通过互联网向全国用户提供全方位的科技文献信息服务。

2. 高校图书馆文献传递系统（CALIS）

CALIS是中国高等教育文献保障系统（China Academic Library&Information System）的简称。作为国家经费支持的中国高校图书馆联盟，CALIS的宗旨是：在教育部的领导下，把国家的投资、现代图书馆理念、先进的技术手段、高校丰富的文献资源和人力资源整合起来，建设以中国高等教育数字图书馆为核心的教育文献联合保障体系，实现信息资源共建、共知、共享，以发挥最大的社会效益和经济效益，为中国的高等教育服务。

高校图书馆馆际互借和文献传递系统是经国务院批准的我国高等教育"211工程"总体规划中两个公共服务体系之一，于2004年正式开始运行。截至2010年底，部署、开通CALIS馆际互借和文献传递系统的图书馆已经达到200多家，其中有近 100 家已经正式使用此系统。自开始运行以来，各馆间的文献传递量逐年上升，据不完全统计 2009 年文献传递总量近 25 万篇。

3. 中国科学院文献传递系统（CSDL）

CSDL 是中国国家科学数字图书馆（Chinese National Science Digital Library）的简称。

2002 年启动的联机联合编目服务系统（union service system；union catalog database）是 CSDL 的重点建设项目之一，标志着中国科学院文献资源联合保障体系已经初步形成。CSDL 联合服务系统以联机联合编目服务系统的数据为基础，为科研人员提供以中科院范围为主的馆际互借和原文传递服务，科研人员通过该服务系统可以方便地查询、获取全院各文献机构及国内主要文献机构收藏的中西文图书和期刊资源。

4. 中国国家图书馆文献提供中心

中国国家图书馆（以下简称"国家图书馆"或"国图"）文献提供中心成立于 1997 年。作为国家图书馆的信息服务的主要窗口，中心以充分利用文献资源、服务改革开放、发挥国家图书馆职能为宗旨，依靠国家图书馆丰富的馆藏资源和训练有素的资深馆员，为政府、企业、个人提供文献提供服务。

目前，国家图书馆文献提供中心采取文献提供、定题检索、馆际互借、文献快递、网络传输等多种方式，为中央国家机关，重点教育、科研生产单位及社会公众提供全方位、多层次、多渠道的信息服务。国家图书馆文献提供中心 2010 年总的文献提供量达到 7 万件（册），其中文献传递量为 3.5 万篇。

5. 上海图书馆文献提供中心

上海图书馆丰富的馆藏资源是开展文献提供服务的基础，1995 年上海图书馆与上海科学技术情报研究所的合并大大丰富了馆藏科技资源，其中专利、标准、科技报告等科技文献都是文献传递的重要内容。近几年来，上图新开发的馆藏科技报告数据库、标准数据库、AIAA 报告数据库等对馆藏的科技资源作了很好的整合和揭示，同时这些数据库实现了和文献提供服务的无缝链接，为文献提供工作和服务带来了便利。2003 年，上海图书馆文献提供中心成立之初，年原文传递量不到 5000 篇；2008 年，原文传递量突破 2 万篇；2009 年，原文传递量达到 22044 篇；2010 年，国家图书馆价格下调的影响开始辐射到上图，文献传递量略有下降，为18541篇，文献满足率近90%。

6.国内其他文献传递机构

近几年来，国内文献传递还有一些以各地高校联盟为代表的文献传递联盟。尤其是在CALIS的鼓励和带动下，我国高校图书馆联盟的建设工作取得了长足的发展，北京、上海、广东、江苏、天津、河北等省、市都形成了特色鲜明的高校图书馆联盟，其中"北京地区高校图书馆文献资源保障体系"（BALIS）是最具代表性的。BALIS是2007年建立起来的北京高校图书馆联盟体系，其开展的原文传递服务经历了3年多的探索和发展，目前已达到了一定的规模和水平，对北京高校师生的学习和科研工作提供了很大帮助。

三、国际大型文献传递服务机构

1.大英图书馆文献提供中心

大英图书馆文献提供中心（British Library Document Supply Center，BLDSC）原名国立科技借阅图书馆，成立于1962年。1973年7月1日，原国立科技借阅图书馆与国立中央图书馆一起并入大英图书馆新成立的大英图书馆借阅部。1985年底，英国科学参考图书馆改名为科学参考与咨询服务部，也并入该借阅部。其后，该部门更名为大英图书馆文献提供中心（BLDSC）。

BLDSC行政上是大英图书馆（以下简称BL）的一个部门，在经费上享受政府的拨款，文献提供的所有费用上缴政府，即收支两条线。BLDSC目前有注册用户约5万个，分布在世界各地，其中经常使用服务的用户维持在2万个左右，年接收原文复制请求近200万笔，原书外借100万次。

BLDSC在业务上有自己独立的管理权。在英国，国家支持文献提供服务工作。作为整个英国地区资源共建共享项目的中心，BLDSC承担着重要的责任，政府每年投入近8000万英镑用于文献提供，包括书、刊、标准、会议录、报告等资料的购买，工作人员的雇佣，系统购买和维护、各种设备的购置等各项开支。其中每年100万英镑用于为文献提供购买30000多种图书资料，图书资料仅限于英文语种；每年购置5.5万余种期刊、1.5万余种会议录资料、近10万篇报告。另外每年还接收1万多篇英国本地的博士论文和近3000篇美国博士论文。

2. 德国 Subito

Subito 是德国教育科研部为了加快文献资料的提供速度而建立的一个国际性图书馆快速文献传递系统。Subito 源自拉丁语，就是快速的意思。现已有来自德国、奥地利、瑞士等国家的 35 个图书馆纳入该服务系统，形成为科学、社会、经济各领域提供文献信息的重要基地。

Subito 是基于网络进行文献传递服务的一个跨国文献传递服务系统，它集文献检索、文献请求以及各图书馆的联合服务于一体，用户可以通过 Subito 的检索系统检索其成员馆的期刊和图书，并向这些图书馆提交申请，从而获得他所需要的期刊中的论文，或在线借阅图书；也就是说，可进行远程的文献传递和图书借阅服务——既有非返还型文献传递，也提供返还型馆际互借，所有的用户都可以在家中或办公室直接快速地在线享受高效的图书馆资源服务，在线选择图书馆申请并获得文献。由于 Subito 的服务国家提供了部分资助，因此其费用比其他的文献传递机构便宜。

3. 美国 OCLC 的 ILL

联机计算机图书馆中心（Online Computer Library Center，OCLC）创立于 1967 年，是一个不以盈利为目的、提供图书馆计算机服务的会员制研究组织，其宗旨是为广大的用户推广对全世界各种信息的应用以及降低获取信息的成本。目前在全球有超过 170 个国家和地区的超过 72000 个图书馆都在使用 OCLC 的服务，来查询、采集、编目、出借和保存图书馆资料。

OCLC ILL（OCLC Inter library Loan Service）是 OCLC 联合编目和资源共享服务中的一个子系统，目前全球有 7000 多家图书馆加入了 OCLC 的 ILL 服务。该系统帮助用户申请文献提供服务并跟踪文献状态，通过访问 World Cat（联机联合编目），以确定哪些图书馆或信息中心有读者所需借用的图书资料。通过 7000 多个图书馆组成的 OCLC ILL 网络为读者提供文献传递服务。2005 年 OCLC ILL 升级为资源共享服务（resource sharing service）。

OCLC 的 ILL 服务提供了一套较完整的文献传递服务体系。除了完成文献传递申请过程，还包括文献传递次数统计、每次文献传递申请活动的跟踪以及文献传递费用的支付管理等等。目前世界上主要的文献传递机构都参与了 OCLC 的文献传递服务。1998 年上海图书馆加入 OCLC ILL 服务，是中国大陆地区第一家在 OCLC 上开展馆际互借和文献传递服务的图书馆，经过十多年的努力，已经在 OCLC 上树立了上图中文文献服务的品牌。

4. 其他机构

除了上述几个国际上非常有影响力的文献传递机构外，以加拿大科学技术信息研究所为代表的国家情报所和以日本伸树社为代表的商业性文献传递公司也都是国际文献传递领域有较大影响力的机构。

四、文献传递的运作模式

1. 国家集中型传递模式

文献传递在不同的国家和地区有不同的模式。模式的形成受各方面因素的制约，在一个地区或国家并没有绝对的单种模式单独存在，通常是多种模式共存并用。在英国、法国、加拿大往往偏重于采取一种集中型的传递模式，即一个国家级的图书馆或文献中心集中提供这个国家文献的基本保障，同时也向国外提供文献传递服务。大英图书馆文献提供中心（BLDSC）就是这种集中文献传递的代表。这个中心每年受理的申请约 300 万件（其中有约 1/3 的请求来自国外），在它所提供的文献中，约 90% 就是凭借中心自身举世无双的海量馆藏来满足用户需求的。中心集中收藏了 47000 余种常用的连续出版物，本国用户申请的资料大部分能在 8～24 小时内传递到用户手中。BLDSC 就是基于几十年积累的颇具特色的海量馆藏和优质服务成为世界上最大的文献提供机构。加拿大科学技术信息研究所也是这种集中型文献传递模式的代表。这种带有公益性质的模式取得了显著效益，在西方发达国家比较盛行。

2. 馆际合作型的传递模式

而在美国，则开创了另外一种模式。这种模式采取由许多图书馆共同组成并共同支撑的这样一个超大型的馆际联合机构，这个馆际联合机构可能是国家型的，也可能是区域型的。这种模式最成功的范例要属 OCLC（Online Computer Library Center）。OCLC 在 1993 推出它的网上文献传递服务，在它的书目和文献数据库里所有的记录都提供了收藏馆的信息，以方便用户通过 OCLC ILL 进行馆际互借。在图书馆管理系统提供的馆际互借子系统中，建立了专为用户设计的一种新的集中与分散相结合的文献传递联机信息服务系统"OCLC First Search"。它拥有统一的终端用户界面，用户只需简单的操作就可以完成联机查询的整个过程。

OCLC还提供一些数据库访问，用户可直接通过文献供应商、动态信息中心或另一个使用OCLC ILL系统的图书馆，用电子方式订购文献，一旦请求发出，OCLC就会自动将其请求轮流发送到潜在的各个出借单位，直到请求得到满意的响应为止。由于技术上的支持，目前OCLC已完成了传统的文献传递服务向互联网网络化服务的过渡，其会员范围已拓展到170多个国家和地区的几万多家图书馆，成为一家具有全球意义的图书馆联合机构。在我国，以CALIS为代表的文献传递系统也采用这种服务模式。

3.其他传递模式

上述两种模式都属国家公用体系，另外还有许多不属于国家公用文献传递服务的服务机构，比如著名的科罗拉多州研究图书馆联盟系统公司（Knight Ridder Information）的Uncover系统。这个公司推出了新的动态的万维网站Uncover Web，让用户能更简便地访问一流的文献传递和最新资料通报的服务机构。系统收录18000多种期刊的目次和80000多篇论文，同时它的Uncover Express系统能快速高效地在1个小时内把文献传递给用户。另外，如费克森研究服务公司（DAWSDN）紧跟市场变化，应用最先进的技术，推出Fax on Finder与Fax on Express研究服务系统，建立了代理商提供的结合文献传递的期刊目次数据库，开发了自动化的预订过程和客户报告系统。H3SCD信息服务公司为了方便用户，开展了一种就地的文献传递服务，它与许多图书馆签订了合作协议，推出了EBSC Ddoc服务，使用户能够直接访问世界上许多馆藏资源，创建了一种图书馆、文献传递机构和用户三位一体的新的文献资源共享和信息获取模式。

第四节　非书资料服务

非书资料服务也是图书馆传统服务的一种形式，它和印刷型文献服务的方式有很大区别，它是印刷型书刊资料的进一步补充与完善。

一、非书资料简介

非书资料（Non-book Material）也称非印刷型资料，是指馆藏中除印刷型出版物之外，通过现代技术方法与手段，将知识记录和贮存在纸张以外的物质载体上的所有文献。1985年国家标准局正式批准实施的《非书资料著录规定》，非书资料包括录音制品、录像制品、缩微幻灯片和投影片、电影片、多载体非书资料图片、模型、智力玩具、机读件等。非书资料产生于19世纪末，具有生动形象、传递迅速、体积小、重量轻、成本较低、需借助设备使用等特点。非书资料主要有缩微资料、视听资料、机读资料等类型。

（一）非书资料的主要形式

1. 缩微资料

缩微资料指用缩微照相的方式将原始文献缩小若干倍数存储在感光材料上，并借助于专用阅读器而使用的文献。缩微资料包括现有图书、报刊等印刷文献的缩微复制品和原始出版物。缩微资料有如下特点：

（1）缩微文献的体积小、重量轻，可以节省存储空间；

（2）计算机技术与缩微技术的结合，使缩微文献规格统一，易于实现检索的机械化和自动化；

（3）缩微文献一般是原始文献的再现，因此，可以真实再现原件的原貌，记录准确；

（4）缩微文献易于复制，可制成多份拷贝片，便于分地保管，广为利用，还可以避免对原件的损坏；

（5）缩微文献必须借助专门的阅读设备才能利用，而且阅读过程费时费力，多次阅读之后，胶片容易造成划伤，影像阅读效果。

2. 视听与影像资料

视听与影像资料是指以磁性材料、光学材料等记录载体，利用专门的机械装置记录与显示声音和图像的文献。视听与影像制品的特征如下：

（1）视听与影像制品以形象、音响、光电信号等特殊信息记录方式为手段，信息记录在胶片、胶卷、磁带等感光或磁性材料上，存储介质丰富；

（2）与普通图书相比，视听与影像制品体积小，重量轻，节约存储空间；

（3）视听与影像制品运用了声音、图像等不同方式传播信息，信息表达不仅清晰、准确，而且形象、直观，信息传播的真实性和完整性比普通图书要好；

（4）视听与影像制品的使用必须借助专门的设备，而且对视听与影像制品的保管需要满足一定的条件，例如温度、湿度等，以延长文献的使用期限。

3. 机读资料

机读资料是通过计算机存贮和阅读的文献。机读资料是以磁化材料为载体，以数字代码与文字图像为信息符号，用编码与程序设计手段，通过计算机存储与传播知识信息的文献资料，故也称之为电子型文献资源。它的特点是：密度高、容量大；数据检索处理速度快，效率高；可高速度远距离传输文献信息。机读资料按存储载体可分为磁带、磁盘、光盘等类型，其中磁盘和光盘是主要的机读文献载体类型。

（二）非书资料的特点

非书资料的出现是现代科学技术成果直接应用于知识的存贮和记录与传播手段的结果。因此，非书资料有着与传统印刷型资料不同的特点：

1. 容量大

目前普遍使用的 DVD 光盘容量为 4.7GB，它所能存储的内容相当于 5000 余本 100 万字的书籍，而它的直径为 12cm，厚度仅为 1.2mm。

2. 储存时间长，复制方便

光盘保存时间长，复制方便。只要拥有一部普通光盘刻录机，只需一个多小时就能复制一张 DVD 光盘，而且在温湿度适宜的条件下，可保存百年不影响使用。

3. 原始记录事件过程

非书资料可以将现实生活或想象中的各种事物通过现代的摄影摄像或者录音技术记录下来，用专门设备播放，能够给观赏者生动形象的感受。

（三）非书资料的优点

1. 直感性强

非书资料是知识文字化和声像化结合的产物，具有传播速度快、范围广、声像并茂、直感性强的特点。

2. 融趣味性和知识性于一体

音像资料的内容往往是通过声音和形象等方式记录在不同的载体上，以声音和图像表达了知识和信息的内容，所以它本身具有一种魅力，即它的趣味性和知识性，比单纯依靠语言和文字的交流更能引起读者的兴趣。

读者在使用非书资料的过程中，不仅要不停地视、听，而且还要不断地动脑筋思考、分析、动口说、动手写，充分发挥了人类身体各器官的功能。

3. 复制简单，携带方便

非书资料的制作可以依据读者的要求，在较短时间内编辑制作，大量生产，并能随时修订利用的途径和学习的内容，还可以自行制作，适合特殊的需要，因而它能达到读者和制作者之间及时和双向的思想交流。非书资料使用简便，储存及流通方便。

4. 检索方便，传递迅速

非书资料在传递信息过程中，具有灵活性、选择性和多途径的检索入口，它为情报调研提供了新的有力工具，使科研人员、教师及时掌握本学科目前在国内外的发展动态，为选择课题、确定研究方向和备课提供了有效服务。

由于录入技术的不断发展，大大地提高了非书资料的内容密度。同时由于信息处理的高技术、高水平和传真的效果，充实了难以用文字表达的信息资源，不但使信息资源得到了更广泛的开发利用，而且发展了高层次的信息服务。

5. 补充纸本图书的不足

非书资料在教学中的运用，可以弥补书本知识不足，使学生感觉到第二课堂的优越性，起到课堂教学的延伸与扩展作用，大大提高学生的语言交际能力。

二、非书资料服务与管理

（一）非书资料服务形式

非书资料服务一般主要采用馆内服务、馆外服务、自由交换服务等3种方式。

1. 馆内服务

馆内视听服务的具体做法是通过设置不同类型的视听室为读者利用不同内容、载体的视听文献提供方便。目前较为普遍的做法是设置下列视听服务室：

（1）音像文献视听室。音像文献视听室是图书馆通过配置有关的录放像设备、录放音设备，诸如录像机、放像机、电影机、电影放映机、投影机、录音机、方音机、留声机、幻灯机，以及建立技术含量更高的多媒体音像文献服务系统，为读者学习、研究、欣赏有关音像文献服务的一种方式。读者通过"音像文献视听室"，可以学习有关的科学知识，可以学习自己喜爱的语言，也可以尽情地进行音乐欣赏或观看自己喜爱的电影或录像。因此，"音像文献视听室"已成为许多读者乐于利用的服务形式。为此，有条件的图书馆可以通过建立"大、中、小"相结合，既适用于个体读者，又适用于集体读者的视听空间，为读者、用户提供更多、更好、更方便的服务。

（2）电子文献阅览室。电子文献阅览室也可称为电子读物阅览室或电子阅览室。它是图书馆通过配置多媒体电子计算机设备及建立相应的局域网系统，为读者查检利用数字化电子文献而设置的电子文献服务系统。在电子文献阅览室中，读者可以查阅利用各种类型的数字化文献。由于电子文献阅览室是技术含量较高的服务系统，因此读者既可以在此感受到内容丰富、形式多样、生动形象、感染力强的视听享受，又可以在此"广、快、精、准"地获取所需要的文献信息。

（3）缩微文献阅览室。缩微文献阅览室是图书馆通过配置不同规格、不同功能的缩微文献阅读器等设备，为读者查找利用馆藏"缩微品"的服务系统。十几年来，为了加快抢救历史珍贵文献的工作，我国图书馆在全国图书馆文献缩微中心的支持、指导下，配置了技术含量很高的缩微拍摄编辑制作系统，生产了数量极大、品质优良的"缩微型"图书。此外，不少图书馆还通过图书出版部门收藏了大量的"缩微型"文献。不少图书馆为了让广大读者查找利用馆藏的许多珍贵的历史文献，纷纷通过建立"缩微文献阅览室"来为读者提供服务。条件好的图书馆为了让读者得到相对完整且逼真的文献，还专门为读者配置了缩微阅读复印机。

2. 馆外流通服务

图书馆一般情况下是不允许把非书资料带出馆外的，但随着"以人为本"、"一切为了读者"的思想的深化，在部分图书馆中，视听文献的"外借流通服务"也在悄悄地开展起来。由于这种服务方式符合读者的需求，是一项"民心"行动，因而深受读者欢迎。随着时间的推移，这种突破思维定势的服务工作在更多的图书馆开展起来。由于视听文献的载体比印刷型文献复杂、多样，因此视听文献外借服务的管理和运作显得相对复杂一些，对文献的完整程度的判断也显得困难一些。为此，凡是开展视听文献"外借流通服务"的图书馆都要认真研究相应的对策，从而把读者欢迎的好事办好。

3. 自由交换服务

自由交换服务是指从馆藏中选择多余的复本，以"会员制"方式在读者中的"会员"范围内开展"自由交换服务"。

通过开展非书资料的"自由交换服务"，既可以让读者互通有无，又可以变废为宝，让那些闲置的视听文献找到新的用户，从而充分发挥其应有的作用。作为"自由交换服务"的主体，图书馆应为开展这项活动提供必要的场所和用于会员交换所必需的一定数量的基础性非书资料，同时还承担日常管理和服务工作。目前，尽管开展非书资料"自由交换服务"的图书馆还不是十分普遍，但这种服务符合民心、民意，可以相信，它将随着图书馆事业的发展而发展，具有无限的生命力。

（二）非书资料的服务管理

非书资料的服务已经成为图书馆读者服务工作的重要组成部分，建设好非书资料服务系统，是图书馆读者服务工作的重要内容。非书资料服务系统的建立涉及到服务场所设备、文献采购、设备维护、服务方式、人员配备等多方面的因素，因此，加强科学管理是必要的。

1. 非书资料服务系统的建设

从图书馆非书资料服务工作的实践看，尽管每个图书馆都可以根据本馆的实际去建立具有自己特色的服务技术系统,但从每个图书馆的服务工作需要考虑,从现代技术发展的条件考虑,在保证科学性和实用性的前提下,建设一套多功能的服务系统是十分必要的,也是完全可能的。

目前,国内外有好多技术设备系统,对有条件的图书馆,应该在充分市场调研的基础上,在现有系统中,选择具有发展潜能的技术先进的自动化系统是必要的。因为,非书资料的服务工作中最基本也是最重要的就是要建立一套功能齐全、兼容性强、运作稳定、优质高效的技术系统,才能使设备运行自如,读者使用起来得心应手。

2.非书资料服务场所的选择

非书资料服务对场所是有一定要求的,有特殊性的。场地要有足够适当的面积,为以后扩建、升级做好准备;要有独立、封闭的房间,综合考虑图书馆的动静分区,不能影响阅览区的读者阅读;同时还应注意温度、防潮、防尘等因素。

3.非书资料文献的选择

在选择非书资料文献时,应注意文献与本馆设备功能的匹配,文艺类视听文献要注意娱乐性、思想性、健康性。

4.非书资料服务的规章制度

非书资料服务系统是技术性特强的服务体系,建立、健全视听服务的规章制度十分必要。非书资料服务的规章制度不但包括一般的使用规则、条例等管理制度,而且更重要的是对技术操作规程和安全保障等做出明确的规定。对于涉及国家安全和网络安全管理的基本要求,也必须通过规章条例予以明示。

第五章 图书馆管理服务体系

第一节 信息资源共享服务体系

信息资源建设和信息资源服务是图书馆的基本职责和任务，其最终目的就是为了实现信息资源共享，以最大限度地满足用户的信息资源需求。构建图书馆信息资源共享，可以有效整合图书馆之间的各种数据资源，使各种文献资源在各个图书馆之间得到合理分配，从而能够为不同用户提供不同层次的信息服务。

一、图书馆信息资源共享

虽然自人类社会产生图书馆和图书馆员以后，信息资源共享的实践活动就已经开始了，但信息资源共享只是近年来比较流行的一个新的专业术语。这个新的专业术语的产生大致经历了图书馆资源共享、文献资源共享、信息资源共享等几个概念发展阶段。

信息资源共享（Information Resource Sharing）是指图书馆在自愿、平等、互惠的基础上，通过建立图书馆与图书馆之间和图书馆与其他机构之间的各种合作、协作、相互协调关系，利用各种技术、方法和途径，开展共同提示、共同建设和共同利用信息资源，以最大限度地满足用户信息资源需求的全部活动。

基于信息网络通讯技术，通过图书馆信息资源共享，可以实现各类文献信息资料在各个图书馆之间的传递，这样用户就能通过一定的公共网络信息服务平台，快速获取自身所需的信息服务。促进图书馆信息资源共享，最终目的是促进信息资源共享，提升服务层次，降低信息费用，提高图书馆的经济效益和社会效益，从而最大限度地满足众多用户不同层次的信息需求。现代文献信息资源已经泛指到生活的各个领域的文字、数字、文化资源类科目的分享和共用。

信息资源共享的宗旨就是为了使用户的信息需求得到最大程度的满足，信息服务机构的社会效益和经济效益发挥巨大的效用，努力对信息资源进行合理配置，以最少的投入提供优质的信息服务。信息资源共享的实质是为了使信息资源在各主体间的布局更加合理，在空间上的配置更加优化，在有限的信息资源条件下，最大程度地满足用户的需要，提高信息资源的效用。不少作者从共享对象出发阐述信息资源共享的实质。

如马费成先生认为：信息资源共享的信息是公共的信息，是可以租让的信息，是潜在的信息。正是其多样性，将它与一般经济区别开来。李蓉同志认为：信息资源共享代表了现实社会公众的利益，只有在信息开放、扩大流通的基础上，建立低成本或无偿的信息使用，才能使公众的利益得到保障。查先进同志认为：信息资源的共享在减少资源浪费的基础上，还充分体现了合作的精神。通过对信息资源共享对象的分析，使我们更加明确了信息共享的实质是为了社会公众服务的。

（一）图书馆信息资源的构成

图书馆历来被公认为是信息知识的收集、加工、利用与传播中心，在信息社会图书馆信息资源的构成发生了翻天覆地的变化，主要包括：图书馆 MARC 格式目录库所反映的现实馆藏资源；图书馆自建的学位论文数据库、特藏资源数据库；图书馆购买的拥有使用权限的联机数据库或者安装在馆内的镜像站点；图书馆订购的光盘数据库；图书馆通过网络获取的电子虚拟馆藏。这些资源载体不同、类型不同，既包括印刷型又包括电子型，既有一次文献，又有二、三次文献。不同类型的资源有不同的检索程序，不同的电子资源数据库也有不同的口令、密码及使用方法，给读者的使用带来方便的同时也增添了许多不便。

（二）图书馆信息资源建设

随着计算机网络技术的不断发展，信息资源已成为图书馆的重要组成部分，信息资源建设成为衡量图书馆实力的重要指标。信息资源建设是图书馆赖以存在的物质基础和保证，信息资源的质量和体系建设的优劣直接影响着图书馆信息服务的水平和效率，现阶段，信息资源建设主要包括文献资源建设、数据库建设和网络信息资源的开发与组织等。因此研究图书馆信息资源建设对于图书馆的建设非常有必要。图书馆的信息资源建设主要包括三个方面：

1. 纸质文献资源建设是基础

传统的纸质文献资源是图书馆长期发展而积累下来的重要资源，具有很好的稳定性、准确性、权威性，是所有信息资源发展和建设的重要基础。为了实现纸质文献的最大化利用，应促进馆际合作，针对各馆原有馆藏特色或者用户需求，在资源建设过程中有针对性地进行采购，必要时可以在馆际间实行馆藏流动合作，避免馆藏资源的重复建设。为了达到优化馆藏资源的目的，应组织传统图书馆成员统一进行文献采访，就用户偏好、学历背景、学术背景、文献质量等多个方面想学科专家广泛征求意见，以保证资源采访准确性，增强资源采购的针对性，满足用户群的个性需求。

2. 数字资源建设是重点

数字文献资源包括了书目数据库、数字化纸质馆藏数据库、各类数字出版物（音像制品、电子图书、电子期刊、电子报纸等）多种资源类型，其中数字出版物采购过程中同样需要严格准确地把握资源的针对性、可靠性、权威性、兼容性，统一调配采购，既要避免资源的重复建设，也要保证数字资源的系统性、完整性。区域图书馆联盟在参考传统图书馆管理体系以及国家相关技术规范的基础上，制定本地化数字资源的建设方案，特别是书目分类标引体系、纸质文献数字化标准、数据库建设规范、数据库安全管理规范、数字资源共享传输协议等，以实现区域数据库联网建设及共享。同时要统一协调数字文献资源选配，根据成员馆资源建设需求，经过充分论证、共同协商，集中采购商业数据库或者数字文献资源，实现资源优化配置。

3. 网络信息资源为补充

网络信息资源具有分布广、增长快、数据标准不一、信息源不规范、内容丰富繁杂、检索方便快捷、时效性与实效性强等特点，想要准确、快速、高效地搜集、整理和分类权威可靠的网络资源特别是网络学术资源，对图书馆来说是一个庞大而艰巨的任务。因此应合理安排各成员馆的资源与任务，实行分工协作，共同建设可靠的网络信息资源数据库。

二、资源共享是图书馆发展的根本

（一）图书馆信息资源共享必要性

1. 使图书馆的有限信息资源无限化

随着网络和信息技术的飞速发展，面对海量信息，面对读者需求的多元化，面对眼前有限的经费，每个图书馆馆藏能力有限，为了满足各种类型的读者需求并提供个性化的服务，图书馆只能采取合作和信息资源共享的重要手段应对管理机制进行革新、对管理观念进行转变。闭门造车的模式早应该被淘汰，开启门户才是硬道理。图书馆间只有利用网络联系世界各地的信息资源，加强与国际的交流与合作，真正参与到资源的共享活动中以实现信息资源的共享，使有限的文献信息资源扩展到无限，从而更加丰富图书馆的文献信息资源。

2. 有利于图书馆信息对称最大化

用信息的行为和方式，成为人们生活的一部分。网络信息量与日俱增，海量信息在丰富了人们的信息来源的同时，也给人们获取信息造成了困扰：即信息的不对称，用户信息需求与所得之间，存在着严重的错位。使得用户信息需求的特定性与信息资源分布的无限分散性之间的矛盾日益加剧。用户被信息的汪洋大海所包围，在使用中人们发现要准确、快速地查找自己所需的信息已变得越来越困难。单靠自身的力量，很难采集全面的文献信息资源，更谈不上进行有序的加工，满足读者的需求更是难上加难。只有充分地联合图书馆，分工协作，信息资源共享才能提高图书馆信息服务效率，才能个性化的服务读者。

3. 有利于图书馆的有限信息资源产生无限效益

图书馆投入馆藏建设的资金和资源是有限的，"共享"可使得资金的利益最大化，资源的浪费最小化。对图书馆的利益来说，"共享"不仅能缓解单个图书馆在资金和经费方面的压力，也弥补了本馆书刊资源不足的缺陷，意味着可以用较少的付出就能获得满足读者的需求的回报。在这种情况下，馆际间的资源共享让有限的文献信息资源产生无限的效益，这种可行性比较高的方法在一些经济利益冲突不大的图书馆之间十分可靠，可谓"性价比"较高。

4. 有利于合理配置图书馆信息资源

目前，重复订购、资源冗余的现象在各个图书馆之间普遍存在，尤其是对某些重要文献的重复订购。众所周知，各个图书馆的购书经费有限，解决的方案可采取通过协调合作，多方位、多渠道、统一筹划、立体化的合理构建，同时进行联合采购和编目建立，构建联合电子信息资源数据库。这样带来的好处是不言而喻的，协调采购的办法就可在一定程度上避免重复订购现象，避免浪费。馆际资源共享使各图书馆间有效地避免了文献资源的重复建设。图书馆需要调整馆藏格局从而降低收藏功能，突出服务功能。

（二）信息资源共享的意义

信息资源共享的建设将成为图书馆当前及未来的主要工作中心及发展方向，对其发展具有不可替代的重要意义。

信息资源共享可以解决文献量和价格的激增，带来的购书经费不足的问题，合理配置资金，减少图书管理的工作量随着经济的发展，科技的进步，各学科领域中的文献量和价格以迅猛的态势增长。据联合国教科文组织的报告，目前全世界每年以80多种文字出版的文献超过60万种。其中图书30万种、期刊15万种，其他形式的出版物（报告、专利、论文）15万种。在我国，仅期刊资源每年增长率为5%-7%，每10-15年翻一番，发表论文增长率为8%-9%。中文期刊的价格也曾以每年23%的速度上涨，外文期刊价格的涨幅也十分可观，然而同期文献购置经费平均年递增率却不到10%，有的甚至是零增长。面临如此严峻的资金短缺问题，为了更加合理的配置资金，促进图书馆的发展，优化图书馆资源，就必然要选择走信息资源共享的道路。如此就能保证在文献量入藏不足的情况下，满足人们对信息资源日益增长的需要，避免重复浪费。

信息资源共享可以提高文献的利用率经调查研究发现，图书馆中的大部分文献资料都没有被合理的利用,用户的大部分需求通常集中在馆藏20%的资料中。从某种程度上来说，馆藏80%的资源无形中造成了浪费，这样不仅大大的降低了文献的利用率，而且造成资金的浪费。通过信息资源的共享就能有效的解决此问题，使他馆的用户可以通过共享模式查找到别馆的所需信息资源，扩大了信息来源的途径，增加了信息资源的利用，使各图书馆之间的沟通加强了，资源得到有效的利用。

信息资源共享可以提高用户使用的满意度，解决文献分布不合理所带来的问题随着科研水平的不断提高，信息资源的种类不断细化，用户对信息资源的需求越来越强烈，要求越来越高。但各地的文献分布并不是十分的合理，越是发达的国家其馆藏资源越是丰富，所以各图书馆已不在可能凭借自身的力量满足用户多样化的需求。这就要求各图书馆要有信息资源共享的意识，如此才能在有限的资源条件下，优势互补，最大程度的满足用户的信息需要。

二、信息资源的整合

（一）信息资源整合

1. 整合

整合是整理、汇合、聚合、融合的意思，一般理解为将看似无关、实则有关的东西整理为一个有机整体的过程或结果，形成一个有效的系统。由此看来，整合的结果是形成规模更大的事物的集合，这个集合形成的整体效益、效率大于单个事物单独状态发挥的效益、效率，更要大于各单独状态之简单叠加的效益、效率。整合的实质就是各个单独事物共同遵循统一的原则、标准、规定，打破原有的界限形成有机的统一体。其内涵充分验证了部分之和大于整体的系统论观点。简言之，整合后发挥的是整体效率，体现的是整体效益。

2. 信息资源整合

信息资源整合是指信息资源优化组合的一种存在状态，是根据系统的原则，依据一定的需要，对各个相对独立系统中的数据对象、功能结构及其互动关系进行融合、类聚和重组，重新结成为一个新的有机整体，形成一个效能更好的、效率更高的新的信息资源体系。从而全方位地为科学研究、决策提供信息保障。这里的信息资源指的是经过一定程度加工整序过的，一个个相对独立的、不同类型、不同学科的数字资源系统，不包括网上无序的和自身没有控制的数字信息资源。这个概念逻辑性强，组织严密，目标明确。全面、完整、准确地揭示了信息资源整合的丰富内涵。

（二）图书馆信息资源整合

图书馆信息资源整合可以概括为遵循一定的原则、规范、标准，把图书馆范围内的资源无论是网上虚拟资源还是馆藏书目资源，或是自建数据库等多种载体、多种形式、分散异构的信息资源有机的结合在一起，实现图书馆所有资源分编流通工作的融合，使用户能够在统一的数据存取模式下通过统一的用户界面完成对不同数据库和网络资源的检索。若要更好的实现图书馆信息资源的共享，首先要对图书馆信息资源进行合理的整合。信息资源整合的目标就是将各种载体、各种来源的信息资源，依据一定的需要，进行评价、类聚、排序、建库等加工，重新组合成一个效能更高的信息资源体系，使人们能够通过统一的检索平台查找和浏览相关信息资源，更有效地利用信息资源。信息资源整合对各种渠道信息的收集整理以提高读者检索效率以及对资源的统一管理有着非常重要的作用；通过信息资源整合还能很大程度上节省资源购置经费；满足读者对信息共享和个性化的需求，提高读者的信息利用率；有效地避免资源重复浪费，更好地为读者服务。

图书馆信息资源整合包括数据整合和知识整合。数据整合就是指信息资源在逻辑上或物理上的合并。这种形式仅表现为信息资源数量上的变化，数据之间并没有关联，为表层的整合。数据资源整合的许多数据资源仅仅是经过了简单的汇聚而成，并有形成真正的知识源以供研究人员利用。图书馆承担着提供知识查询的手段和知识组织整理的责任。知识整合就是在数据整合的基础上对信息资源的更进一步、更深层次的优化、整合，也称为应用层整合。它是通过对某学科数字资源的分解重组，按知识体系的关联性、主体性组织成网状相互联系的知识资源整合系统。这种整合模式能使不同领域的知识体系化、结构化，能被多个知识发现、重新组结成为一个新的共享的有机整体，形成一个效能更好、效率更高的新的信息资源体系，为实现资源的整体化、一体化的共享奠定基础，以达到信息资源共享的目的。

图书馆从传统的纸质文献为主的采集策略逐渐转向面向用户需求、以数字资源为主体的多元化、开放性知识保障格局，其内涵和外延已经发生了深刻变化，不断加强知识服务功能是图书馆面向未来的新的挑战。如何使异构的知识能够互通有无、交换共享，这就需要进行对于现有信息资源中的隐性知识进行知识发现和知识的组织、改造、挖掘，包括深层次的数据挖掘、文本数据挖掘、文档数据挖掘等。基于知识体系的资源整合，就是创新知识的过程，就是对信息资源进行科学的计划、组织、协调和揭示，从而有效地保证知识组织目标的顺利实现。

三、信息资源整合的分类和内容

（一）整合的分类

1. 按照图书馆信息资源整合的区域位置划分

（1）国家范围内图书馆界信息资源整合。这种整合类型也可称为宏观意义上的图书馆信息资源整合，涉及全国范围内各个地区图书馆界广泛意义的协作，信息资源从采购到利用各个环节统一协调、统一标准，实现国内图书馆界的互通有无、资源共享。

（2）地区范围内图书馆信息资源整合。在信息内容和信息服务方面，由于缺乏统一的领导和协调，造成很多地区出现了在同一区域内各个图书馆网络系统间资源开发分散、重复现象严重，处于互不相同、相互独立的局面。

（3）单个图书馆范围内的信息资源整合。指的是图书馆作为独立的个体进行的信息资源整合，这种整合具体表现为跨库检索、学科导航、学科馆员制等。

2. 按图书馆信息资源整合深度划分

（1）浅度信息资源整合，指的是多个馆藏的简单相加，没有进行深度融合。

（2）中度信息资源整合，即对相关数据库内的数据对象去除重复信息的整合，提供用户的不单是统一的查询界面，而且是不重复和高质量的信息。

（3）深度信息资源整合，这是图书馆基于知识管理理念的深层次用户服务。打破各个数据库数据资源的分割局面，按照知识单元组织信息提供给用户。信息资源整合程度越深，用户吸收和利用信息的效率越高。

3. 按资源涵盖范围划分

（1）学科综合性信息资源整合包括自然科学信息资源整合、社会科学信息资源整合、人文科学信息资源整合、工程技术信息资源整合等；

（2）学科分散性信息资源整合包括几个专业信息资源的整合；

（3）学科专业性信息资源整合仅包括一个学科专业的信息资源整合。

4. 按文献加工程度划分

（1）全文型信息资源整合，即一次文献的整合；

（2）检索工具型信息资源整合，即二次文献的整合、三次文献的整合；

（3）混合型信息资源整合包括一次文献、二次文献、三次文献的混合整合。

5. 按资源类型划分

（1）图书资源的整合；

（2）期刊资源的整合；

（3）报纸资源的整合；

（4）会议论文的整合；

（5）各种资源混合型整合等。

（二）整合的内容

1. 馆藏信息资源与各类信息资源的整合

（1）加强馆藏信息资源与网络信息资源的整合。网络信息资源是指以电子数据形式把文字、图像、声音、动画等多种形式的信息存储在光、磁等非纸介质的载体中，并通过网络通信、计算机或终端等方式再现出来的资源。网络信息资源的出现，打破了图书馆传统的信息组织与加工的形式，信息资源的构成类型也由此发生了根本性变化。网络资源不受空间、时间的限制，能随时随地满足读者获取信息的需要，也使得图书馆在信息资源建设上更加的丰富多彩，现已成为重要的信息资源来源。因此，只有对馆藏信息资源与网络信息资源整合，才能满足读者对信息资源的全方位、综合化需求，才能使图书馆的信息资源建设朝着现代化、科学化发展。

（2）注重对数字信息资源的整合。对馆藏纸质文献资源进行 MARC 编目，形成馆藏书目，通过 OPAC 系统，把馆内信息资源与网络信息组建起馆藏文献资源数据库，使各种类型的文献资源实现纵向整合，构成为系统化、整体的信息资源数据库，为读者提供检索服务，把图书馆局部资源优势转变为整体优势，方便读者获取自己所需要的信息，不断满足学校教学、科研发展需求，发挥出图书馆信息资源的最大优势。

（3）要以学科、专业建设来组织信息资源整合。建立学科、专业信息门户，通过收集某一领域学科、专业中研究机构、实验室、图书、期刊、工具书、会议论坛、专家学者、科研报告等信息资源。根据读者的兴趣、层次、类型等变化，结合馆藏文献资源的结构，为读者提供更专业、更深入的数据检索，为读者获取相关信息提供便利。2. 高校图书馆信息资源与公共图书馆文献信息资源建设的整合积极参与信息资源建设，为经济文化服务，是推动图书馆信息资源建设，实现图书馆文献信息资源的共建与共享，提高图书馆文献服务价值的必然之路。建立高效校图书馆与地方文献资源共建共享协调服务体系，成立以地方文化服务机构为主管，以省市图书馆牵头的高效图书馆等单位的联合机构，明确分工，以资源共享，优化基于书目管理系统 OPAC 的资源整合。OPAC 系统是图书馆检查系统中最基础的检索工具。OPAC 全称 Online Public Access Catalogue，在图书馆学上被称作"联机公共目录查询系统"，读者通过万维网实现图书的查找和借阅，是传统图书馆读者熟练掌握的检索工具。OPAC 可以通过在 MARC 856 字段中记录电子文献的 URL，方便读者能够方便、快捷地查询实体馆藏资源和数字资源信息，实现馆内信息资源的整合。还可以通过 Z 39.50 协议实现与外部数据的整合，生成联合馆藏书目查询系统。OPAC 通过这两种形式的整合，不受馆内资源和书目服务的限制，方便地使用到馆外的或数字化的文献资源。塔是一种目录级的整合，根据整合的对象可以划分为馆内资源整合与馆外资源整合。读者可以一站式查询和获取所需的信息资源。

（三）图书馆信息资源整合的模式

1.跨库检索技术模式

跨库检索也被称为联邦检索，多数据库检索，集成检索，统一检索等。但究其原理，都是基于跨库检索系统的整合，以多个分布式异构数据库为整合的对象，整合后系统为用户提供统一的检索界面和信息反馈，从而实现多个数据库的同时检索。整合后的界面没有自己的资源数据库，它仅仅是建立一个代理界面来接受用户的检索请求，并将这些请求转换成相应的数字资源系统方法和检索语言，并将各个资源系统返回的检索结果进行排序和整合。这种整合方式避免用户逐个登录数据库、输入检索条件，提高了用户获取信息资源的效率；检索的结果以统一的格式、统一的标准排序，方便了用户的浏览和选择。但是由于技术的原因，检索时只能利用源数据库"共同"或相似的检索模式，源数据库有特色的检索模式可能不能利用，不支持高级检索，查准率和查全率较低。当前在跨库检索系统开发方面，全球都有一些实践推进，如美国加利福尼亚大学的数字开发的跨库检索系统 Searchlight 开发的 OCLC Search，ISI Web of Knowledge 开发的 Cross Search 等。国内也有很多研究机构和图书馆开发了跨库检索系统，如中国科学院国家科学图书馆的"找科学数据"跨界检索系统，CALIS 统一检索系统等。

2.OPAC 技术模式

OPAC 技术模式简单而言可以理解成数字化的网络图书文献资源目录，这往往是用户利用图书馆资源最常见的方式。这样的整合模式以联合目录为基础构架，依托于图书馆管理系统，显示所有本馆书目和其他馆、机构所藏书目资源，并以统一检索入口的方式向用户提供服务。从技术原理来看，往往是通过 Z 39.50 协议实现馆际 OPAC 数据库的整合，利用 MARC 记录里的 856 字段揭示信息条目实现资源贯通。这种整合模式解决了实体馆藏资源和数字资源的对接问题；用户不需要熟悉新的系统和检索方式就可以利用外馆的数字信息资源。但是对于数据结构和通信协议存在差异的数据库之间的整合无能为力；由于人力、物力和知识产权等问题的限制，实现全面信息资源整合的可能性较小；电子资源的链接地址也不能随意更改，系统维护成本较高。国外本领域的实践已经进入到新的多媒体跨库整合的层面，我国也在这方面进行很多有益的探索。我国国家图书馆的联机公共目录查询系统，也是基于 OPAC 开发的统一检索平台，整合了馆藏的中文、特藏、外文文献数据库，向用户提供便捷的服务。

3. 资源导航技术模式

资源导航是由专业人员利用相关信息方法、软件、系统和平台，对网上开放存取的有价值资源进行收集、描述、分类、重新组合，开发出更方便利用的方式，甚至还可以提炼出更有价值的深层次信息。从流程上而言，以学科学术资源导航为例，首先是通过网络信息搜索工具获得相关的信息条目，依照学科主题进行分类，再依据分类从目标开发存取数据源抓取信息，经过过滤整合存储，依照一定的格式，形成网络学术资源导航库，提供给用户使用。当前还有学者就 CIT 在信息资源导航中的应用和网络灰色文献资源导航等方面进行了深入研究。国内的大型资源导航门户以 CALIS 开发的重点学科网络资源导航门户为代表，其整合了国内哲学、经济学、法学、教育学、文学、历史学、理学、工学、农学、医学和管理学等重点学科重要研究机构和高校的网络资源，提供分学科门类和一站式检索服务。

4. 动态信息链接技术模式

信息链接，即采用一定的技术手段如超文本链接技术，将信息实体间及信息实体基本属性间的内在关系组成一个有机统一体的资源整合方式。基于信息链接的整合是通过超文本链接机制，将存在于异构资源系统中的信息实体及信息实体基本属性间的内在关系整合起来，组成一个有机的信息网络。链接技术有静态和动态两种，动态链接由于能够随着链接环境的改变而做出调整，避免了死链接问题，在当前引发了大量的探索。如基于美国国家信息标准组织标准为由提出的开放链接标准研发相对应的资源链接模块，采用 Ex Libris 公司推出的网络数字资源无缝链接软件系统 SFX 进行图书馆数据库整合。

5. 学科信息门户应用模式

学科信息门户是一种网络信息组织工具，也是图书馆实现学术信息资源整合的一种重要方式。它是在网络信息资源飞速增长的情况下，将特定的一个或多个学科领域的自由、工具盒服务集成，为学科信息用户提供更为方便和快捷的检索和服务接口。目前国内外大量的学术研究机构和图书馆都已经构建了自己的学科信息门户。学科信息门户根据 T.Koch 的观点，具有以下特点：一是以学科信息为主要服务内容的服务体系；二是高度集成和更新迅速的服务体系；三是以有针对性地提供关于学科信息资源方面的解决方案为目的的服务体系；四是以智能化为重要特征的服务体系。我国最具代表性的就是中国科学院国家科学图书馆按照学科特色并参照相关的国际标准分类开发的"图书情报学科信息门户"等五个学科信息门户。

6. 合作数字参考咨询应用模式（CDRS）

合作数字参考咨询服务是一种以用户为导向的信息资源整合和服务模式，他是在多媒体技术、网络技术等信息技术高速发展的背景下，依托网络基础设施，由多个图书馆和情报机构共同协作，在各个部门资源和服务优化重组的基础上，突破时间、地域、语言、系统等外界障碍，通过网络数字参考咨询平台为用户提供的一种分布式的虚拟参考咨询服务。这种整合方式大大增加了服务系统后台的学术资源，形成了成员馆之间的优势互补；最大限度地提高了信息资源的利用率，实现了信息资源、智力和服务的共享；由于克服了时间、地点和语言的限制，服务的领域更加广泛；用户能和咨询专家实时交互，需求得到充分表达，使得咨询更具时效性和针对性。但是由于平台相对简单、回复速度较慢、参考咨询人员素质不齐、宣传力度不够等问题，为用户对系统的使用带来一定的不便。

四、图书馆信息资源共享平台建设

（一）图书馆信息资源共享的模式

1. 文献传递模式

早期出现的文献资源共享活动主要是合作藏书和馆际互借，它们虽然是有效的，但无法解决文献资源共享活动中一些非常现实的问题，例如，在馆际互借活动中，用户如何克服空间距离障碍方便地获取文献？在网络时代，人们找到了解决这个问题的方法，这就是文献传递。文献传递可以包括图书馆传统服务，但主要是指那些新的服务，如远程的传递、结算或收费，传递者对传递物不具有所有权。在信息技术不够发达的情况下，馆际互借是最好的模式，但随着信息技术的不断进步，尤其是网络化、数字化技术的发展，文献传递所具有的更加灵活，更加高效的优点显现出来，并成为当代文献信息资源共享的主流模式。如果没有文献传递系统，用户通过文献存取系统检索到文献的信息后，或者无法得到原始文献，或者必须以很高的成本获取原始信息，这样存取的价值就会大大降低。

网络技术的发展大大改善了文献传递的环境，文献传递的商业运作成为可能，商业化文献传递（CDD）出现了。CDD 的出现对图书馆服务的冲击是显而易见的。CDD 出现后。它们以良好的服务质量、灵活的影响策略为读者提供快速便捷的优质信息服务。CDD 的服务为图书馆提供了多种选择。图书馆一方面积极探索利用 CDD 拓广文献资源的同时另一方面也向 CDD 学习，在读者服务中引入 CDD 机制，使得图书馆在网络化环境利用 CDD 成为必然。

2. 存取与拥有模式

解决读者获取馆藏文献信息的问题，直接导致了"存取"概念的出现及其在文献资源共享理论体系中地位的上升。在现代文献信息共享活动中，人们对各种文献包括异地文献或虚拟文献的存取能力。看得比拥有文献更为重要。存取是文献资源建设这一应用图书馆学领域产生的概念。但它却对理论图书馆学产生了很大的影响。Kane 在为《图书馆学情报学百科全书》撰写的词条"存取 vs 拥有"中，更是将拥有和存取这两个概念分别当作传统模式与现代模式的代名词。存取思想建立了更加积极的图书馆发展观念，改变了图书馆学的藏用馆，也改变了图书馆合作或协作的模式。

3. 书目信息模式

随着 MARC 格式的应用和推广，书目数据共享成为传统图书馆自动化过程中的迫切需要。图书馆自动化管理系统的普及使得这种资源共享方式迅速发展。联机编目的发展能促进图书馆自动化工作的开展及文献编目数据的标准化，为使图书馆间基于 Z 39.50 协议、OPAC 系统开展馆际数据传输及文献互借服务提供方便。书目共同体是一种新型的文献资源共享协作组织。与传统的图书馆相比，它有两个基本特点：第一，以现代信息技术为基础。在信息资源共享中保持高的效率。利用计算机网络提供高效的书目查询，同时利用现代物流技术传送图书，使图书馆协作达到了前所未有的水平。第二，实行自愿的、互利互惠的协作原则。书目利用共同体则以经济结算制度形成对协作馆的一种约束。一个馆对一种文献，选择购入还是利用互借，也许取决于该馆对该文献的利用率。利用率高的文献，多次向他馆互借的话，成本可能高于自我购入。这就很好地解决了以往馆际互借过程中大馆"吃亏"的问题。

4. 区域协作模式

区域协作是一个地理概念：包括区域内协作和区域间协作。区域内协作即图书情报及信息机构之间的合作；区域间协作是指国与国之间，地区与地区之间、城市与城市之间通过合作的方式达到功能互补和资源互补的目标。除通过省际、行业集团购买数字资源外，一些图书馆通过参与 CALIS 特色全文数据库、学科资源导航、教学参考资源建设等项目，实现共建共享；一些服务能力强、资源较为丰富的图书馆通过 OPAC 提供馆藏资源检索，并提供用户网页表单发送文献需求信息，利用 E-mail 或文件传递协议等方式将用户所需信息发送到用户指定的接收地址。随着开放式互联协议（OAI）的应用。各图书馆不同的电子资源可通过联合检索方式实现不同数据库同一检索，文献共享的范围也从单一的传统纸本文献扩展到数字化文档。

5. 协调采购模式

协调采购是图书馆面对书刊价格上涨而采取的协作措施。这种协调主要以地区联盟方式进行。自 CALIS 对引进数据库实施集团采购以来，以数字资源采购为主的资源共享成为一些高校图书馆引进数据库的一种主要方式。为避免数字图书馆建设中的资源重复和浪费，促进高校图书馆整体效益的提高，通过政府行政投入等方式，以省、地区、行业集团采购的方式也日渐增加。由于市场竞争格局的不同，采购协调主要集中于价格较高、用量较大、出版商或经营者具有垄断地位的外文期刊和数据库产品。通过买方市场联合，图书馆增加了与代理商谈判的实力，有效地抑制了文献资源供应价格的上涨，提高了服务的质量。

（二）图书馆信息资源共享平台建设

通过图书馆数字信息资源服务与共享平台建设，搭建馆藏信息资源数字化、数字信息资源服务和数字信息资源共享等三个平台，不断加强信息资源数字化建设、数字图书馆应用系统建设、数字信息服务体系建设，构建现代化数字信息资源服务与共享平台，最大限度实现资源共享以及对用户个性化服务和信息资源主动服务，将图书馆建设成为没有馆舍限制，没有服务时间限制的一站式统一检索的现代化数字图书馆。首先，对馆藏信息资源进行整合和深层次挖掘，使之数字化、系统化，为进一步开发利用信息资源，提供优质的信息服务与共享奠定物质基础。其次，转变传统被动低层次的服务为主动知识增值的服务，并促进图书馆服务意识和观念的根本转变。最后，将信息资源数字化，利用信息网络打破图书馆自我封闭的状态，加强横向联系和纵向联系，实现信息资源的共享。

1. 馆藏信息资源数字化平台建设

依托图书馆现有馆藏图书书目数据库，加强馆藏纸本信息资源数字化建设，逐步实现馆藏纸本资源的数字化，建立馆藏图书、期刊等信息资源全文数据库。同时，实现馆藏其他非数字化特色资源的数字化建设，包括检索科技成果全文数据库、非书资料（音频视频）数据库、数字档案信息数据库、教师著作数据库、学生学位论文全文数据库等。通过馆藏信息资源数字化建设，将馆藏非数字化纸本信息资源数字化，使得用户不用到图书馆也可以直接得到所需文献信息全文。引进专业信息资源数字化加工软件及大容量存储设备，采用元数据索引技术，加强数字信息资源的整合与利用，提高资源加工标准，保证信息资源数字化建设的高标准高质量，建立高标准的数字信息资源加工基地。

2. 数字信息资源服务平台建设

围绕数字信息资源，加强数字信息资源服务体系建设，健全和完善数字信息资源服务的制度，拓宽数字信息资源服务范围，改革数字信息资源服务模式，彻底淘汰传统的坐等用户上门的被动服务。将图书馆各类型信息资源进行整合，构建图书馆统一检索平台，开发馆藏信息资源统一分类导航，实行一站式跨库检索，使得用户可以一次完成不同类型、不同数据库的文献信息资源检索，代替用户逐个登录数据库检索的繁琐，大大节省用户检索时间。通过构建个性化服务平台，可以针对性地为单一用户开展个性化专业服务，如学科热点前沿问题报道、最新定制学科一次、二次文献推送、本学科会议展览召开信息等，为用户构建个人数字图书馆，用户通过个人数字图书馆就可以全面掌握本学科专业相关最新专业信息。采用移动云计算的架构，构建图书馆移动服务平台，与现有数字图书馆保持一致性和无缝性，实现用户利用手机等移动上网设备对各类信息资源进行统一检索和全文访问。通过图书馆移动服务平台还可以设置个人空间与图书馆OPAC系统的对接，实现了馆藏查询、续借、预约、挂失、到期提醒、热门书排行榜、咨询等自助式移动服务。并可以自由选择咨询问答、新闻发布、新书推荐、借书到期提醒、热门书推荐、预约取书通知等信息交流功能。随着图书馆数字化进程的深入，用户利用图书馆信息资源不再需要到图书馆才能检索，图书馆如何能及时掌握用户的文献信息需求，了解用户使用图书馆过程中的疑难困惑，这就需要建立图书馆咨询服务平台，随时和用户在利用图书馆中的各种问题。让用户体会到虽然没有到图书馆，但是图书馆服务随时伴随其左右。

3.数字信息资源共享平台建设

在尊重知识产权的基础上，充分利用数字信息资源的无限复制性，构建数字信息资源共享平台并开展数字信息资源共享服务。通过远程登录、实时咨询、代办代查等方式，开展参考咨询、定题服务、文献传递、馆际互借等共享服务，为用户提供信息服务。

第二节 图书馆自动化系统服务体系

一、图书馆自动化集成系统

图书馆自动化集成系统即是由图书馆员、管理者、读者、采访、编目、典藏、期刊、流通、查询、管理决策等部件组成，这些部件相互关联、相互依存，为实现图书馆业务自动化、科学管理和服务读者的目标而联系在一起的、合理有序的组合。使用集成系统以后，各个部门的图书馆员可以随时了解一种图书馆藏品的状态（订购、加工、外借、预约等），读者也可以随时检索图书馆馆藏，大大地提高了图书馆业务工作的效率。

虽然管理信息系统概念起源于20世纪30年代，但作为一个专门的术语却是出现在20世纪70年代，直到20世纪80年代才有了较为完整的定义。也正是在20世纪70年代末80年代初，图书馆自动化系统才随着管理信息系统的发展，由单一功能性系统转向图书馆集成管理系统。"图书馆自动化管理系统"、"图书馆自动化集成系统"等等都是图书馆自动化系统随着图书馆需求的变化而不断发展，在一定时期内更为贴切的一种名称或说法。

20世纪80年代，美国国家医学图书馆对这个名词的解释为：以一个单独书目主文档为基础，实现图书馆各种功能的自动化的计算机系统。

1982年10月，美国研究图书馆协会将"图书馆集成系统"定义为：由一个共同的数据库，以及其他为实现图书馆自动化而需要的和相互关联的各个功能模块组成的系统。

1983年，Pat Barka low在图书馆与情报技术协会上给"图书馆集成系统"下的定义为：把一种以上图书馆功能或一个以上具体图书馆组合在一起的自动化系统。

1984年，David C·Genaway在《Integrated Online Library Systems：Principles，Planning and Implementation》一书中给出的定义为：它是一种使用一个共同机读数据库，有两个或两个以上作业子系统并能联机存取的图书馆系统。

尽管对图书馆集成系统的定义或解释各不相同，但都强调了具有图书馆一种以上的功能和共享数据库资源这两个方面。我们认为，图书馆自动化集成系统是以电子计算机为手段，能实现图书馆的采购、编目、检索、流通、期刊管理等多种功能，各子系统能独立运行又能相互联系，并由在逻辑上属于一个公共数据库所支持的，能充分共享数据资源的图书馆自动化系统。

（一）国外图书馆自动化系统发展现状

图书馆自动化系统的发展主要经历了：实验系统向实用系统发展；单机多用户系统向微机局域网系统发展；封闭式的局域网系统向开放式的互联网系统发

展；传统业务工作计算机化向提供数字化资源服务方向发展；本地系统向云端服务发展；图书馆自主研发向商业化研发公司发展。

1. 国外图书馆自动化系统发展概况

（1）实验系统阶段。图书馆自动化集成系统于20世纪50年代起源于美国，美国和英国一些图书馆开始研究计算机技术在图书馆应用的可能性，一般都是从流通开始。1950—1954年，美国海军兵器中心图书馆（NOTS）就开始利用计算机建立文献检索系统，实现对文献题名、责任者等项目的检索。据文献记载，1954年美国海军兵器中心就在IBM 701计算机上进行单元词匹配检索。接着在1958年IBM研究员卢恩进行了著名的自动抽词试验，开创了自动分类、自动标引、信息检索等多个与图书馆学、情报学、计算机应用等学科密切相关的研究领域。这个阶段不长，大部分系统都没有坚持下来。

（2）脱机批处理阶段。图书馆自动化真正开始的标志是机读目录MARC（Machine Readable Catalog，MARC）的出现。1964年，美国国会图书馆发起研制的MARC保留了图书馆传统的著录项目，统一了手工目录体系，采用了国际通用的标准著录条例，而且还具有扩充和修改功能，能满足不同类型图书馆编目著录的要求。随后出现了英国的UNMARC、加拿大的CANMARC、我国的CNMARC等。这个阶段主要是利用计算机处理单个图书馆业务，和本馆其他业务及其他图书馆见没有联系。

（3）联机系统和网络系统阶段。到20世纪70年代，以编目系统为基础的各种自动化系统就已初具规模。同时还出现了以编目系统为纽带的联机编目协作网，例如OCLC、BALLOTS、RLIN、WLN等。这个时期出现的图书馆自动化系统功能单一。如单一的编目系统、单一的流通系统、单一的采购系统，各个系统之间的信息无法共享。这些功能单一的自动化系统大多是由大学图书馆或有条件的大型公共图书馆根据各馆自身的需要自主开发的，是图书馆某个部门真实业务流程的编码化、自动化、系统化。如美国东伊利诺斯大学的联机图书流通系统、华盛顿州立大学的图书采购系统等。

（4）集成系统阶段。20世纪70年代末80年代初，图书馆自动化系统由单一功能性系统转向图书馆集成管理系统，其典型代表是美国西北大学的NOTIS系统，同时开创了图书馆自动化集成系统商品化与集成化的时代，逐渐大量出现了完全商业化运行的专业研发公司，如 Innovative Interfaces、Sirsi、Ex Libris 等，目前已成为世界上主要自动化系统供应商。从这个时期开始，图书馆已开始不再自己独立研制软件，而是直接购买商业软件系统。

20世纪90年代中后期是国内外图书馆自动化系统研发蓬勃发展的历史时期，各个图书馆自动化系统公司竞争也日益激烈，逐渐呈现图书馆自动化产业化发展趋势。随着计算机技术和网络技术的飞速发展，Windows 图形用户界面的广泛应用，以及一系列诸如 Web 技术、数据库技术、Java 技术的出现或成功应用，许多图书馆自动化系统厂商开始采用更加先进的技术来支持图书馆自动化系统的需求，传统图书馆业务工作如书刊采购、典藏、编目、借阅流通管理以及文献检索等功能已经较为完善。

（5）数字化图书馆阶段。21世纪初开始，图书馆自动化系统功能不再局限于传统的图书馆业务工作操作的计算机化，而是开始向数字图书馆业务方向转变，功能包括数字资源的采集、转换或建立，对大量的、日益增多的数据进行存储、备份、管理及共享等。2000年，附加功能发展阶段（跨库检索、资源链接），并逐渐与集成系统分离；2002年，出现机构库、数字资源管理功能；2007年：探索/发现平台产品（与系统分开）开发阶段。

2007年开始，图书馆自动化集成系统从以资源为中心向以读者需求为中心转变的发展时期。许多 ILS 开发商感觉到需要"重新设计"其产品，以采用更加先进的技术来支持图书馆自动化系统。

（6）图书馆服务平台阶段。Marshall 于 2011 年在 Automation Marketplace 中提出来图书馆服务平台的概念，2012 年报告中明确指出新一代图书馆服务平台的突出特点："包含印刷与电子图书馆资料管理、以全球知识库取代区域化资料库，以服务为导向，以"软件即服务"方式提供给用户租用，并可让用户利用开放性 API 延伸功能，与其他图书馆信息系统实时进行数据互通，产品有更多不同概念、功能与技术特色，此服务平台的完成能潜在地替换许多现有的产品，如整合自动化系统、电子资源管理工具、Open URL link resolver 与数字资源管理系统等"。概括地说即是"印刷+电子资源管理、全球知识库、SaaS、API 等"。

在 2013 年 Marshall 在它的年度报告中提到了许多图书馆在选择系统时面临到的关键在于希望透过与系统厂商系统合作的方式，扩大图书馆的全球影响力，简化内部组织流程，并希望新系统能够以系统引导工作任务的方式改变传统组织思维，提供创新图书馆服务与价值。

尽管新的图书馆服务平台已经吸引了许多目光，但很显然由于图书馆自动化集成系统的功能成熟与完备性，仍然能够满足绝大部分的以印刷馆藏的流通为主要业务的图书馆需求，不会消失，而是会以一种发展的形式与图书馆服务平台共存。

2. 国外图书馆自动化系统的发展特点

（1）标准的开放的硬、软件平台。国外系统大多支持多种操作系统，大多数基于 Unix 平台，但许多也同时支持 Windows 平台，可以在 SUN、IBM、HP 等多个公司的计算机上运行，有较强的硬件适应性。

（2）客户机/服务器结构。应用系统都以网络为核心，支持各种网络互联协议，如 TCP/IP 等。系统大多采用客户机/服务器结构，有较高的运行效率和灵活的扩展性能。

（3）友好的图形化用户界面。多数系统的客户端都可以在 WINDOWS 操作系统下运行，是标准的 GUI 界面，方便了用户的使用。

（4）标准的网络检索协议的支持。Z 39.50 是 1988 年通过的由美国国家标准化组织公布的国家标准，经过 1992 年的修订，已和 OSI（Open System Interconnection）相一致，它主要用于信息系统在网络上的检索。另外还有 ISO 10160（馆际互借）、NSIP（流通）等标准的应用，互操作性越来越强。

（5）采用大型数据库作为数据库系统平台。早期的图书馆自动化系统大多是利用文件系统实现的，随着数据库技术的发展，应用系统也逐步向符合 SQL 标准的数据库平台迁移，现在使用的数据库一般有 Oracle、Sybase、DB 2、Informix 及 Microsoft SQL Server。

（6）较强的系统实用性。通过一系列的参数设置可以体现每个图书馆各自的特点，从而满足各个图书馆不同的需求。

（7）提供开放链接。自 2001 年起，图书馆自动化系统厂商纷纷推出可基于开放式链接的解决方案，基于 Open URL 和 Cross Ref 标准，能无缝链接所有的图书馆资源，而不需考虑这些资源使用的是何种软件系统。

（二）国内图书馆自动化系统发展现状

1. 我国图书馆自动化系统发展概况

我国图书馆自动化始于 1974 年，比国外落后了整整 20 年。由于起步较晚，计算机设备缺乏，掌握图书馆自动化技术人才的缺乏，特别是汉字处理技术还处于比较低的发展阶段，都极大的制约了早期自动化发展的速度。

（1）探索阶段。1974 年 8 月，周恩来同志批准实施"汉字信息处理工程"，简称"748 工程"，包括汉字计算机情报检索软件、汉语主题词表、汉字通信和机器翻译等研究任务。20 世纪 80 年代初期，由北京大学、北京图书馆、清华大学等图书馆联合发起试读 LCMARC（美国国会图书馆发行的机读目录），并在西文图书编目中试用，开始掌握机读格式和计算机编目知识，中国图书馆自动化由此起步。随后，图书馆内部研制出一批实验性系统，如南京大学的 NDTS-78、北京大学的 MARC 系统、北京大学的北京地区西文新书通报系统和西文图书采购系统、清华大学的西文图书目录检索系统（QBRS）、上海交通大学的西文期刊管理系统、复旦大学的条形码流通系统、北京师范大学的西文图书目录检索系统，武汉大学还利用 IN-SPEC 数据库和 FAIRS 情报检索软件，开展定题服务等等。这个阶段的成果较少，同时由于汉字信息处理技术还不成熟，还不能处理中文文献信息，数据缺乏标准化，基本上都是实验系统，较难大范围实际运行。

（2）独立研发阶段。20 世纪 80 年代中后期是我国图书馆自动化开始有了丰硕成果的阶段。这个阶段汉字信息处理技术有了较大的发展，一些条件较好的图书馆初步建了自己的专业研发队伍，更多的图书馆配备了计算机，通用机读目录格式 UNMARC 中译本出版，我国图书馆界以其为依据开始制定我国的机读纪录格式标准，我国图书馆界充分及时吸收了美国的研发经验，自动化系统迎来了高速发展的新阶段。仅就高等院校统计数据显示，到 1988 年，在图书馆的流通、采访、编目、期刊管理、书目或文献检索以及内部管理等各个工作领域都开展了计算机应用的研究，共有 200 多个项目。1986 年 4 月，清华大学组织全国300 余所高校学报建立的"全国高校自然科学学报论文文摘（CUJA）"数据库通过鉴定；1986 年 6 月，南京大学的"激光条形码计算机中文图书流通管理系统"通过鉴定并投入运行；同年武汉大学的"文献目录控制系统"研制成功并通过鉴定；同年 11 月，北京师范大学的"图书馆流通系统"和"计算机辅助教学系统"

也通过鉴定并投入运行；1987年，福建师范大学和深圳大学率先研制了微机上的图书馆集成系统，并都通过鉴定；上海交通大学在 HP 3000 小型机上研制的流通系统投入运行，并开始研制集成系统；北京大学在原北京地区西文新书通报的基础上发展的"机编西文图书联合目录计算机系统"于1987年11月通过鉴定；1987年，北京图书馆新馆建成，开辟了30万册书的中文图书开架外借室，用小型机 PDP 11/73 进行流通管理，采用的是经过汉化的德国软件 CLSI，是当时我国最大的流通系统；北京图书馆还研制了中文书目数据库加工系统，于1989年正式向全国提供北京图书馆新书书目数据的软盘；1988年成都科技大学和东北电力学院的微机集成系统也于年初通过鉴定；还有北京邮电学院、北京化工学院、空军政治学院等院校的一些系统也陆续研制出来并通过鉴定。不仅数量比第一阶段增加很多，质量也有相当提高，一些研制成功的系统投入了实际运行，收到了较好效果，特别是少数已达到集成系统的先进水平。《中国高校自然科学学报论文文摘》（CU-JA）磁带被美国 DIALOG 接受试用，是我国图书馆自动化成果打入世界的开端。

（3）商业化系统发展阶段。在进入20世纪90年代以后，图书馆界对自动化的认识更加深入，中国图书馆自动化由20世纪80年代中期分离式的试验系统发展成为集成化的实用系统，从图书馆内部自行开发到商业化运作，图书馆自动化才真正开始向高层次发展，国产自动化系统在理论和技术研究方面、系统开发方面、数据库建设等方面，取得了较大的成绩，并且日趋成熟，涌现出了一批成功的、高质量的优秀系统。这些系统在国内的推广，促进了我国图书馆自动化的发展，经过近十年的发展与完善，图书馆自动化集成系统愈趋完善，功能更加强大，产品丰富多样。

国内自行研发的图书馆管理软件最具有代表性的是"图书馆自动化集成系统（ILAS）"。ILAS 是由文化部于1988年作为重点科研课题下达，由深圳图书馆承担并组织部分省级图书馆的技术人员参加，共同研制和开发出来的一套能适应国内外不同层次、多种规模、各种类型图书馆使用的自动化集成系统软件。ILAS 从 V1.0，发展到 Client/Server 模式的 ILASII 网络版。ILAS 的成功，有力地推动了我国图书馆自动化事业的发展，为在国内大力推广国产软件，振兴民族软件产业起到了积极作用，初步探索出了一条适合国情的研发、推广应用图书馆自动化系统的路子。ILAS 先后荣获文化部科技进步一等奖、国家科技进步三等奖、国家科技推广三等奖、联合国 TIPS 系统颁发的"发明创新科技之星"等国际国内重大奖项。

此外，依托早期各单位积累的自动化系统研究技术与经验，国内涌现出了一批优秀的图书馆自动化集成系统软件，且多数与高校图书馆有一定的关系，主要有：深圳大学图书馆的"图书馆自动化管理集成系统 Sulcmis"（1987）、深圳图书馆研发的"图书馆自动化集成系统 ILAS"（1988）、上海交通大学图书馆研发的"西汉文兼容图书馆联机管理集成系统 MILIS"（1989）、北京图书馆与日本 NEC 公司合作研发的"文津图书馆综合管理系统"、大连博菲特文献管理集成系统（1991）、北京大学图书馆研制的"Pulais"（1992）及 Nlis（1998）、重庆大学图书馆的"图腾图书馆集成管理系统"（1995）、清华大学光盘国家工程研发中心下属的北京金盘公司和四川联合大学及华西医科大学共同研发的金盘图书馆集成管理系统（1995）、北京息洋电子信息技术研究所（现为北京清大新洋信息技术有限公司）的 GLIS 通用图书馆集成系统（1996）、北京丹诚软件公司的"Data Trans 系统"（1996）、北京邮电大学图书馆研制的"Melinets"（1998）、南京大学图书馆研制的"汇文"图书馆管理系统（1999）等，都已在各种不同类型的图书馆中使用，并有若干用户。

此外，我国图书馆也积极引进国外研制的先进图书馆自动化系统，进入 20 世纪 90 年代后期，随着计算机软硬件技术的发展，一些大的图书馆又先后引进了国外较为先进的图书馆管理软件，如上海图书馆引进的 Horizon 系统、中国科学院文献情报中心引进的 Totals 系统、清华大学图书馆引进的 Innopac 系统、北京大学图书馆引进的 Sirsi 系统以及北京师范大学图书馆引进以色列的 Aleph 系统等，这些系统已经在我国许多大型图书馆获得了成功的应用，推动了我国图书馆自动化建设的跳跃式发展，同时通过对其管理理念、运行模式和服务手段的学习与借鉴，在一定程度上也为国内自动化系统提供了正确的研发方向，缩短了与国外系统的差距。

（4）综合发展阶段。随着业务功能的稳定和相关标准的出台，图书馆自动化系统的功能结构渐趋稳定，但因特网的普及以及电子资源的日渐增多，驱使我国图书馆自动化建设朝着数字图书馆方向发展，图书馆自动化系统从"以馆藏资源为中心"向"以用户为中心"转变，自动化系统增加了跨库检索、资源链接、电子资源管理等功能，并逐渐吸收了图书馆 2.0 的诸多要素。2000 年 4 月，文化部主持召开的"中国数字图书馆工程第一次联席会议"标志着数字图书馆工程进入实质性操作阶段。借此良机，我国图书馆自动化系统纷纷升级换代，如 2005 年"数字图书馆体系结构研究与应用平台开发"项目（即 ILA SIII）通过了文化部鉴定，2005 年广州图创公司推出全 B/S 的 Inter lib 系统于，2007 年丹诚公司推出新一代图书馆集成管理系统产品 Data Trans 2000，2008 年金盘推出 GDLIS NET，2009 年汇文推出最新版本 LIB SYS 4.0 版，其新一代 OPAC 实践了图书馆 2.0 的理念，并迅速开启了新一轮图书馆系统迁移热潮。

2.国内图书馆自动化系统的发展特点

（1）先进的技术起点，规范的设计思路。一般采用先进的 C/S 结构或浏览器 / 应用服务器 / 数据库服务器三层网络体系结构；选用大型关系数据库；视窗操作环境下的面向对象的第四代编程语言。

（2）充分利用网上各层标准协议，实现网上开发与实用。应用软件建立在 TCP/IP 底层协议基础上，采有 SO 10160/10161 协议进行网上馆际互借的传送与接送；采用 ANSI/NISZ 39.50 协议实现网上信息检索与获取。

（3）实用性、稳定性比较高。

（4）灵活多样的参数设置，方便了用户的使用。

（5）采用大字符集（GBK），满足了图书馆对基本汉字量的需求，从而使中文信息编目、公共检索系统的汉字录入、检索更加方便与准确。

（6）采用了辅助录入功能，以减少数据的录入量，可以自动生成拼音子字段、出版项子字段以及种次号和著者号等。

二、国外图书馆自动化系统

国外自动化系统发展已趋于成熟，主要的图书馆自动化系统提供商大都集中在英语国家，如美国、英国、加拿大、澳大利亚、新西兰等，大约有 120 多家厂商提供图书馆自动化系统产品，较为主流的公司及系统主要有：Innovative 公司的 Millennium(INNOPAC)系统和 sierra、Sirsi Dynix 公司的 Symphony(UNICORN)、HORIZON 系统和 BLU Ecloud、Ex Libris 的 ALEPH 500、Voyager 系统和 alma、Biblionix 公司的 Apollo、OCLC 的 amlib 和 World Share Management Service、TLC（The Library Corp）公司 Library Solution 系统、Media Flex 公司的 OPALS、Polaris Library Systems 公司的 Polaris 系统（2014 年被 Innovative 收购）等。

（一）Ex Libris 公司及其产品 Aleph 500 和 Alam

1.Ex Libris 公司简介

艾利贝斯有限公司（Ex Libris Group）是全球领先的、并在中国大陆拥有全线产品实际用户的图书馆软件国际厂商。艾利贝斯产品线及其丰富，包括：图书馆自动化集成系统 Aleph 500 和 Voyager、图书馆服务平台 Alma、资源发现与获取系统 Primo 及 Primo Central、开放链接系统 SFX 和学术推荐服务 bX、整合检索系统 Meta Lib、电子资源管理系统 Verde、数字资产管理系统 Digi Tool、以及数字资产保存系统 Rosetta 等等。

艾利贝斯有限公司是第一家在中国大陆正式设立代表处的同类国际软件厂商。目前，艾利贝斯的中国用户已近 40 家，包括多个省级图书馆、大学的图书馆以及中国国家图书馆等。艾利贝斯已经成为在中国大陆拥有最多图书馆用户的国外图书馆自动化国际软件厂商。

2.Aleph 500 简介

Aleph500 产品，是一个完美的艺术级图书馆解决方案，体现了 Ex Libris 所追求的灵活易用的哲学精髓。Aleph 500，以 Oracle 数据库为后台，完全支持 Unicode 字符集、支持 XML 管理报告、以及连接到其它顶层应用系统的 API，是图书馆自动化领域的先锋。目前，全球有 2300 多个机构在使用 Aleph 系统，在国内有 20 多个大型图书馆在使用该系统，是国内用户最多的国外自动化系统。

（二）Innovative 公司及产品 INNOPAC/Millennium 和 Sierra

1.Innovative 公司简介

1989 年，Innovative 公司正式推出 INNOPAC 系统，包含促进资讯交流的"连接参考资料库"界面，整合了公用目录（OPAC）、编目、流通、采访、期刊五大系统。经过不断研发，INNOPAC 系统逐步增加了更多的功能模块，以丰富传统服务功能。Innovative 公司还不断推出开放链接产品 Web Bridge LR、Pathfinder Pro、统一资源探索发现平台 Encore 等，将开发重心转移到数字资源的服务方面。

2006 年 INNOPAC 系统各功能模块基本完成向 Millennium 版本的升级。2010 年，Innovative Interfaces 也在第一时间推出了其图书馆服务平台 Sierra，它将

Millennium 的功能和电子资源管理打包成一个新的技术平台，建立了面向服务的架构和 API，并建立了一套全新的统一客户端。2012 年对于 Innovative Interfaces 公司来说是发生巨大变化的一年，使该公司从之前一直宣称"由创立人所有"是一种特别的优点，转变为由私募基金所有。2014 年，Innovative 公司进一步扩张，收购了发展势头强劲的 Polaris Library Systems 和 VTLS 公司。目前 Innovative 公司拥有全球 66 个国家超过 9500 个图书馆用户。

2.INNOPAC/Millennium 简介

INNOPAC 是一套含有"编目"、"流通"、"采访"、"期刊控制"、"公用目录查询"五大子系统完整功能的图书馆自动化系统。系统由几十个模块和子模块组成，不仅支持传统图书馆业务的自动化功能，如采、编、流、OPAC 等，还提供更为先进的图像、万维网（WWW）服务和服务器/客户机（Client/Server）应用程序。通过各种细致的参数设置，体现出该系统实用性、特色性、友好性和发展性的特性。

2006 年 INNOPAC 系统各功能模块基本完成向 Millennium 版本的升级，从字符模式的 INNOPAC 系统已升级至 Web 界面的 Millennium 系统，启用了具有集中管理能力的海量信息存储系统。

Millennium 是一个功能完备的图书馆集成系统解决方案。Millennium 解决了图书馆各业务之间的连接，流水线方式完成图书馆采访、编目、流通、期刊等业务。由于公司最初致力于连续出版物模块的研发，Millennium 的连续出版物子系统极具特色。

Millennium 系统强调各种资源之间的整合，除了基本的图书与期刊管理整合，在当前数字资源丰富的时代，单纯纸质资源的管理已经不够，必须思考如何将数字资源与传统的书目数据库整合；Innovative 将 Millennium 系统的资源整合能力扩展至如何管理，保存并传播数字资源；多样化的元数据格式的产生，如 Dublin Core、EAD 等，与传统编辑书目的 MARC 格式集成在同一个数据库；除了描述数字资源的格式之外，也将数字对象，如文件、录像、音频等，保存在 Millennium 系统中，让读者方便地获取这些数字对象。

1996 年清华大学图书馆购进美国 INNOVATIVE 公司的图书馆集成管理软件 INNOPAC，为国内图书馆行业引进的第一个先进的图书馆集成管理软件系统，使清华大学图书馆在国内率先实现现代图书馆的运行管理模式，并于2006年升级为Millennium。我国使用INNOPAC/Millennium系统的用户主要有：清华大学、西安交通大学、中国科学院、华中科技大学、浙江大学、国家会计学院、西安电子科技大学、华东师范大学、暨南大学等图书馆。

3.Sierra 平台

Innovative Interfaces 也在 2011 年推出了其图书馆服务平台 Sierra，它从宣布、开发、部署到现在的全力销售阶段都进展迅速。Sierra 将 Millennium 的功能和电子资源管理打包成一个新的技术平台，建立了面向服务的架构和 API，并建立了一套全新的统一客户端。在 Sierra 初始宣布仅仅一年之后，2011 年 4 月密歇根州的 Hellsdale 大学成为第一家将 Sierra 上线的图书馆。图书馆对于 Sierra 的反应非常积极，在 2011 年签约了 206 份合同，而在 2012 年又签约了 117 份合同。尽管绝大多数用户都是从 Millennium 迁移到这个新平台，但是 2013 有 14 家图书馆是全新的客户。

（三）Sirsi Dynix 公司的 Unicorn、HORIZON 和 Symphony

1.Sirsi Dynix 公司简介

Sirsi Dynix 是为图书馆提供战略性技术解决方案的全球先驱，它在全球 70 多个国家 23000 多个图书馆的逾 1.6 亿用户提供服务。近年来，该公司所有权变更频繁，公司市值高速增长，显示出该公司是一个非常优良的资产，其国际用户数量增长较快。

2001 年 Sirsi 并购 DRA，DRA 是世界上第一家图书馆集成系统厂商。2005 年初 Sirsi 合并 Docutek，Docutek 是一家小公司，研发方向为虚拟参考和电子存贮，大约有 550 个图书馆用户。2005 年 6 月 Sirsi 又合并 Dynix，Dynix 公司成立于 1983 年，是图书馆管理系统的全球领袖之一，合并后的新公司 Sirsi Dynix 成为现在拥有最大客户群的图书馆自动化公司。2014 年收购了 EOS 扩张进入到了专用图书馆领域。

2.Horizon 简介

Horizon 曾经是 Dynix 的旗舰系统，是国际上最先进的图书馆集成管理系统之一，在全球占据了较高的市场份额，先后约有42个国家的12000多个图书馆安装该系统。2005年6月Dynix被Sirsi公司合并组成新公司Sirsi Dynix后，Horizon不再作为新公司的旗舰产品，虽未停止支持服务，但不再开发新的功能，销售数据急剧下滑，客户大量流失，国内大型图书馆已全部停用该系统。

Horizon支持RISC服务器上的主流商用Unix系统，包括Solaris、AIX、HP—UX、Tru 64 Unix等。馆员客户端运行于主流配置的PC上，基于Web的公共客户端支持主流的浏览器。系统提供了全面的图书馆管理系统的功能，包括流通、编目、采购、期刊、公共检索平台等基本业务模块，以及联机编目、馆际互借等高级业务模块，能提供跟日常流通、馆藏、预约、发紧、馆员工作量、读者信息有关的统计报表，但是其报表功能相对比较薄弱，没有Aleph 500和Unicorn中的报表那么丰富。

3.UNICORN简介

1982年Sirsi推出了Unicorn系统，它是最早的基于UNIX的图书馆集成系统，也是当前国际上用户群较大、知名度较高的图书馆自动化管理系统之一，通过各业务模块，对图书馆日常工作进行了全面细致的管理。Unicorn多年来曾经一直是Sirsi的旗舰产品，2008年开始主要推广新的旗舰产品Symphony。Sirsi的发展策略是逐步扩展和完善自己的系统，而不是购买其他产品。Unicorn几乎能够在所有的UNIX平台上运行，1998年他们还推出了Windows NT平台上的Unicorn系统。

Unicorn系统是基于UNIX操作系统环境的图书馆自动化集成管理系统，能够对不同地域的图书进行集中管理。系统具有高度的整合性，在网络环境下，将所有的模块整合到一个通用的中央数据库中，保证了数据的一致性和安全性。采用服务器/客户机（Client/Server）架构，遵循国际公认的各种网络和数据传递协议。数据实时更新，提高了各模块处理数据的效率。高度的参数化设计可满足多元需要，更重要的是系统为我们展现出一种全新的图书馆管理模式和理念。

4.Symphony简介

Symphony是Sirsi Dynix公司于2008年推出的旗舰产品，旨在整合包括Unicorn、Horizon等自动化集成系统的优秀功能，可以看作Unicorn系统的升级版。目前在国际国内销售状况良好，国内原Unicorn系统用户几乎全部已经完成了升级，如 2009 年陕西省图书馆、2011 年 7 月北京大学图书馆、2013 年 1 月大连市 12 所市区县图书馆等均陆续将 Unicorn 系统升级到 Symphony 3.3.1 版本。2013 年 Sirsi Dynix 共签订了 104 份 Symphony 合同，其中 89 家为新客户。

Symphony 图书馆集成系统采用高适应性的多层结构技术，支持多硬件平台、多操作系统和多数据库的需求，以"云"的方式提供软件服务，模块有编目、流通、采访、连续出版物、指定参考书、设备预约、馆藏交流和其它，附加模块包括基于浏览器的 Sirsi Dynix Staff Web 馆员界面，支持流动书库进行流通的 Pocket Circ 移动设备流通模块，以及资料递送模块 Outreach 程序和易用的盘点程序，内置超过 600 个报表模板，可用于分析、使用统计及预测。该系统可在多种操作系统平台上运行，包括 UNIX，Microsoft Windows 和 Linux，系统由 C/C++ 和 Java 编写而成，馆员客户端都运行于主流配置的 PC 上。最新版本 Symphony 中将会支持移动设备（例如掌上电脑和智能手机）作为公共客户端，并且要加入语音电话客户端功能。客户端随着服务器的升级而自动升级。

（四）VTLS 公司及产品 Virtua

1.VTLS 公司简介

VTLS 公司是在全球范围内提供前沿性图书馆解决方案和服务的专业公司，2014 年与 Polaris Library Systems 一起被 Innovative 公司收购。VTLS 的软件开发和服务方向集中在四个主要产品线：一是 Virtua 产品线，主要专注于图书馆管理整体解决方案；二是 Fastrac 提供 RFID 软件技术；三是数字图书馆技术包括数字图像处理和数字知识库产品 Vital；四是一站式本地和远程资源发现和传递解决方案 Visualizer。这四类主要产品目前服务于全球 37 个国家、900 多个图书馆。

VTLS 是一家拥有独特 ILS 产品，在 Non—ILS 产品开发方面走与第三方合作道路的专业公司，其独特的发展模式值得关注。

2.Virtua 简介

VTLS 图书馆自动化系统是 1974 年美国弗吉尼亚理工大学（又称弗吉尼亚理工学院及州立大学）所属纽曼图书馆的一项图书馆自动化工程。该图书馆属于一个拥有 200 万册图书的学术研究图书馆协会成员。在调研了当时市场上可以提供的图书馆自动化产品，而未能找到适用的系统之后，弗吉尼亚理工启动了自行开发计划，创建了自己的图书馆自动化系统，这就是 VTLS Classic 和 Virtua 系统的前身。该系统由一个 OPAC 和自动流通模块组成，于 1975 年 9 月安装于弗吉尼亚理工大学的纽曼图书馆。1980 年该系统演进为现在的 VTLS Classic。1983 年 VTLS 成为第一家实施链接的规范记录控制、全面整合和支持 MARC 书目记录格式的集成图书馆系统。1985 年 7 月，VTLS 公司宣告成立，并成为弗吉尼亚理工大学知识财产机构（VTIP）属下的一个子公司，被授予全球独占性开发和销售 VTLS Software 的权限。1998 年 VTLS 发布了 Virtua ILS 的第一个版本。

（五）开源系统 Koha、Avanti 和 Evergreen

1998 年开始研发的 Avanti 拉开了开源图书馆自动化系统运动的大幕。图书馆开源软件的蓬勃发展打破了商业软件的垄断，尤其适合欠发达地区中小型图书馆，甚至有些大型图书馆组织也开始采用，如加拿大爱德华王子岛大学（UPEI）成为第一家由 Sirsi 迁移到 Evergreen 的学术图书馆，在 2012 年公共和学术图书馆领域中已知的 794 份合约中，113 份（占 14%）是开源系统的技术支持服务合同。越来越多的区域性或全国性项目都基于 ILS 来实施。目前图书馆领域出现和应用的开源代图书馆自动化系统具有代表性的有：Koha、Avanti 和 Evergreen 等，由于其愈加完备的功能、免费或较低的初始成本和维护成本，近年来用户增长迅速，已经成为商业自动化系统未来最大的竞争对手。

三、国内图书馆自动化系统公司及其产品

国产图书馆自动化集成系统功能日益完善、价格低廉、具备许多适合国内使用的特色功能等方面的优势，在国内具有庞大的用户群。经过近 20 年的发展，已经出现了一批质量较高的图书馆自动化集成系统，如江苏汇文公司的 libsys、北京金盘公司的 gdlis、广州图创公司的 Inter lib、北京北创公司的 melinets、深圳图书馆的 ilas 等，其中江苏汇文 libsys 和广州图创 Inter lib 是近年来用户增长速度最快的系统，前者用户主要集中在高校图书馆，而后者的用户主要是公共图书馆。此外，近年来，B/S 结构自动化系统日益增多，除广州图创 Inter lib 以外，多个图书馆自建或合作共建的图书馆系统都是基于 B/S 架构。

（一）江苏汇文软件有限公司的产品 Libsys

"汇文文献信息服务系统"（Libsys）是基于大型图书馆管理模式下，以"江苏省高校文献保障服务系统（jails）"为依托，以网络化、标准化、数字化、区

域化为基本设计思想的成熟完善系统，充分体现了功能模块的完整性、界面的良好性、功能参数设置的灵活性等特点，并且具有强大的广域网环境应用服务功能，在数据库存贮级、应用检索级、用户界面级均实现了各种不同国际、国内标准与协议的应用。可广泛适用于大、中、小各种类型的图书馆、信息中心、文献信息服务机构及地区性或行业性文献信息资源共享中心等的应用需求。

Libsys 采用分馆、总馆、地区中心三层网络体系结构模式，采用大型 ORACLE 关系数据库管理系统，使用 VB、VC、JAVA 等开发工具研制而成的。

（二）深圳市科图自动化新技术应用公司的 Ilas III

图书馆自动化集成系统（ILAS）是文化部于 1988 年作为国家重点科技项目下达、由深圳图书馆承担并组织开发出来的一套能适应国内外不同层次、多种规模、各种类型图书馆使用的图书馆自动化集成系统。

ILAS II 2.0 是 1999 年根据图书馆业务发展的需要，在 ILAS 5.0 和 ILAS II 1.0 的基础上，结合新平台的特点，采用新技术重新研制的新型系统。2001 年系统又经过全面技术改造，于 10 月份全面推出，与联机编目（UACN）、采编中心（LACC）、馆际互借（ILASILL）等一起构成图书馆自动化的完整解决方案。

ILAS III "数字图书馆体系结构研究与应用平台开发"项目（简称 ILAS III）是深圳市科图自动化新技术应用公司继 ILAS II、UACN 之后又一次为全国图书馆界提供的应用软件平台，该项目于 2005 年 5 月通过了文化部鉴定，专家一致认为：ILAS III 在分布式的体系结构、跨平台和跨数据库应用、系统实用性和功能完备性等方面达到了国内领先水平。

（三）北京金盘鹏图软件技术有限公司及其产品

GDLIS NET 是金盘软件全力推出的新一代图书馆业务自动化管理软件。它可以对图书馆的书刊和非印刷资料（视听资料、光盘、文献等）的采访、编目、典藏、流通、公共查询、馆际互借、参考咨询等业务工作进行自动化管理。GDLIS NET 除具备文字型数据处理功能之外，还提供图像、声音等多媒体功能。GDLIS NET 采用 TCP/IP 协议和 C/S、B/S 模式在网络上运行。GDLIS NET 书目检索系统提供在 INTERNET 上进行书目查询、期刊篇名与图书目录查询、读者外借查询、续借、预约、修改读者密码、超期公告、网络征订、情报检索、查询新书或热门图书，进行馆际互借、阅读多媒体信息等；如果有分馆，GDLISNETWEB 还提供主馆与分馆在物理不连接前提下的 INTERNET 上的流通管理，它还可与 GDLISXP ILL 系统紧密连接，方便实现读者进行馆际互借业务。

（四）北京清大新洋科技有限公司及其产品 GLIS

GLIS 全称为通用图书馆集成系统，是一种全方面的 B/S 模式系统，具备操作简单、客户端免维护、功能完备、性能稳定，支持稳定的 ORACLE 数据库、贴近图书馆实际业务流程的特点，目前主要的用户是中小型图书馆。

1992 年，清大新洋的前身是国内最早、院校用户最多的图书馆自动化发展商—北京息洋电子信息技术研究所成立。推出"清大新洋 GLIS 通用图书馆集成系统"。

2003 年，新洋推出的 GLIS 8.0 为国内首家完全 B/S 模式的图书馆管理软件，创新地解决了主分馆及多语种等问题。

2007 年 11 月，Unicode 版本正式推出，全面支持小语种，如日文、韩文、俄文、法文、维文、孟加拉文等。

2008 年 8 月，馆际互借系统推出，实现了基于 Clis 软件的区域性资源共享。

2009 年 2 月，Calis 数据整合模块推出，适用于 Glis 9.0、Glis 8.0 等各个版本。内嵌 Z 39.50、Calis、国图数据、新洋数据、等服务器的数据下载功能。

2009 年 6 月，GLIS 9.0 顺利推出！新系统采用 B/S 架构体系，性能更稳定，功能更丰富，使用更加方便、快捷，适合于大中型图书馆。

（五）北京创讯未来软件技术有限公司 MELINETS II

MELINETS II 全称为现代电子化图书馆信息网络系统，是北京邮电大学图书馆承担的国家"九五"重点科技攻关项目，于 1995 年 4 月由教育部正式立项，在 1998 年 7 月完成全部各子系统的研制任务，并在北京邮电大学图书馆全面投入应用。1998 年 9 月 CERNET 专家组通过验收。1999 年 1 月北京市科委主持对"现代电子化图书馆信息网络系统"进行了科研成果鉴定，与会专家对该系统率先实现了汉语主题和名称规范的控制与检索、ANSI/NISOZ 39.50 和 ISO 10160/10161 协议标准的应用等技术应用方面的创新给予了充分肯定，并一致认为"现代电子化图书馆信息网络系统整体达到国内领先、国际先进的技术水平"。

MELINETS 系统从 98 年底推向市场至今，用户数超过 350 家，其中绝大多数是高校用户。

（六）广州图创计算机软件开发有限公司 Inter lib

Inter lib 系统是基于当代图书馆发展方向而开发的大型智能图书馆文献信息管理系统。该系统以 ORACLE 数据库为核心，采用流行的 B/S 浏览器的工作方式，处理传统的图书馆业务信息，除此之外，还包括区域图书馆群的联合—协调采购、各成员馆的联合编目、区域联合目录自动实现、各分馆间的通借通还实现全区域的大流通等传统 C/S 系统所难以跨越的网络技术问题。

Inter lib 系统设计建立在以用户为中心、以人为本的基础上，采用工作流方式，与业务紧密结合，操作流程便捷实用，充分考虑到了工作人员的工作习惯及特点，解决了图书馆计算机专业人员少、系统操作使用复杂等问题。

Inter lib 系统于 2005 年 5 月推出至 2011 年 1 月已有 3500 余家总分馆用户，广泛应用于公共图书馆、高校图书馆、中小学与企事业单位等图书馆，是目前国内用户数量增长最快的图书馆软件系统，90% 以上客户是公共图书馆。目前最大规模的应用是 Inter lib 系统在杭州地区的应用：一套 Inter lib 系统，管理 700 万馆藏量、每年千万级的流通量，7×24 小时平滑无间断运行（2007 年 12 月至今）。

2015 年 1 月完成了天津大学图书馆 Sirsi Dynix 系统数据迁移到 Inter lib 系统，这是该公司完成的首个成功替换国外自动化系统的案例。

（七）国内其他系统

国内其它厂商的图书馆自动化集成系统主要有：

微方文采科技（北京）有限公司及其产品智慧 2000、深圳大学图书馆及其产品 SULCMIS Ⅲ、重庆图腾软件发展有限公司及其产品图腾 V9.0、北京丹诚软件有限责任公司的产品 Data Trans、西南交通大学图书馆及其产品 BSLC、大连网信软件有限公司及其产品《妙思文献》（原博菲特）、重庆亚德科技股份有限公司及其产品 AD Lib3、深圳市文华数图信息咨询有限公司及其产品 D Libs、广州创图信息科技有限公司及其产品 Unionlib 等。

四、图书馆自动化系统的主要模块

（一）文献采访管理子系统

文献采访管理子系统，是指由计算机参与处理图书馆的采访事务，系统功能是：订购文献业务处理，如查重，建立订单文件，打印催书单等；文献账目的打印及各种经费使用报告单等。它包括订购管理、验收登记、经费管理、赠送交换、统计及报表生成等功能模块。

1. 订购管理

包括馆藏与订购文献的查重、订购管理等功能。查重是利用存储在计算机系统中的本馆馆藏目录数据库中的数据，并应建立文献采购数据库，文献采购数据库的主要字段包括：订单号、题名、著者、出版社、ISBN（国际标准书号）、价格、订购的数量、供应者、订购日期等。采购数据库的建立可以采用自行录入、外部源资料的套录、从网上下载数据等。查重时，将馆藏目录数据库中的记录，与订单上欲订购的文献加以对照，以确定本馆是否已购该文献。订购查重时可从文献的题名、责任者、ISBN等途径入手检索。对于"在订购"文献，提供订购号、发行者、订购日期、出版日期等字段的查询功能。可以打印订单、订购催询，进行发行者的管理等。

2. 验收登记

总括验收、个别登记、总括登记、打印总括登记表、增加和修改订购信息和记录、自动录入条形码号等子功能。

3. 经费管理

有预付款管理、实付款管理、经费使用报告等子功能。控制、管理经费使用情况及有关单据，以及与发行者的财务往来，对经费支出做出有效记载。采访管理人员可以及时了解经费使用情况，并及时进行调整。

4. 赠送交换

对交换往来与各种无偿赠送的文献进行登记、移交、签订交换关系及管理。

5. 统计及报表生成

包括预订文献、到馆文献统计、接收统计、赠送统计，并生成上述各种统计报表。系统还可以进行预订图书的分类统计、书商统计、语种统计、文献类型统计、财产统计、经费统计等。采访管理子系统对于印刷图书、录音、录像带、电子出版物等的处理方法大致相同，根据图书馆的习惯，可按文献类型分别处理。

（二）文献编目子系统

编目管理子系统是依照机读目录标准及有关规范，建立图书馆中央书目数据库和预编库，提供编目过程中有关查重、数据输入、卡片输出等功能环境。

1. 编目查重

在分编库、中央书目数据库中，核查待分编文献是新文献，还是复本。如果该文献为复本，则对旧有书目数据库中该文献件数、财产号、条形码号等进行修改；如为新书，则进入编目程序。

2. 编目建库

按照机读目录格式与著录格式，在预编库中对新文献分批进行编目。一般采用窗口形式向编目人员提供有关著录字段（相当于手工卡片中的著录项目）的标识（如"题名"、"责任者"、"出版社"等字段名），图书编目的字段应能提供标准的 CN‐MARC（中国机读书目格式）供使用者选择。编目人员将待编文献的信息，著在相关字段的空格中。每一种文献的信息，构成目录库中的一条书目记录；众多的文献目录信息记录，构成图书馆的书目数据库（相当于传统的图书馆卡片目录）。预编库的书目记录在该批分编文献移交典藏部门验收后，即可添加到中央书目数据库中去。

3. 编目查询

从文献目录编号、ISBN、分类号、题名、责任者、主题词、索取号等途径，以全屏幕机读格式显示查询结果，辅助编目人员的编目工作。

4. 输出目录产品

目录产品包括：卡片目录、书标、目录等。在有些图书馆，实行卡片目录和机检目录双轨制的方法，但在许多图书馆已逐步淘汰了卡片目录。

5. 编目统计

包括个人工作量统计，全体工作量统计，分编库记录分类统计与分编库记录状态统计，总书目库记录分类统计与总书目库记录状态统计。

6. 库管理

主要针对馆藏数据库进行维护，可对馆藏的书目数据进行修改或者删除。

（三）流通管理子系统

流通管理子系统的功能为处理图书馆的文献外借业务，使用条形码作为文献与用户的识别符号，用光笔等识别仪器快速处理借、还等文献流通业务。流通子系统由于直接与读者接触，因而它在图书馆中的地位十分重要，它处于图书馆的第一线，它的运转情况直接反映出馆藏建设的质量、满足读者需求的程度、服务质量和科学管理水平等。所以，实现流通工作的计算机化，建立一个高效、稳定的流通管理自动化系统至关重要。

流通子系统包括：文献流通事物管理、流通管理查询、用户管理、统计报表生成与打印等。

1. 文献流通事务管理

文献流通事务管理包括文献外借、文献归还、续借、预约借书等环节。

文献外借是通过光笔扫描用户借书证号及文献条形码号，给合法用户办理借阅续。它能迅速将文献、借阅人、借阅日期等信息连接在一起，并显示有关统计数据，如用户已借阅文献情况等。对违章用户除拒借书外，还要告诉拒借的原因。

文献归还是利用光笔扫描文献条形码号，将用户欲归还的文献作注销处理，并修改有关数据，如归还人数等、归还文献册数等。对过期文献按罚款规定计算罚金，并打印罚款单。

续借是为用户办理续借手续。

预约借书是在预约文档中，为预约者建立包含被预约文献、预约人和预约日期等信息的记录。在该文档中，对于同一种被预约的文献，按预约日期的先后次序排队。排队时，还需要考虑预约权的级别。

2. 流通管理查询

流通管理查询包括文献预约查询、文献借阅查询、用户预约查询、日志查询等。其中，日志查询指通过日志文件查询一段时间内某操作人员、外借处（阅览室）的流通情况。

3. 用户管理

用户管理包括用户档案管理和用户流通管理。用户档案中记录用户姓名、性别、年龄、单位、职务或职称、借阅证号码等内容。可进行增加新用户、修改用户信息、查询用户情况等操作。用户流通管理提供借阅情况查询、挂失、挂失恢复、停借等处理。此外，还有用户借阅证押金管理功能。

4. 统计报表生成与打印

统计报表生成与打印包括流通综合统计、借阅统计、用户基本情况统计、用户到馆率统计、借阅处（阅览室）文献财产统计，以及预约通知单、催书单、罚款清单的生成与打印。

（四）连续出版物管理子系统

包括从订刊到入藏、流通的整个连续出版物处理过程的自动化管理，图书馆中主要的连续出版物包括期刊、报纸等。其流程包括：订购、登到、催询、装订、编目、入藏、检索、流通等。一般来讲，图书馆期刊管理是系统中比较复杂的工作，因为期刊出版物周期的变更、刊名的变化以及增刊、附刊、期刊索引出版等具有不规律性，所以，在管理中有别于图书等文献的管理。

1. 期刊订购

期刊订购工作有新订、续订以及停定（包括停刊）的处理。订购的季节性较强，有一定的时间限制。订购工作基本上一年一次，同种期刊每年的订购数据基本不变，可重复使用。应当建立期刊订购库，一些字段：ISSN（国际连续出版物标准号）、CN 号、刊名、出版者、编者、邮政编码、订单号、预订份数、期刊、价格、采购分类、邮局发行号、期刊来源、开户银行、账号、发票号、经手人、订购日期、附注等字段。利用期刊订购库可以进行订购查询，一般来说，查询途径有 ISSN 号、订购刊号、统一刊号、刊名等。

2. 现刊管理

现刊管理包括报刊记到、催询、装订、打印装订清单等。

3. 期刊编目

期刊编目包括期刊著录数据库输入、合订本编目等。期刊编目的结果是形成期刊书目数据库。期刊书目数据库是期刊管理系统中的主库。建立期刊书目数据库可以通过购买现成的标准 MARC 数据或自建书目数据。

4. 交换赠送

交换赠送包括对交换赠送报刊查重、登记和统计等功能。

5. 联机检索

联机检索可从下列字段检索本馆报刊：记录控制号、ISSN 号、统一刊号、订刊号、分类号、期刊题名等。

（五）系统管理模块

图书馆自动化系统中的系统管理模块可对系统的各类信息进行管理，包括采访、编目、流通等各类型的数据信息以及图书馆自动化系统的账号密码权限管理等。主要功能包括：

（1）采、编、流等各类型信息管理：可跳转到采访、编目、流通等管理模块当中对各流程中的数据信息进行维护管理，含各类统计；

（2）登录账号、密码、权限管理：为图书馆各部门工作人员创建和维护登录系统的账号、密码，以及设置相关的系统操作权限等；

（3）系统参数设置：对采、编、流等各业务部门工作相关参数进行统一设置。

（六）联机书目检索子系统

随着图书馆自动化系统的不断发展，图书馆自动化的内容和功能逐渐从主要侧重图书馆内部的业务管理工作转向给用户提供更多的使用功能和服务方式转移。联机公共目录查询（Online Public Access Catalog，OPAC），是在一般的目录检索基础上发展起来的。它的最大特点是提供给用户方便的检索图书馆信息资源的手段，用户可以通过终端的计算机来检索到图书馆内所提供的各类资源信息。在 OPAC 模块当中，提供给用户多种检索资源的途径，包括：题名、著者、分类号、主题、关键词、ISBN、ISSN 等。在此基础上，OPAC 模块也支持多种检索策略，如布尔检索、截词检索等。

在设计、实现、选用 OPAC 模块的时候，应充分考虑用户的需求和使用情况，因为 OPAC 的用户一般都是图书馆的普通用户，OPAC 的目的就是将图书馆中的信息资源，通过易于用户理解和便于用户使用的方式提供给他们。因此，直观的用户界面，友好的界面设计，信息内容显示的便捷形式等都是 OPAC 模块在界面设计时是首要考虑的。

联机检索子系统提供的书目检索查询手段，取代了图书馆原有的笨重、检索不便、查检速度慢且不准确的卡片目录或书本式目录。一次输入目录信息，可以提供多种检索途径，并且可以同时满足图书馆工作人员和用户检索目录的需要，检索查询方便、快速、准确。

利用OPAC，用户还可以通过网络查询网上其他图书馆的公共目录。

OPAC模块基本设计组成包括资源检索、信息发布、个性化服务、用户参与等。

1. 资源检索

提供简单检索（单一字段）、多字段检索、逻辑运算符组合检索、全文检索、热门借阅、热门检索、热门评价、热门图书等多种检索方式查询馆藏信息资源。检索结果可按《中图法》分类号、文献类型、馆藏地、主题聚类等方式排序显示，并能显示出检索结果中资源的相关提示信息。

2. 信息发布

提供新书通报、图书馆新闻或通知等信息发布。如在新书通报中可以查询图书馆所有馆藏地或是某个馆藏地最近1天到最近1个月全部新书或某类新书入藏的情况，方便用户第一时间了解新书入藏的信息。

3. 个性化服务

用户通过该模块可以查询用户相关信息，并使用到图书馆为不同用户所提供的个性化服务。比如汇文系统LIBSYS中就以"我的图书馆"模块提供个性化服务，用户输入用户名和密码后，就能进入用户自己的图书馆当中。"我的图书馆"包含了证件信息、书刊借阅、违章缴款、预约信息、委托信息、账目清单、书刊遗失、用户挂失、荐购历史、我的书评、我的书架、检索历史、系统推荐等多个信息服务模块。还设置了预约到书提醒、委托到书提醒、已超期图书提醒、即将到期的图书提醒、系统推荐5个RSS源的服务方式。其他系统也有类似的功能。

4. 用户参与

提供资源荐购、资源评分、资源评论、向图书馆提意见等的服务。让用户参与到图书馆的资源建设和服务当中来，增强用户和图书馆之间的互动性。

（七）办公自动化子系统

办公自动化（即 Office Automation，简称 OA），是应用计算机及网络通信技术，改变传统办公手段，提高办事效率的一种形式，即将传统的办公系统与先进的计算机技术、网络技术结合在一起，充分利用计算机强大的处理能力，以及计算机网络快速连接通信的特点，来提高办公效率，改进办公质量。

随着计算机技术和通信技术的发展，自动化管理在图书馆的应用越来越广泛，基于图书馆业务和服务的自动化集成系统已日趋成熟，大部分图书馆已实现采访、编目、流通、阅览、信息咨询工作的自动化管理和统计，图书馆业务工作效率及服务质量得到了很大提高，但是图书馆的行政管理，相对而言则明显落后，大部分图书馆的办公管理利用计算机辅助处理日常公务，使用熟悉的字处理软件，如 Word、Excel、WPS 等起草、修改文件和制作表格等，但是这并没有解决文件的传递和交换问题，人们往往在一台机器上书写文件，然后打印出来，送给相关人员或部门审核、修改，再将处理意见输入计算机，如此往复，直至处理完毕。这种处理方式虽然能减轻部分工作量，但只能算是一种半自动化的系统，因为它不能从根本上解决文件传递耗时、处理周期长、时效性差等问题。有的图书馆甚至仍沿袭传统的人工手段管理方式，这与图书馆管理现代化发展是极不相称的。

一直以来，图书馆自动化系统都着眼于图书馆的业务和服务工作，对于行政管理没有足够的重视。国内最主要的几个图书馆自动化系统管理软件中只有北京金盘系统包含有关办公自动化管理的一个模块，但也仅限于人事、设备管理两方面，且功能实用性一般。随着图书馆自动化管理水平的提高，办公自动化的问题日益突显，尤其对于拥有多个分馆的图书馆，地理上的间隔使得如何利用办公自动化系统解决信息交流问题愈加紧迫，图书馆办公自动化将是图书馆现代化发展的必然趋势。

图书馆网络办公系统是一项系统工程，具有广泛的涉及面，除了办公室人员外，从馆长到各个业务部门，甚至图书馆的所有工作人员，人人都可能成为网络办公系统的用户。将诸如信息采集、查询、统计等功能与具体办公业务密切关联，因此，图书馆网络办公系统需要具备公文流转、文档管理、人事信息管理、日程管理、业务统计与考核管理、物资管理、实时在线交流、系统管理等功能。

（八）参考咨询子系统

完成图书馆参考咨询工作而设计的自动化子系统，它提供给用户一种咨询手段，使之通过此系统，了解所需的各种信息数据。参考咨询子系统利用所管理的工具书库、各种数据库、光盘电子出版物、参考咨询档案库，以及互联网获取信息，来满足用户提出的咨询课题。

目前一般直接使用全国性图书馆联合参考咨询系统，该系统由一个中心参考咨询系统和若干个本地参考咨询系统组成的，采用实时和非实时的交互技术为一体的联合虚拟参考咨询服务平台。主要以网络参考咨询的方式，为广大读者提供免费咨询服务，能够在全国多所图书馆之间实现信息资源共享，以及在图书馆和读者之间架起一座相互沟通的桥梁。该系统一般需要有多个具有实际的联合参考咨询服务能力的图书馆参加，保证系统的可持续发展。联合参考咨询网系统的版权保护子系统可对读者使用文献的情况进行跟踪和统计，实现馆际互借和远程文献传递，最大限度地保护著作权者和相关数字资源厂商的利益。

第三节 图书馆门户网站服务体系

一、图书馆门户网站

1. 网站及门户网站的概念

网站是指在互联网上，根据一定的规则，使用 HTML 等语言工具制作的用于展示特定内容的相关网页的集合。简单地说，网站是一种信息发布与交流工具，人们可以通过网站来发布自己想要公开的信息，或者利用网站来提供相关的网络服务；可以通过网页浏览器来访问网站，获取自己需要的资讯或者享受网络服务。所谓门户，在网络中则是指提供某类综合性互联网信息资源并提供有关信息服务的应用系统。

2. 图书馆门户

图书馆门户（Library Portal）是一个界面友好，可以方便读者无缝、流畅、一站式地访问和利用图书馆所有的信息资源和服务的网络集成服务系统。

图书馆门户网站是现代图书馆为读者提供各类信息资源和相关信息服务的系统，是数字图书馆面向用户的统一服务入口，是以资源为基础，以服务为出发点的数字图书馆信息门户。它将数字图书馆的信息资源、工具和服务有效地组织、存储、整合起来，提供个性化、科学化的单点获取方式，实现资源和服务的无缝链接。通过门户网站，读者可以根据自己的喜好和兴趣方便地存取图书馆的数字资源，使用数字图书馆的服务。

现代图书馆通过门户网站构建的网络信息环境是将存储在不同的计算机载体、分布于不同地理位置的各类信息资源通过网络进行互联，在相当程度上突破了传统图书馆的时空以及物理条件制约，也突破了馆藏资源与馆外资源的界限。一方面，使图书馆从相对单向、传统、封闭的工作环境和工作方式，走向开放性、多元化的服务，大大提高了服务能力；另一方面，使图书馆的馆藏信息资源得到更大限度的利用，实现了图书馆的社会价值。

在网络环境下，数字图书馆为读者提供的服务功能和服务质量，在一定程度上反映了一个图书馆的综合实力和服务水平。国外数字图书馆建设起步早、起点高、发展快，早已形成规模，并产生了巨大的社会效益和经济效益。国际上对数字图书馆门户的研究从20世纪90年代末开始，包括美国研究图书馆协会学术门户项目、美国国家科学数字图书馆门户项目、美国国会图书馆门户项目以及康奈尔大学、波士顿大学图书馆门户项目等。

我国数字图书馆建设起步晚，但发展较快，门户技术在数字图书馆建设中的应用日益广泛。目前，门户网站已成为现代图书馆提供服务、实现价值的最主要平台。在现代网络环境下，各类图书馆都会根据其资源构成、服务对象、资金规模、建设环境等因素，建设适合本馆的数字图书馆门户网站，开展图书馆的网络信息服务。

二、图书馆门户网站的建设

图书馆门户网站建设包括网站建设和构建平台（集成各种应用子系统）两个部分。现代图书馆服务在较好地解决了印刷型资源的网络查询、预约、续借等传统服务的基础上，其主要的服务功能都围绕着网络化数字信息展开。通过门户网站的建设，图书馆可以方便、快捷地构建个性化的门户服务网站系统，以全方位、个性化的方式向用户提供综合信息服务。

1. 图书馆门户网站的定位

作为一个信息资源综合服务与管理系统平台，图书馆门户网站应该能够实现各种中外文异构数字资源的统一检索，并将这些原本相互孤立的数字资源及馆藏资源整合成相互关联的知识网络，消除"信息孤岛"状态，构建一个统一、友好的访问环境，实现图书馆各类资源的一站式快速搜索、定位和获取服务。同时，在网络环境下，图书馆门户网站还是一个与馆外资源交互共享服务的枢纽，通过这个服务站点，既可对外发布各种信息，又可将网上发布的图书馆资源统一集成到门户网站的资源搜索与获取共享体系，实现云图书馆门户建设。

数字图书馆为读者提供的门户网站是一个内容丰富的、基于 Web 浏览的用户界面。在这个用户界面里，既有资源信息又有服务链接，包括信息发布、用户管理、网络互连和数据存储四项要素。

2. 图书馆门户网站的建设内容

门户网站的建设内容应包括网站结构与界面设计、信息资源建设及发布、信息资源的统一检索平台、统一的身份认证及个性化服务、数字参考咨询平台、网站论坛、Web 站点内部内容管理等。并且门户网站应实现如下功能：

（1）统一入口服务：通过一次登录访问一个站点入口，向读者提供各类资源和服务；

（2）统一检索服务：通过统一检索，检索所有中文、外文资源信息；

（3）全文获取服务：通过资源调度系统实现本馆及馆外资源的统一调度使用，有权限的直接获取阅读，无权限的通过云图书馆的传递系统进行文献传递服务；

（4）最新文献服务：通过及时的数据更新，使读者及时掌握最新的发展动向和获取最新文献；

（5）最全文献服务：向读者全面揭示各种内部和外部资源；

（6）优质个性服务使用户获得优质个性化的定制与服务，并将公共检索系统功能全面拓展，实现公共目录检索和图书荐购系统定制功能的集成；

（7）强大管理功能为图书馆提供统一的内外资源管理、用户管理、特色资源制作等后台管理方法与工具。

3. 门户网站结构与界面设计

数字图书馆门户网站与一般的门户网站和商业门户网站不同，其建设要突出信息服务和数字资源建设的特点，采用合理的组织信息的展现形式，着重于设计组织分类和导航的结构，搭建信息与用户认知之间的桥梁，从而让用户可以高效率、有效地浏览网站的内容。

门户网站的结构层次要简清明了，应根据需要把信息分为几个主要的主题区域，并根据主题区域设计简单的层次结构。可以按照门户网站主页主要的主题区域相关的具体信息三个结构层次进行设计，使读者可以根据自己的意愿灵活地选择所需要的信息。在界面设计上，应充分考虑读者的使用习惯，做到美观大方、使用方便、界面友好，能够吸引读者使用，既方便不同学历层次的读者获取信息，同时还要体现出门户网站独有的文化特征。

4. 门户网站服务平台构建

为了实现相应的服务功能，在数字图书馆门户网站的建设中，要集成各种应用子系统，构建门户网站服务平台。

（1）信息资源建设及发布子系统。信息资源是数字图书馆服务的基础，也是读者最终所要获取的资源。各图书馆可根据自身所服务的对象，以本地域、本行业、本馆的馆藏特色为主，以方便不同读者的使用需求为目标，进行系统的信息资源建设，并通过 Web 发布系统将本馆和共享资源以数据库列表或资源导航方式发布到门户网站上。为了使读者能有效地利用数字资源，数字图书馆必须按照某种组织原则，系统地组织和揭示数字图书馆的数字资源，做到及时、准确、完整，并且结构清晰、层次简明，方便读者查询使用。

（2）信息资源的统一检索子系统。数字图书馆内有多个相互独立的信息资源系统，它们可能分布在不同的服务器上，运行在不同的系统环境中。读者要获取相关信息需要分别进入各资源信息系统进行逐个检索，这对读者来说极为不便。为此，数字图书馆门户网站需要为读者提供一个可一次性检索并获取各数据源中所有相关信息的统一检索平台。

目前，图书馆门户网站广泛采用了基于元数据整合的信息资源统一检索系统，为用户提供同时在所有资源中进行一站式检索的服务，避免需要逐个登录数据库、输入检索条件的麻烦，使用方便、快捷。

（3）统一的身份认证及用户管理子系统。为了解决数字图书馆中数字信息资源的知识产权保护问题，只有通过系统认证的用户才能成为其合法用户。所以，数字图书馆必须建立用户管理系统，构建知识产权保护体系。

当前，绝大多数数字图书馆是通过 IP 验证加防火墙隔离的方式来进行用户管理。这种模式的优点是方便、简单，系统运行效率高，能有效解决商用数字资源的知识产权保护问题；缺点是给数字图书馆合法用户在馆外利用这些信息资源带来了障碍。

目前，图书馆门户网站的用户认证系统普遍采用了用户远程访问认证系统（VPN）加访问授权方式来控制使用安全，从而使得合法用户在馆内和馆外都能有效利用数字图书馆的服务。用户在统一身份认证系统中注册账号后，这个账号就可以使用门户网站上的所有服务。如果用户之前已经在相关的资源系统中拥有账号，同时也已经设置了相应的权限，那么就可以将这些资源系统的账号与统一身份认证服务的账号进行关联，使用户登录统一身份认证系统之后，能够自动使用相关的资源系统用户账号来访问资源系统。

（4）数字参考咨询子系统。数字参考咨询子系统是为读者提供一种通过计算机和网络在门户网站上进行交互式咨询的平台。读者可以通过网络与图书馆的参考咨询馆员进行交互式对话或通过电子邮件等方式进行联系，获得所需要的帮助。

（5）网站论坛子系统。网站论坛是门户网站的一个重要组成部分，它为读者提供一个交流的平台。读者可以通过论坛交流心得体会，发表意见和建议；图书馆也可以通过此论坛开设相关专题讨论组，来获取读者对图书馆服务或使用资源情况的信息反馈。

（6）统计分析与后台管理子系统。门户网站上的系统维护由网站后台的管理系统实现，包括利用统计分析、资源发布、新闻发布、用户管理、文件图片传输和各个资源系统的参数设置等系统的管理，与数据库的链接，Web 服务的日志配置，防止黑客入侵等工作。这些都要通过后台管理系统进行定期或不定期的维护管理。

三、数字图书馆门户网站的服务功能

为了最大限度地吸引读者，数字图书馆门户网站通过整合技术，有机地把馆内外信息资源进行集成，使自己的门户网站成为读者首选的信息门户。数字图书馆门户网站包含有图书馆的概况、资源与服务，具有供读者远程利用的 OPAC 系统、数字资源访问等数字服务项目，并为读者利用图书馆资源与服务提供咨询辅导。

（一）资源服务

在这项服务中通常会提供图书馆网上 OPAC 查询服务，数字资源检索、浏览和下载服务，使读者能够跨越时空的限制，方便地通过网络从图书馆获取文献信息与服务。

门户网站所揭示的信息资源包括各种纸质资源和数字资源的书目信息、收集和整理的符合本馆读者需求的网络信息资源等。门户网站以导航等形式对信息资源予以揭示，通过建立站内搜索引擎，以符合读者使用习惯的分类体系提供分类浏览、检索等功能，并通过资源调度系统为读者提供查找和获取信息资源的便捷途径。

资源服务功能一般通过"统一检索平台"、"馆藏目录"、"特色资源"、"中文资源"、"外文资源"、"电子图书"、"电子期刊"、"学位论文"、"教学参考书"、"学科导航"、"试用数据库"、"新书通报"、"文献传递"等栏目提供网络服务。

（二）宣传教育

图书馆传统的宣传媒体是平面二维的，如海报、板报、宣传单等；而网络宣传则是多维的。网络宣传能将文字、图像和声音有机地组合在一起，传递多感官的信息，通过图、文、声、像结合的宣传形式，增强宣传的实效。图书馆利用网络平台开展宣传教育，既可以利用网络技术宣传资源和服务，增强用户的网络意识和网络检索能力，又可以充分发挥网络传播及时、受众面广的优势，扩大图书馆的社会影响。

图书馆网络宣传教育功能主要通过设置"图书馆概况"、"入馆须知"、"馆藏布局"、"读者指南"、"培训资料"、"文献检索课件"、"图书馆公告"等栏目提供服务；读者通过浏览各种指南、查找资料导引、课件、FAQ、视频宣传材料下载以及文献检索课和培训讲座的宣传、公告等服务获得利用图书馆资源与服务的帮助。

（三）交流咨询服务

在这项服务中应构建起图书馆与读者之间沟通和交流的网络平台。图书馆可以通过调查引擎、电子邮件、BBS、留言本和虚拟参考咨询系统等模块进行消息发布、读者调查、答复读者意见、解答咨询、提供联系方式等服务，与读者进行双向交流，建立良好的互动关系，准确了解读者的需求，解决读者的问题，提高服务的质量。而读者则通过网站提交申请、反馈意见、咨询问题、定制个性化服务。

数字图书馆可以通过设置"留言簿"、"馆长信箱"、"书刊推荐"、"读者查询"、"交流园地"、图书馆微博、官方博客等方式提供交流咨询服务。

（四）信息导航服务

在网络时代，网上信息资源浩如烟海，尽管各种网上搜索引擎应运而生，但其信息依然是综合无序、良莠不齐的。信息需求者要从网上查询到所需信息，既费时费力，又难以查全查准，检索效率较低。因此，现代图书馆按照读者的使用习惯和需求，将各种载体、各种类型的信息资源进行合理的收集、科学的组织并通过一定的服务模式，提供有效的网上资源导航服务。图书馆的网络导航服务一般有以下类型：

1. 学科资源导航

这类导航系统对纷繁的数字信息资源进行收集、加工和整理，形成各学科的网上虚拟资源导航库。用户通过浏览和查询这些资源库，可以用最快的速度和最短的时间获得有关学科的全面信息，真正起到网络导航的作用。

2. 搜索引擎导航

通过收集 Google、百度等著名搜索引擎，图书馆门户网站可以帮助读者快速进入不同的引擎链接，通过这些搜索引擎获得所需的信息。

3. 链接导航服务

图书馆通过收集读者经常使用的网站链接地址，如兄弟图书馆、合作单位、学术机构、公共信息服务平台等，建立相应的链接导航服务，帮助用户直接链接到所需网站，并通过这些网站获得所需信息。

四、功能模块的管理

从以上功能模块可以看出,数字图书馆门户网站通常包含多个动态信息栏目。这些栏目的信息往往源于不同部门或由不同部门的相应工作岗位处理,如办公室发布消息公告、参考咨询人员答复在线咨询问题、采访人员处理读者推荐图书信息等。数字图书馆门户网站在管理各个功能模块时,可以将相应模块按不同部门或工作岗位进行分类管理,明确责任,确保门户网站各项服务的正常运转。

(一)指定专人负责功能模块的管理

图书馆应将功能模块的管理人员按所管理的范围划分为系统管理员、管理员等不同的级别。

系统管理员负责各个功能模块的总体协调和管理,并负责用户权限的分配。可以在数字图书馆门户网站的后台管理系统中建立一个隶属于系统管理员角色的用户。该管理员具有新建用户和管理用户的权限,有权根据实际需要,为每个栏目添加一个或多个管理员。

管理员负责各个功能模块中同类服务栏目的管理。管理员提交身份凭据(用户名和密码)登录系统,通过身份验证后,就被定向到所管理的对应栏目界面。借助该界面,管理员可以发布、更新或维护栏目信息。

在后台系统内,管理员只能管理自己负责的相应栏目。如隶属于参考咨询的管理员,通过身份验证后,就被定向到"参考咨询栏目管理子模块界面"。通过该界面,他可以浏览、回复读者咨询,更新原有回复或屏蔽重复的、超出咨询范围或内容不宜显示的咨询问题。而隶属于消息公告的管理员,通过身份验证后,只能被导向到"信息公告栏目管理子模块界面",进行消息发布等操作。

(二)指定相应岗位人员担任管理员

为了给数字图书馆用户提供更加专业的服务,应指定图书馆内信息的来源或处理部门的相关工作岗位人员担任相应服务栏目的管理员,并授予管理该栏目的权限。由他们管理对应栏目信息,既符合图书馆业务分工合作的合理性原则,也有利于信息及时、准确地发布和更新。主要包括以下几个类别:

(1)参考咨询管理员负责管理参考咨询栏目、回复读者留言、解答读者咨询问题等,应由参考咨询岗位人员担任;

（2）消息公告管理员负责管理消息公告、图书馆简介、组织机构等栏目，应由负责图书馆宣传的相应岗位人员担任；

（3）纸质文献管理员负责书目查询、新书通报、读者推荐等栏目，应由纸质文献采编岗位的人员担任；

（4）数字资源管理员负责管理自建数据库、外购数据库、试用数据库和免费数据库等涉及数字资源的栏目，以及资源导航、统一检索等栏目，应由数字资源采访岗位及技术管理岗位人员担任；

（5）读者服务管理员负责入馆须知、读者指南、读者查询等栏目，应由借阅服务管理岗位人员担任。

为了适应不同层次读者的需求，数字图书馆的门户网站建设要始终以方便读者、服务读者为宗旨，做到资源内容丰富、服务功能齐全。同时，要配置好整个网站的架构，使其能稳定、安全、可靠地运行，最终更好地为读者提供数字图书馆服务。

第四节　图书馆自助服务体系

自助服务是现代化图书馆的一个重要标志，也是图书馆发展的必然趋势。图书馆自助服务是读者根据自己的需要，利用智能化设备和计算机网络技术，按照制定好的流程指引，完成以前由图书馆员完成的各项服务活动。公共图书馆自助服务主要包括：文献自助服务、自修室座位自助登记、自助检索上机、自助文印服务以及利用网络、手机、短信、电话所进行的各项自助服务。

一、图书馆自助服务

自助图书馆（Self-library）又可称为"无人值守图书馆"。有关自助图书馆的名称及表述千变万化，如：无人服务图书馆、图书自助服务站、微型自助图书馆系统、Library Vending Machine、Library Express、Lending Library、Go Library 等。是图书馆业务自动化处理的组成部分，也是近几年国内外图书馆行业兴起的一种现代化服务方式。它利用网络通讯、计算机、门禁监控等技术，为读者提供智能化程度较高的图书借还服务。在自助图书馆里，读者借还图书无需图书馆工作人员协助，完全由自己完成。自助图书馆是图书馆服务工作的延伸和延续。不但解决了读者借还书受开馆时间制约的问题，同时也体现出图书馆人性化的服务理念，更提升了图书馆的服务形象和服务档次。

（一）服务理念

作为现代科学技术与以人为本理念结合的自助图书馆，完美地诠释了免费、快捷、平等、开放的服务原则，将传统的"被动服务"模式转换为"主动服务"模式，使图书馆资源围绕读者展开，充分体现了"以读者为中心"这一服务理念。自助图书馆的服务宗旨是将图书馆资源实现最大化利用，使读者的阅读需求随时随地得到满足。自助图书馆以读者的需求为发展的驱动力量，对传统运行模式加以改革，对图书馆的社会价值和服务质量、理念起到了重新塑造的作用。另一方面，读者通过使用自助图书馆，可以摆脱过去主要依靠图书馆员的指导和意志完成信息咨询、图书借阅归还等服务模式，可以完全按照自己的爱好和意愿进行图书的选择和利用，这也是人性化的另一种体现。

（二）服务模式

1. 馆内读者自助

许多图书馆都为自助设备设立专门的空间或者独立的附属建筑，读者可以利用这些设备完成图书馆的检索、借阅和归还等服务内容，使图书馆的全天候服务成为可能。虽然这种独立的馆内读者自助设备可以提供24小时服务，但是须依靠图书馆或附属建筑而存在，缺少独立性。

2. ATM式自助图书

ATM式自助服务设备可以根据图书馆的具体服务而定制，这种设备通过还书就可上架借出的功能可以有效减少人力和物力成本。低成本和网点化铺设是其主要优势，但是这种设备也存在着可供选择的图书资源较少，服务内容较单一（仅包括借还功能）等局限性。

3. 漂流亭式自助图书

传统的图书漂流指的是放在图书馆公共位置的图书，无需读者办理借阅手续就可以自由阅读。而漂流亭式图书馆是传统方式在馆外的延伸和补充，这种自助服务是RFID技术与图书漂流相结合的产物，虽然能够辨别多种证件，有效提高图书的利用率，但是它所能提供的服务比较单一。

4.24 小时街区自助图书馆

这种自助图书馆不仅能够为读者提供图书借阅、归还、办证、检索、预约等基本服务，而且集成了 RFID、条形码技术，在架图书对读者而言一目了然。24 小时街区自助图书馆可以提供更为全面的服务功能，也可以实现网点化建设，但是这种自助图书馆所依靠的 RFID 设备受限于技术、物等方面的支持。

服务类型有独立自助图书馆服务区、图书馆 ATM、图书漂流亭、街区 24 小时自助图书馆等几种。自助图书馆系统主要由自助图书馆服务机、图书馆监控中心和物流管理系统等部分组成，核心部分是自助图书馆服务机。自助图书馆可以完成绝大部分图书馆业务流程：申办新证、自助借书、自助还书、预约服务、查询服务、资源防盗、资金处理等。由于本身具有强大的功能优势，再加上快捷、方便的服务过程，在诞生之初，自助图书馆就受到了世界各地读者的欢迎和好评。甚至有专家认为自助图书馆是继实体图书馆、虚拟图书馆之后的"第三代图书馆"。

二、自助图书馆的系统和特点

（一）自助图书馆系统

对于自助图书馆起支撑作用的系统应该包括：基本服务设备、图书管理系统、馆内监控设备、图书损坏识别技术、RFID 标签识别技术等。其具体功能如下：

1. 基本服务设备

要实现与传统图书馆相同的服务功能，如图书借阅、归还、预约等，就需要依靠数据的管理和存储技术的支持来实现自助图书馆与总馆之间数据的完全共享。另一方面，为保证图书提取、上架工作的顺利完成，坐标定位技术可以克服机械手臂无法精确定位这一难题，完成 ATM 式自助图书馆的图书提取和自动上架。

2. 图书管理系统

为避免自助图书馆出现满架或空架现象，就需要随时对馆内的图书资源进行实时监控，以控制图书的现存数量。图书管理系统可以为自助图书馆分析图书供需情况和自动分析读者对于图书资源的需求变化，总馆可以以此为依据对自助图书馆进行资源调配。另外，图书管理系统还可以在出现故障时自动报警。

3.馆内监控设备

馆内监控可以对自助图书馆的防盗、视频监控、门禁控制等功能发挥重要作用。在自助图书馆正常运行时，可以保证各种服务正常运行；在发生意外或违反程序私自带走图书的情况下，馆内监控能够立即自动报警。对门禁上锁，事后可以通过视频记录来查看事件全过程。这种馆内监控设备可以在一定程度上保证自助图书馆的安全性。

4.RFID 标签识别

自助图书馆内的图书都贴有 RFID 标签，这种标签和条形码、磁条是同时存在的。可以使图书不局限在某一个自助图书馆内，能够在总馆和其他自助馆内自由流动，而且贴有 RFID 标签的图书具有更易被机器设备辨别的优势，方便图书的借阅、归还等工作。另一方面，它还可以实现图书在书架上的定位、馆藏和存量信息显示等功能。

5.图书损坏识别

图书损坏识别技术可以通过计算机进行控制，对损坏的程度是否需要报警可以由计算机进行设定。在识别过程中，在终端服务器上可以通过文字或者语音的方式，显示对图书损坏检测的评价和结果。

（二）图书馆自助服务的特点

自助图书馆作为一种新的服务模式，有着不同于传统图书馆的特点：

1.服务性

发展自助图书馆的初衷是让读者自己为自己服务，即脱离传统的馆员服务，读者根据自己的时间兴趣爱好等通过自主的操作来完成对图书的借阅归还等一系列活动。且其服务质量并不低于传统服务。在这种自助式的服务中，读者完全脱离传统图书馆服务中的束缚，不受时空限制地自主操作设备来实现需求，充分体现出自助图书馆的服务性特点。在整个自助服务中，读者可以根据自己的主观需求，发挥自身能动性，实现服务性。这样读者在操作过程中既是服务的实施者和操作者，又是享受服务的对象和被服务者，体现了主体与客体的相互统一。

2. 科学性

目前自助图书馆大多采用RFID（Radio Frequency Identification）即无线射频识别技术，是一种非接触式自动识别技术，通过发出的射频信号，再以空间耦合实现无线接触信息传递，并通过所传递的信息达到识别物体的自动识别技术。依靠这种技术来为读者提供智能化的图书借还服务，并以此实现图书馆自动化服务。自助图书馆通过RFID技术带来全新的服务方式，提高了广大读者的满意度和便捷性，通过科学性的运用来突出人性化的服务理念，这种服务理念也不断推动着图书馆服务手段的创新。

3. 自由性

传统模式下的图书馆由于受到开闭馆时间的限制，无法满足读者对书籍的全时需求。读者需要根据图书馆的开放时间来满足自己的需求。这样读者的需求就有很大的限制性，因而这时候需要一种更加自由的服务，自助图书馆就应运而生。自助图书馆由于其采用的是人机模式，运行时间不再受到限制，读者可以更加自由地根据自己的即时需求来选择时间借阅书籍。这种全自由的24小时服务模式也是国内外图书馆发展的必然趋势。另外，自助图书馆使民众的阅读空间也变得更加广阔。它将有范围的传统图书馆扩大，为读者提供了一种无障碍的阅读环境。

4. 高效性

作为一种全新的图书馆服务项目，自助图书馆在建设上表现出传统建筑实体形式的图书馆无法比拟的优势：占地面积小、建设成本低、展现效果快、建设周期短的特点。这使得自助图书馆成为继第一代传统图书馆和第二代数字图书馆之后的"第三代图书馆"。在服务上更贴近读者生活，自助图书馆在选址、布局、交通等方面都体现出方便快捷。另外，在形式上自助图书馆也呈现出无专人看守、自助办证、自助借阅、自助归还等便利条件。自助图书馆的运用大大提高了图书馆文献资源的利用率，充分体现了自助图书馆工作的高效。

5. 广泛性

自助图书馆自运行后，受到越来越多的读者使用和欢迎，图书的借书量和阅读量都带来了明显的提升。由于自助图书馆的便利快捷性，越来越多的读者在茶余饭后选择借阅图书来丰富自己提高自己。自助图书馆所产生的这种广泛性是远远超过传统图书馆的。而这种广泛性产生的影响，不仅体现在为广大读者搭建了一种便捷的阅读平台，而且使图书馆自身的品牌和形象得到了提升，对整个城市的文化事业建设也产生了积极的影响。

三、自助图书馆的建设与维护

（一）自助图书馆的建设

自助图书馆的建设可以从政策支持、经费保障、自动化现状与整合、文献资源保障、业务调整保障、运营模式规划等方面进行思考。

1. 政策有力支持

自助图书馆的建设和服务涉及到社会方方面面，包括项目建设及运营经费持续保障部门、布设区域的物业主管单位、资源提供及服务融合方的区域图书馆等。而作为公益文化单位，图书馆自身的推进力度与统筹权力却非常有限，因而需要地方政府制订相关政策来予以引导和规范。涉及到自助图书馆的建设实施、布点规划、运营模式、绩效评估等各个层面，如：制定配套措施将自助图书馆纳入地区公益文化设施统筹建设管理范畴。如果缺乏地方政策的强大支援，图书馆自身在项目的建设实施和服务保障上将很难得到长远发展。

2. 经费持续投入

自助图书馆资金投入分为一次性建设资金及年度运营资金。一次性建设资金是自助图书馆建设启动的保证；年度运营资金则是维护其正常运营的保障，包括能耗、维护、物流等基本费用。虽然自助图书馆是一项节约型服务设施，规模经济效益尤为显著，但启动经费和运营经费必不可少。在有限财政资金的支持下，地方政府往往会把主要财力投向首要保障基本服务，财政预算优先考虑最需要、最迫切需要解决的地方，而自助图书馆所提供的就近、便利性服务，具备一定的超前享受性。因而自助图书馆建设的周期性、延续性和运营保障的持续性，对地方财政预算的资金压力非常大。

图书馆在规划和建设自助图书馆项目时，应以实际需求为出发点，以经费的持续保障作为前提，结合地区财政、图书馆经费等实际情况，适度控制建设规模；同时在后续运营过程中，选择适当的配送模式、网络组网模式、维护响应标准，以确保最高的运营投资效益比。

第五章 图书馆管理服务体系

3. 文献充足保障

文献资源的充足性、品种的可读性、更新的及时性等极大地影响着自助图书馆网的运行效益，图书馆可从资源储备与规划、资源调配与更新、资源整合与管理等层面建设和组织文献资源。在项目实施前，图书馆应详细设计文献的采购渠道、品种配备、年度更新等内容确保储备充足的文献资源，并制定长远规划保障配备自助图书馆的文献资源；项目实施后，为确保自助图书馆在架图书的可读性，图书馆应及时更新文献资源，制订可操作性的图书调配原则、滞架文献下架等；在全城统一服务后，中心图书馆须从入库办法、资产管理、流通管理等方面统一融合其他成员馆文献资源，保障文献资源的财产安全。

4. 与已有自动化设施的集成

自助图书馆相关的自动化设施整合包括 RFID 整合与应用系统集成。RFID 技术能极大地提高图书馆自助服务水平和文献管理效率，如果目前图书馆采用基于条形码和磁条的标识识别系统，实施之前图书馆须评估本馆是否需要升级到 RFID 系统，因为这涉及到 RFID 标签及加工、基础流通设施、业务系统集成等建设投入。应用系统集成的充分性则关系到项目后期运作的稳定性及管理的规范性，因此，图书馆在项目建设实施前需着重考虑已有图书馆业务系统集成的内容、实施难度、实施过程、实施步骤等问题，包括：与图书馆自动化管理系统在读者数据、业务数据的技术集成与互通；管理平台、资源平台、服务平台等业务平台在图书馆内部业务流程中的平稳过渡。

5. 与原有的业务体系的整合

自助图书馆投入运行和服务后，图书馆原有服务模式新增了馆外服务内容，文献资源更应以读者阅读需求为中心。因此，图书馆需调整和变革原有业务流程与部门组织结构，以顺利开展自助图书馆的各项文献服务，如建立专门的运营中心来协调与组织自助图书馆的相关工作，建立和完善预借书库并形成预借送书服务规范等。业务重组既保障了高效、顺畅的自助图书馆服务，也使其成为整个图书馆不可分割的一部分。随着自助图书馆的各项业务持续推进及服务的不断深化，图书馆需将其纳入远景规划范畴，以确保自助图书馆获得持续、稳定的应用效益；同时图书馆需要有进行重组和变革的思想准备，且这种调整将会随着自助图书馆的建设和服务规模的不断变化而持续存在。

6. 建设运营模式的长远规划

深圳地区早期在进行自助图书馆的研制开发、试点建设规划时，采取了政府全额投资立项建设和运营的模式予以实施。而随着自助图书馆应用规模的不断扩大和管理服务经验的不断成熟，其他图书馆在引进自助图书馆时，可采取先行试点的方式进行，并作长远规划，待自助图书馆品牌影响力及服务宣传效果得到充分展示后，可考虑与企业、商业团体等共同投资建设，共同进行维护和运营，引入市场化的方式进行建设和维护。同时可探讨和试点自助图书馆的全外包运营管理服务模式，包括引入银行ATM系统成功运营经验，采取租赁自助图书馆设施、采购第三方自助图书馆运营维护服务等整体模式开展自助图书馆的建设和服务，这样将可大大节约自动图书馆的建设、运营的时间成本和人力成本。

（二）自助图书馆的维护

1. 日常维护问题

考虑到人为破坏及天气情况的影响，对自助图书馆的日常维护就显得十分必要。为减少不必要的维护经费，专家建议在自助图书馆的普及推广过程中，应该加强对广大读者的辅导教育。使读者掌握其操作方法。对于天气等不可抗拒因素，可以在设计过程中采用垫高设备和防水装置等来避免。

2. 技术问题

由于自助图书馆的监控、服务机和物流系统通过网络相互连接，如果发生病毒感染或恶意攻击服务机等情况，就会导致自助图书馆全面瘫痪。为此，专家推荐使用MPLS-VPN加密专网技术。同时与流量控制和服务等级划分相结合，为读者创建专用虚拟网络，使自助图书馆服务机与关键核心网络相隔离，以达到自助图书馆运行的安全性和应对危机的可控性。

（三）自助服务体系

自助服务是指在一定条件下，根据用户的阅读兴趣、需要偏好、研究重点，由用户自主地、灵活地、能动地完成以前由图书馆员按照馆员的意志和行为习惯完成的书目查询、藏书借阅、资料检索、文献复印等活动，从而实现自主服务的一种读者服务方式。图书馆自助服务的发展与新技术的发展密不可分，比如RFID技术是自助借还服务的基础，它为图书馆的流通服务带来了全新的契机，不仅节省了大量的人力和管理成本，更为读者提供了 24 小时无间断的服务，是一种革命性的改善；自助打印、扫描等服务则有赖于先进的设备和无缝的认证机制。

1. 自助借还系统

自 20 世纪 90 年代末起，欧美许多国家尤其是北美开始应用 RFID 技术开展自助服务，国内最早启用自助服务的应该是 2005-2006 年落成的广东东莞图书馆和深圳图书馆新馆，目前国内规模较大的大学图书馆如北京大学图书馆、同济大学图书馆、中山大学图书馆、北京理工大学图书馆等，公共图书馆如中国国家图书馆、首都图书馆、杭州图书馆等都配备了多个自助借还终端。

2. 自助图书馆

2006 年建成开放的深圳图书馆新馆被美誉为"第三代图书馆"，以其城市街区 24 小时自助图书馆为代表，该系统主要由自助图书馆服务机、图书馆监控中心和物流管理系统等三部分构成，其核心部分是自助图书馆服务机。自助图书馆服务机包括浏览书架、电脑操作台、网络查询台、图书信息浏览屏、还书分拣箱、现钞验收机等。城市街区 24 小时自助图书馆系统是一个完整意义上的图书馆，具备了图书馆所有的服务功能，在某种程度上甚至更为高效、便捷。通过自助服务机和网络、物流系统，读者可以得到图书馆几乎所有的服务，包括申办新证、借书、还书、预约借书、预约取书，还可以查询馆藏目录和读者的各种信息，并作为终端直接读取馆藏各类数据库。

3. 自助复印／打印／扫描服务

近年来国内很多图书馆配备了自助复印打印设备，为读者提供"无人管理"的自助式打印复印服务，这种服务方式既可以节省图书馆的人力，也可以减少读者排队等待的时间，并且由于其相对低廉的收费和自助结算的模式可以大大减少纠纷，并且也是图书馆执行知识产权保护策略的一种措施——图书馆可以通过在所有自助设备上张贴知识产权保护的留示等方式，加强读者的版权保护意识，引导尊重知识产权的使用习惯，避免由于人为因素导致图书馆"带头"侵犯知识产权，无限制地为读者复印打印资料的情况发生。

北京大学图书馆、清华大学图书馆、浙江大学图书馆等大学图书馆和中国国家图书馆、深圳图书馆等公共图书馆都使用了联创自助打印复印扫描系统。该系统引入"自助式无人化"的管理模式,通过一卡通等进行身份认证和收费,做到使用者、使用时间、内容、费用的精确可控,在所有接入网的电脑上,为读者和管理员提供方便和廉价的打印复印和数字化扫描服务。

4. 自助编辑制作服务

随着教学模式和学习方式的改变,大学对于学生独立或协同完成生动作品的能力、对于学生的多媒体制作和展示能力,都提出了更高的要求,所以有了"多媒体素养"的提法。为了完成课程的作业,同学们常常不仅需要提交一篇文字报告,而是要提交含有实验结果或创作效果的PPT、视频短片等等,读者需要图书馆提供丰富的素材以及相关的设施,帮助他完成"作品"。图书馆能够提供的素材包括海量的图片资源、视音频资源、完备的数据库资源如电子图书、期刊、报纸等,能够提供的设施则包括各种数码前端设备如照相机、摄像机、录音笔等,采集设备如放像机、微机、各种采集软件,各种编辑制作软件和输出设备如彩色打印机、刻录机、合成机等。

5. 自助学习空间

高校图书馆可以将原有的电子阅览室、书库和自习室三者相结合,以学科分类为依据,设置若干个集资源、设备、人员、空间为一体的自助学习空间,除了要最基本地满足学习环境光线、温度、通风、布局、色彩等的舒适外,还要为师生配置辅助学习创作的多媒体计算机以及各种打印、复印、扫描、传真等外围设备,提供尽可能丰富的纸质和数字文献信息资源,配备经验丰富的随时准备为师生解决疑难问题的馆员。

(四)自助图书馆的工作流程

自助图书馆的设备包括:门禁系统、图书检测设备、视频监控设备和自助借还机。

1. 门禁系统

用于对读者身份的验证。要进入自助图书馆首先要刷卡,刷卡器通过读取读者证的条码信息来识别该读者是否为本馆有效读者,并控制自动门的开启和关闭。

2. 图书检测设备

对图书出入馆时进行磁检测。自助图书馆使用的是可消充磁的安全磁条（EM-STRIPE），检测设备与自动门形成电控物理连接，自动门根据检测设备的检测状态（无磁状态或有磁状态）做出开门、锁门的响应。例如：当读者携带未消磁的书籍通过检测门时，图书检测系统会产生一个信号给门禁系统，经过门禁系统处理后，有两个信号分别送给门禁控制器、报警主机和录像主机，这时，门会自动锁死，录像机开始抓拍。

3. 视频监控设备

对自助图书馆内的情况进行监控，它可以由多个摄像头组成。当检测设备发出报警后，便启动与之联动的录影设备，从各个角度对室内的情况进行抓拍或录像。

4. 自助借还机

由触摸屏、激光条码扫描仪、消充磁设备组件和收据打印机构成。自助借还机与业务系统通过网线和接口软件实现通信，当读者点击触摸屏操作图书借还时，借还机也几乎同步完成了对图书磁条的充消磁工作。借阅成功后，打印机会打印出借书凭证。

第五节　图书馆空间服务

一、图书馆空间

从古至今，图书馆建筑作为重要的社会公共建筑类型，在人们的心目和生活中有着举足轻重的地位，优秀的图书馆建筑都包含一种文化内涵，常常成为业界关注、学习和观摩的对象。

图书馆空间作为建筑的重要组成形式是供读者学习、活动和交流的特殊社会空间，无论其是有形的物理空间实体还是虚拟的网络空间，在人类文明的历史发展长河中无不受到社会变迁影响和面临科学技术发展带来的挑战。

（一）图书馆空间的演变

从空间生产理论来看，空间变化的动力来自于空间形态变化和动态发展过程，即空间反映社会实践和社会关系，人们在特定的空间内进行活动时，会受到社会约束。根据社会发展规律，这种特定的社会关系的发展必然会经历社会矛盾，这些矛盾会促使空间形态发生变化，进而使空间呈现出一种动态发展过程。图书馆空间作为社会实践的产物，随着社会形态运行的不同而发生着变化，并经历了一个由低级到高级、由简单到复杂的历史发展过程。

1. "闭锁式"的储藏空间

在我国古代封建社会形态和小农生产经济模式的影响下，古代图书馆的空间形态表现为"闭锁"形式，即以私人"藏书室（楼）"为主，其规模结构与权力地位相配，仅供少数人使用，实行封闭式管理。由于当时社会经济、文化发展水平低下，原始文献载体珍贵，文献利用与传播不便，再加之封建社会自我封闭的社会特征，使得当时的图书馆仅是作为文献载体的储藏空间，功能单一，重藏轻用，藏书构成仅以藏家的兴趣为转移，形成了一个自我循环的封闭系统。随着封建社会生产力发展水平的不断提高，文献载体发生巨大变化，文献记载与传播得到发展，古代图书馆藏书范围逐渐向非统治阶级转移，私人藏书范围逐渐扩大，促进了古代图书馆社会形态的进一步发展。

2. "开放式"的公共空间

进入近代社会，图书馆呈现出不同于古代图书馆的一种质变飞跃，即面向社会大众开放，打破了自我封闭式的循环系统，开始探索建立为社会公众提供文献服务的理念。首先，图书馆作为社会文化机构的地位被确立，图书馆空间除了储藏文献，开始接纳社会公众的到馆利用，图书馆的社会教育功能、文献传播利用功能、文化遗产保存功能等多项职能被激发出来；其次，图书馆以其不同的类型和公众需求进行了划分，公共图书馆是近代图书馆类型中的主流形式，图书馆空间突破了"以藏为主"的形态模式，向"以用促藏"的模式转变；再次，图书馆的文献管理水平得到提高，管理手段得到丰富，文献目录学理论的实践应用使得文献的整理归纳更加有序，同时图书馆之间的交流与合作推进了图书馆事业的整体发展。

3. "高科技式"的互动空间

20世纪电子计算机的广泛应用与普及把人类带入了信息社会，信息社会的快速发展推动了近代图书馆向现代图书馆的转变，图书馆由此开启了现代化进程。随着信息社会网络化、信息化的发展，信息量急剧增加，加之文献载体电子化形式的出现，使得文献储藏空间受到挑战，图书馆的储藏空间演变为实体空间和虚拟空间。与此同时，社会大众的需求也在不断地发生变化，图书馆为其提供的文献服务已不能满足社会大众对图书馆空间利用的需求，社会大众渴望图书馆作为自己生活的"第三空间"而存在，成为一个集学习、交流、体验、休闲、舒适为一体的空间场所。为此，图书馆的空间重心发生改变，它不再仅仅围绕文献进行服务，而是将利用文献的"人"作为图书馆未来发展的服务主体，"人"将逐步取代"文献"对图书馆空间发展的主体影响地位。随着现代技术手段和科学管理手段的广泛应用，图书馆空间在藏借阅空间的基础上，不断呈现出多功能、多样化、个性化等相融合的特征，与社会大众之间呈现出高度互动的发展趋势。

（二）图书馆空间的转型

从图书馆空间的变迁来看，图书馆空间经历了"以藏为主"到"以藏促用"再到"以人为主"的空间发展过程，验证了空间生产理论提出的"空间既是社会实践活动的产出结果，又是下一次实践开始的依据"，空间生产成为推动空间转型的根本动力。关于空间生产的研究，有学者提出"空间"在生产时，与其他商品一样，可进行大规模、标准化的"生产"，那么空间在被不断复制的过程中就会带来空间更迭和特色消亡，就如同事物发展变化的过程一样，在内因与外因的共同作用下不断变化、不断寻求空间更迭来适应新的空间发展。基于此，本文将从图书馆的功能空间转变和空间特性转变来阐述图书馆空间的转型。

1. 功能空间转变

随着社会发展历程的演变，图书馆不断生产出各种功能空间，而各种功能空间又随着社会的发展变迁而转变。从图书馆空间形态的发展历程来看，古代图书馆和近代图书馆的空间功能较为单一，基本是以文献储藏为主。随着社会空间的发展，图书馆功能空间出现了新的类别，除储藏空间外，还有检索空间、阅览空间、加工管理空间等，空间功能发展较为平稳。但进入信息时代后，电子技术与设备的应用正在翻转图书馆的功能空间，甚至是革新传统空间的设置理念，其体现如下：

（1）空间功能的消退。信息数字技术的广泛应用，在很大程度上改变了人们的信息获取行为，并反映在对图书馆空间的使用与利用上，使得一些特定阶段的功能空间逐渐被取代或弱化。如计算机的普及让图书馆的管理方式更先进，传统图书馆中的目录检索厅被计算机检索终端区取代。又如电子阅览室空间由于现代电子移动设备的使用而导致功能空间弱化。这些特定空间的功能消失或退化，一方面体现了社会生产方式对图书馆空间功能的影响，另一方面也反映了图书馆功能空间适应社会生产关系的自我调整能力。

（2）空间功能的融合。当代图书馆处于泛在知识环境下，用户的信息获取形式趋向于通过网络技术快速取得并能接受自助式的服务模式。这就使传统图书馆的藏借阅功能空间与新时期出现的展示空间、休闲空间、交流空间等相融合，如藏阅空间中分散的网络检索空间、开放式学习空间中融入的休闲与交流空间、公共空间中的休闲阅读空间与展示空间的结合等等。在这些融合的功能空间内，可根据不同需要随时调整空间的合并组合，并实现资源技术、人员组织、服务管理等与空间功能的高效融合，进而推进空间功能的不断发展。

（3）空间功能的拓展。在新技术、新设备、新理念的影响下，图书馆空间功能突破原有的空间功能，向综合化和开放化发展，拓展出新的空间概念，如互动空间、创客空间、体验空间等。这些新功能的拓展空间主要表现出：一、强调信息技术与图书馆服务的有机整合，将空间、资源、馆员融为一体，向用户提供个性化服务与学习交流相结合的互动型服务空间；二、利用图书馆空间，把个人、团体、组织机构的创意或创新思想通过实体空间向具有共同兴趣爱好的人们进行宣传、演示及展示，在此空间内每一个参与人都可以自由地进行知识分享、创意交流、协同创造，以此来表达人们对渴望获取新知识、新技能的需求；三、这类空间设置相对独立，空间内配备先进硬件设施，空间服务围绕支持协作模式、辅助提供形式等进行，通过关注用户学习习惯的变化，支持与辅助用户学习过程，进而达到激发用户学习思维的作用。

2. 空间特性转变

图书馆空间功能与图书馆建筑大小、藏书量多少无关，其旨在通过空间设置或空间创新来促进图书馆服务方式的改变、服务内涵的延伸，进而达到环境育人的目的。从某种意义上说,现代图书馆空间生产已不再是围绕藏书、藏书量和收藏方式进行空间功能的划分,而是以空间表达、空间服务与用户实际需求相结合进行的空间分配,向开放式、多元化、人性化的空间服务场所转变。所以,图书馆空间特性的转变体现了空间形态变化的特点,具体如下:

(1) 从封闭性到开放性。古代图书馆向现代图书馆的迈进,就是图书馆逐渐从封闭走向开放的过程。开放是图书馆空间发展过程中的重大转折,它让图书馆空间形式不再禁锢在小小的藏书楼内,而是逐渐走向通敞式的大空间,通过空间的开放来影响图书馆建筑的表达,进而丰富空间的层次。这种大空间不仅带来了空间组织的灵活,而且自由变化的空间布局还满足了不同功能空间的置换要求,空间的开放性贯穿于空间功能布局、空间组织及空间管理等各方面,为空间服务发展拓宽了平台。

(2) 从固定性到流动性。人与空间存在着交互作用,即空间限定人的行为活动范围;反之,人的空间行为表现也会影响空间设计。最初的图书馆空间限定了出入的对象,只为社会权贵阶层所有,空间形态设计以所有人的喜好为准,其空间特性是一种固定的阶层象征。而近现代图书馆空间功能的单一性决定了空间特性,如藏阅空间、检索空间就只是藏阅、检索的功能。这种固定的空间功能正随着社会的科技化、信息化、时代化发展而被打破,图书馆各空间要素随着空间的多元化而融合在一起。在一定程度上某一空间可以集合多种功能,各功能空间的边界模糊,空间属性交融,形成一种流动的空间多元氛围。这种流动的空间特性为图书馆空间发展带来了更大的发挥余地。

(3) 从标志性到媒介性。图书馆建筑往往是某一区域内的地标建筑,总是与某些寓意相结合,突出本身存在的标志性,所以以往的图书馆建筑很注重外观设计。然而具有标志性的图书馆建筑往往不一定在内部空间利用上能满足图书馆的功能空间需求,在一段时期内图书馆建筑外观特色与内部空间利用存在着一种较量,二者兼顾总有一些缺憾。但是,随着信息化社会的到来,繁冗的信息充斥在人们的周围,由于信息传播与利用的数字化形式而使得图书馆的空间呈现出媒介性。图书馆不再仅仅是通过建筑外观来吸引人们的眼球,其内部空间的丰富形态更能传达人们所需要的信息或感受。这种空间媒介性通过视觉、听觉等空间设计表达冲击着到馆读者的感观,满足读者的行为需求,也反映了现代社会科技与信息的魅力。

（三）图书馆空间的划分

图书馆空间根据其功能属性和服务目标的不同，划分标志亦不同：

1. 按照图书馆服务功能划分

按照图书馆服务功能，图书馆空间划分为十大功能类型，即藏书空间、阅览空间、学习空间、研讨空间、数字资源空间、视听空间、展示空间、自助服务空间、办公空间和休闲空间。

2. 按图书馆建筑空间功能划分

按图书馆建筑空间功能，图书馆空间应包括信息资源获取区、信息交流区、信息研究区、学习区、信息素质教育区、信息控制区和休闲区，按照有利于读者信息利用、交流、协作与学习的"一站式"服务功能划分区域。

3. 按照"空间"原理划分

参照对"空间"的解释原理，将图书馆空间划分为文献资源空间、信息行为空间和文献交流空间三个层面。文献资源空间是图书、期刊、资料等的"能容受之处"，是社会文献收藏中最具权威性、开放性、持续性、公益性和普遍性的专门空间；信息行为空间是以提供文献满足社会成员阅读需求的专门空间；文献交流空间是文献资源和信息行为结合而形成的空间，是与读者进行沟通、交流的动态空间。人类社会是个文献、信息和知识交流的大空间，图书馆是这个大空间的基础设施。

二、图书馆空间服务

图书馆空间服务是图书馆整合自身的资源（电子、纸本、网络资源）、技术、人力和场地，为用户提供的全方位、个性化、人性化智慧服务，旨在促进读者自主学习，激发读者的灵感和创新思想，是图书馆改革与发展的方向。

（一）图书馆空间服务的形式

空间服务建设一般包含个人学习空间、协作学习空间、多媒体空间、新技术体验空间、创新空间、休闲学习空间以及研究空间等功能区域的建设。

1. 个人学习空间

该空间是为了满足个人独立学习的需要而设立的，根据学习需求不同，国外图书馆通常设置有安静学习区、有声朗读区、笔记本电脑区等，并配备充足的学习资源，如尽可能多的电源插座、网络接口等。日本成蹊大学图书馆个人学习空间建设比较有特色。在1至5层开架书库周围，沿窗设置了266间个人学习空间，各个空间内都配置有电源和网络接口，读者可以自带笔记本电脑进行资料查询、报告撰写；另外，各个学习空间都以落地玻璃分隔开来，视野开阔，玻璃外是绿茵茵的草坪和生机勃勃的校园，这样既满足读者个人学习的需要，又能使其放松身心，在放松中实现创造。国内在这方面基本上还停留在集体阅览学习的阶段，开设个人学习空间的较少。

2. 协作学习空间

该空间主要是为了满足学生小组学习、研究和知识创造，一般设立很多间大小不等的小组讨论室或研讨室。为了便于用户灵活使用该中心，配备的家具、设备具有可移动性和重组性，如配备带轮子的桌椅、可移动和固定的白板、投影仪、电脑等，电脑中装有学习所需的多种必需软件。在国外，每个学校根据设立的目标不同，在协作学习空间设置的学习辅助项目也有所不同。有些开设写作服务中心，提供写作指导服务，如指导学生中英文论文、求职信、履历等的撰写；有的提供计算机技术服务，如提供软件工具的使用方法、电子表格的使用技巧、演讲稿的制作与演示等；有的设立同声传译室，锻炼外语学习者双语切换能力；也有的设立戏剧表演室，训练学生语言表达能力，培养学生交际能力，提高人文素养。同时，这些协助学习室提倡教师在此开课。国内高校的协作学习空间，开设辅助学习项目得很少，基本上只是学习国外设立学习空间的形式，设立数目不一、大小不等的研讨室。比如北京大学图书馆，仅设立了多媒体研讨室，面积65平方米，可容纳30～40人，开展学术讲座、研讨、会议、影视/音乐欣赏、论文答辩或其他学术交流活动；上海交通大学图书馆设有29间小组学习室，最大使用人数8～20人不等，支持学术研讨、教学培训、讨论交流、创新赛事、社团活动等。

3. 多媒体空间

该空间旨在激发读者对新媒体的兴趣，满足读者对多媒体制作的需求，提升其创造力。在国外，多媒体空间一般提供有高性能的扫描仪、麦克风、各种媒体阅读器，配备专业的音视频编辑软硬件和专业的技术指导人员。读者可以进行音视频格式转换、视频编辑、制作、图像文本的扫描；技术指导人员也可对学生从采集、整理、存储、发布等整个多媒体制作过程进行全程指导，协助其制作出融图像、动画、音视频为一体的高质量作品。另外，多媒体空间支持教师开设影视欣赏课程、影视群体赏析等。

在国内，有部分高校图书馆设置有多媒体空间，其中中国人民大学图书馆运作得比较好。该空间配有苹果图形工作站、缩微胶片阅读机、音视频编辑软件、55寸高清电视电脑一体机（可触摸）、蓝光DVD等软硬件，供缩微胶片阅读、音视频资料编辑制作与测试。该空间开放后，许多读者在指导老师和工作人员的帮助下通过小组讨论和合作，制作了一些高水平的宣传片、纪录片等。

4. 新技术体验空间

该空间引进了世界前沿的新技术产品，让用户通过亲身体验，感知新技术，丰富知识，跟进时代潮流。国外图书馆这方面做得比较成熟，他们非常注重引进先进科技产品，并配备专业的技术人员指导读者的体验。在国内，也有部分高校设立该空间，如北京大学图书馆设有苹果产品体验区和数字应用体验区，提供基于各种品牌型号的电子书、平板电脑等最新数码设备的数字应用体验服务及图书馆新服务（移动图书馆、移动经典阅读、移动多媒体课程点播等），但是没有相关专业技术人员进行支持，不能高效地发挥其空间的作用。

5. 创新空间

创新空间是一个实验、创新、学习和思想交流的空间，它为人们提供场地、材料、工具、设备和技术，使其能够进行动手性探索和参与性学习。高校图书馆构建创新空间，可以激发学生灵感，培养创新思维，提升创新能力，从而促进学生就业率，同时还是将师生所学由想法变为现实的最佳场所。近年来，美国的许多高校图书馆已经成功地引入了创新空间。内达华里诺校区的科学和工程图书馆，向学生提供3D打印机服务。工程学、化学、戏剧、艺术等学科的师生都可以对项目和研究中计算机模拟的数据进行3D打印，打印出具有3D效果的物体模型，此间还可以通过相关软件进行调整与重塑。学生们设计的机器人、气垫船和化学模型等都可以从想法变为现实。此项目一经开展，受到了广大师生的热烈欢迎。国内高校图书馆开展创新空间服务得较少，只有少数几家开设了此项目。比较成功的有清华大学、北京大学、上海交通大学等。清华大学的x-lab开设有互联网和信息技术、医疗健康、环保能源、先进制造、文化创意、新媒体、游戏、教育等领域创业项目，帮助学生学习创意创新创业的知识、技能、理念，培养学生的创造力。北京大学 2012 年 6 月创立了创业训练营，该机构成功运作，多年来，通过网络课堂、开放课堂、直播课堂、路演沙龙等多种形式服务了超过 20 万名创业青年，通过公益特训班、导师 1 对 1、投资基金和公益孵化器等多种形式，深入服务超过 1 万名优秀创业者。2016 年 10 月北京大学成立了全球大学生创新创业中心，内部功能包括新青年创客空间、创业大讲堂、创业咖啡、创新创意设计展示中心、北京大学创业训练营等，进行培育学生创新精神、优化校园创业氛围的有益尝试。上海交通大学提供 3D 打印机服务。

6. 休闲学习空间

该空间是为学生放松心神、调剂学习而设立的多样服务区。空间通常设置有咖啡厅、观影厅、展览厅等，家具配备一般颜色较为明快、活泼，造型各异，其间区域放置有书籍和报刊等，这些都因学校而异。国外高校图书馆该空间设置形式多样，但都很注重吸引读者眼球，突出自身特点，并努力营造温馨、惬意的阅读休闲环境。国内高校图书馆该空间建设态度不是很积极，家具配备一般色彩单调，造型单一。

7. 研究共享空间

研究共享空间是专门为学校的科研人员设计的学术研究空间，因此学术氛围更强。笔者认为它是学习共享空间服务的延伸，对图书馆技术人员、资源、设备的要求更高，因此，只有实力很强的高校才能创建，否则，徒有其形式，起不到多大作用。关于研究共享空间的概念，华盛顿大学图书馆是这样定义的：它是一个将学生和教师组织在一起，对各自的研究进行分享和讨论，并为他们研究的每个步骤（搜集文献、写作、出版、申请科研基金）提供支持的协同环境；是一个使学生和教师合作进行课题研究的空间；是一个可以为用户提供演讲机会和研讨室的空间；是一个可以帮助用户了解同行研究进展的空间。国外已有很多高校设立此种空间，如美国华盛顿大学、南非开普敦大学等。南非开普敦大学图书馆将研究共享空间设在僻静的 6 楼，只对学术人员和硕士、博士研究生开放，图书馆员为特定的读者提供信息需求，配备高端的个人电脑、笔记本电脑、高速互联网接入、高性能打印复印机及扫描仪等设备，设立研讨室和会议室等。

（二）图书馆共享空间的形式

1. 信息共享空间

信息共享空间（Information Commons，简称 IC）是 20 世纪 90 年代在美国兴起的在共享式学习和开放获取运动背景下，以培育读者信息素养，促进学习交流、协作和研究为目标的一种创新服务模式。

信息共享空间是一个经特意设计的学习、交流、创作和研究环境，是目前国外大学图书馆的信息服务核心，是以最先进的计算机、网络和通讯设备为基础，以丰富的知识库、电子资源和教育资源将校园内的学生、教师、技术专家、图书馆员、写作指导教师等联在一起，为读者提供一站式信息服务。因此，美国的罗伯特．希尔（Robert A.Seal）认为信息共享空间具有普遍性、适应性、灵活性和公共性等四个基本特征。

2. 第三空间

奥登伯格从社会学的角度提出社会空间分为三个层次，第一空间是家庭环境，第二空间是职场环境，而第三空间便是前两者之外的其他所有空间，如酒吧、美术馆、图书馆、书店、咖啡馆、公园等。"第三空间"是人们停留、消退、交流、思考并能够自由地释放自我的地方，是人与信息、人与人之间交流的知识共享空间"。图书馆的"第三空间"可以实现从"书本位"到"人本位"的转变。书本位强调的是静态信息，而人本位则更加强调动态知识的交流。图书馆为用户提供了一个平等、温馨、自由、互动的学习与交流空间，最大限度地发挥了图书馆的社会公益性作用。2009 年，在意大利都灵市举行的国际图书馆协会联合会上，"作为第三空间的图书馆"主题备受关注。

3. 创客空间

创客起源于美国硅谷人的"车库精神"，他们将创意点子从脑子"搬上"桌子，让越来越多的原创者自愿通过网络公开和分享自己创意源代码。自 1981 年在德国柏林诞生全球第一家创客空间后，"创客空间"概念随后在世界各国传播并引发热议。"创客空间"是美国图书馆近年来开展的一项创新服务。此项服务的目的是吸引具有计算机、艺术设计、手工制作等共同兴趣爱好的群体通过分享软件、硬件和设计观念进行聚会、社交、协同创作等活动。创客空间常被视作开放社区的实验室，整合了机器工厂、工作坊和工作室的元素，人们可以在其中分享资源和知识，以制造事物。截至2012年4月，全世界范围内建立了超过500个创客空间组织，图书馆提供创客空间开创了图书馆新的服务类型，充分发挥了图书馆空间激发创新力的作用。

4.泛在空间

泛在图书馆是数字图书馆发展历程中提出的又一新概念，是以用户为中心、重构用户需求服务方式的图书馆服务新模式，主要体现在服务范围、服务对象、服务内容、服务功能、服务空间、服务手段和服务机制等的泛在化。泛在空间是由网络设施、硬件、软件、信息资源和人有机组成的新一代的知识基础设施。它是一个无所不在的、自然的、易于使用的学习环境，任何人都可以在任何地方、任何时间、以他们身边的便携式设备来获取他们所需要的信息资源。

（三）信息共享空间建构策略

1.图书馆信息共享空间的组织结构

信息共享空间一般由总服务台、电子阅览室、个人学习空间、小组学习空间以及休闲娱乐空间组成。总服务台为读者提供基本信息服务，其中包括服务内容、项目、图书馆制度、信息服务流程等。电子阅览室则是读者获取信息的基本平台，配有多媒体计算机、打印机以及其他多媒体设备。个人学习空间则是专属于读者的学习和研究的独立空间，其中配备有常用的工具书、互联网接口等。小组学习空间则适用于专业学习以及科研活动。一般由研修室或是网络小组组成。休闲娱乐空间则是一种人性化的阅读空间，读者可以休息，或是享受多媒体娱乐。

2.信息共享空间的服务内容

信息共享空间主要提供的服务有以下几方面：

（1）信息检索服务以及数据检索处理。图书馆工作人员为读者提供其所需的各种媒体资源、设备以及设备使用的技术指导。并根据学习者的需求，例如内容或是形式，提供信息。图书馆工作人员亦可以参与到读者的研究活动之中，根据项目的发展情况，为学习者提供服务。

（2）读者培训。在信息共享空间中，读者不仅能够获得其所需要的信息，而且能够得到信息素养方面的培训。例如信息检索课程，以及其他网络数据资源的使用课程。

（3）参考咨询服务。图书馆工作人员应当为读者提供如何利用图书、期刊、报纸等信息资源的方法，帮助读者撰写论文，以及其他科研工作。

3.图书馆信息共享空间的构建策略

信息共享空间在建构过程中应当注意以下几方面内容：

（1）树立综合服务理念。信息共享空间与传统图书馆服务不同在于，其所要提供的是一种综合性一站式信息服务。因此，图书馆工作人员必须树立起信息化的服务理念。在提供服务时，应当以读者为中心，从读者的角度去思考问题，提供更为人性化的信息服务。

（2）树立可持续发展的理念。在信息共享空间的设计上，既要充分考虑当前图书馆的规模、资金。同时，也要为图书馆今后的发展留下足够的空间。在具体设计的过程中，应当因地制宜，从实际情况出发，不能盲目追求规模，而忽视质量。

（3）整合服务资源。信息共享空间之所以能够为读者提供一站式的信息服务，关键在于其利用信息化的技术将传统图书馆所能够提供的服务全都整合到一个信息化的平台。同时，利用信息化提供的技术将原有的服务质量提升到一个新的高度。因此，整合服务资源是实现信息共享空间的关键。

（4）加强信息人才的培养。信息共享空间的建构离不开高素质的信息人才。因此在建构过程中，应当注意人力资源的配置工作。一方面要加强优质人才的引入，另一方面要加强工作人员的学习和培训。同时，争取多方面的合作，也是提升服务质量的关键。具体而言，图书馆可以采用馆际合作的模式，将一些成功经验引入自身信息共享空间的建设中来。尤其是一些优质的数字化馆藏资源，可以作为完善自身信息服务的基础。

（5）加强信息服务的质量管理。信息共享空间的良性发展离不开严格的质量评价体系。质量评价应当以读者的需求为中心。从读者反馈的信息中，可以有效地发现当前服务所存在的问题。从而有效地改进工作，提升服务质量。

第六章 参考咨询与信息检索服务体系

第一节 参考咨询服务体系

参考咨询服务是图书情报部门的专业技术人员对情报用户在利用文献、寻求知识和情报方面提供帮助的活动。它以协助检索、解答咨询和专题文献报道等方式向情报用户提供事实、数据和文献线索。参考咨询工作的实质是以文献为根据，通过个别解答的方式，有针对性地向读者提供具体的文献、文献知识和文献途径的一项服务工作。它具有服务性、针对性、多样性、实用性、智力性、社会性的特点。

一、参考咨询的含义

图书馆的参考咨询即图书馆的参考咨询服务，它是19世纪下半叶在美国公共图书馆和高等院校图书馆开展起来的。随着社会信息化程度的不断提高，图书馆信息服务的内容不断丰富、方式日渐多样。网络环境下，参考咨询服务呈现诸多新特点，为参考咨询服务的称谓注入了新的内涵，出现了"网络参考咨询"、"虚拟参考咨询"、"实时参考咨询"、"合作式数字参考咨询"等概念。

从上述说法可以看出，参考咨询的内涵、外延，在不同的时代、不同的国家有着不同的理解和表述。目前，我国图书情报界对参考咨询的定义一般采用《中国大百科全书》的提法，即参考咨询是图书馆为读者或用户利用文献和查寻资料提供帮助的一系列工作，以协助检索、解答咨询和文献研究等方式向用户提供事实、数据、文献线索和研究报告，是图书馆开发信息资源的重要手段。在有些国家，图书馆参考咨询服务甚至还包括解答读者对生活问题的咨询。简单地讲，参考咨询就是信息咨询，而信息咨询，就是图书馆员对读者/用户在利用文献和寻求知识、情报方面提供帮助的活动。随着社会信息化和图书馆信息服务社会化，高层次的参考咨询已转移到以文献信息的深层次开发与智力的充分发挥为重心，运用现代化技术手段与科学方法为用户提供知识、信息、经验、方法与策略的服务。

随着网络技术在参考咨询中的应用，参考咨询的方式方法也发生了根本性的变化。一方面是虚拟参考咨询的兴起，馆员与用户之间的联系、文献传递等都是依靠网络进行的。另一方面是联合咨询的出现，参考咨询问题的解答往往依靠一馆之力是不够的，需要联合多个图书馆的咨询专家共同完成。于是又出现了"网络参考咨询"、"虚拟参考咨询"、"实时参考咨询"、"合作参考咨询"等概念。

（一）参考咨询的特点

参考咨询的服务内容不断深化与发展，其服务形式也出现网络化、现代化、多样化的趋势，致使参考咨询成为读者服务中内容最为活跃，表现出以下特点：

1. 服务性

参考咨询服务是图书馆读者服务工作的重心，要求面向用户、主动奉献、读者第一、服务至上。从本质上说，参考咨询仍然属于读者服务工作的范畴，服务性是参考咨询最基本的特征。参考咨询是在图书馆传统的工作流程采访、分类、编目、典藏、流通、阅览的基础上开展的一项重要内容。在参考咨询过程中，馆员通过个别解答读者提问，来满足读者的个性化需求，服务内容与其他部门的读者服务工作有着千丝万缕的联系，是读者服务的延伸和发展。

2. 针对性

参考咨询的选题是针对用户的具体要求，必须有的放矢地开展个性化的服务。从参考咨询服务的目的来看，它具有很强的针对性。参考咨询主要针对读者的学习、工作与生活中所遇到的问题，提供文献信息服务，以满足读者越来越个性化的服务需求。

读者需求是开展咨询服务的前提，没有读者需求，也就没有图书馆的咨询服务，所以调查了解读者的信息需求是开展参考咨询服务的基础。各类型各层次的图书馆的服务对象是不同的，参考咨询应根据图书馆的方针和任务开展读者需求调查研究，以分清工作的轻重缓急，明确服务重点。比如，公共图书馆担负着为所在地区的党政机关和有关的企事业单位服务的任务，参考咨询的重点是政府决策和经济建设；高校图书馆是为学校教学与科研服务的，其服务对象主要是教师和学生，参考咨询的重点是教育与科学技术；科研单位图书馆主要为本系统科研工作及领导决策服务，参考咨询的服务内容专业性很强。

3. 实用性

参考咨询服务的出发点和归宿都是为了满足读者需求，解决实际问题，从而达到强化情报职能和教育职能的目的。

从参考咨询工作的效果来看，具有一定的实用性。首先，读者在实际生活、工作和学习中，必然会碰到各种各样的问题，参考咨询馆员帮助读者获取资料和利用图书馆资源，节约读者查找资料的大量时间。其次，参考咨询服务还有利于深入开发文献资源，提高文献资源的利用率，为科技人员、领导决策和企业发展提供丰富的文献资源和动态信息。例如，随着图书馆情报职能增强和现代化技术的应用，高校图书馆从优化资源配置，提高服务质量、方便读者等方面入手，在保证为高校的教研工作提供服务的基础之上，扬长避短，立足实用地参与社会情报服务，为社会提供实用易得的经济信息服务。参考咨询突出体现了图书馆的情报职能与教育职能，它所表现出来的工作水平与开发能力反映了图书馆服务的优劣，参考咨询工作的社会价值体现在工作效率、社会效率和为经济建设服务的效益等方面。

4. 智力性

参考咨询的核心业务是开发文献信息资源，这是一种智能化的科学劳动，需要较丰富的知识、经验和技术。

从参考咨询所需的技术来说，它属于一种知识密集型的智力劳动。图书馆参考咨询服务不像外借流通服务那样直接简单地为读者提供原始文献，在解答读者咨询问题中，除少数的咨询问题可以仅凭借图书馆工作人员的知识和经验就能立即回答外，大部分问题都要将对文献的检索、加工、整理、分析、研究等活动结合起来，其工作的实质就是以文献查找、选择与利用为依据，向读者提供具体的文献、文献知识和文献检索途径，它是一种复杂的、学术性较强的、对服务人员素质要求较高的服务方式。例如，在一些大型图书馆，已有专门的情报研究工作，开始为政府、企业、科研开展深层次的研究服务，提供辅助决策功能。图书馆一般都设立了专门的部门或工作人员，从事定题跟踪服务、专题文献调研、编制专题文献书目、文摘、论文索引或特定的资料汇编等工作，还可以承担课题立项、科技专题查新、专利申请等更深阶段的服务。这种服务主要针对一些较固定读者，具有长期性和相对的稳定性，这要求咨询工作人员具备较高的专业技能并要付出大量额外的工作。

5. 社会性

参考咨询是一种开放性的社会服务，本质上是一种知识信息的传递、交流与反馈的过程，开放性的服务系统，无论咨询队伍或服务对象都具有鲜明的社会性特点。

图书馆是信息产业的有机组成部分，主要具有保存人类文化遗产、开展社会教育、传递科学信息和开发智力资源四种社会职能。参考咨询服务是一种开放性的社会服务系统。首先，咨询服务对象具有鲜明的社会性。参考咨询服务就是图书馆运用各种方法帮助读者解答在科研和生产中需要查阅文献资料而出现的疑难问题，为读者提供所需的文献和情报。随着社会信息化程度的不断提高及图书馆服务观念的转变，参考咨询服务的社会化程度日益加深，服务对象与范围进一步扩大。尤其是开展了合作咨询和网上咨询服务以后，其服务对象已不再限于馆内读者，本社区乃至跨地区、跨国界的有关用户都可能成为服务对象。其次，咨询队伍具有鲜明的社会性。由于科学技术的发展，科学知识与信息资源急剧增长，光靠一个图书馆的力量已无法单独完成各种资源库的建设及各种咨询问题的解答，更谈不上各种咨询软件的研制与开发。知识与资源的共建共享势在必行，咨询队伍建设的协作化与社会化进一步发展，出现了跨地区跨国界的合作咨询。再次，咨询服务内容具有社会性。随着图书馆日益融入社会信息化的浪潮之中，参考咨询服务的内容也由过去以学科咨询、专业咨询为主转向为广大用户提供涵盖学习、生活、工作等方面的各类社会化信息，以最大限度满足用户日益增长的信息需求。

6 多样性

参考咨询是一种综合性的文献信息词组服务，从参考咨询服务的内容、形式、方法来看，参考咨询都呈现出多样性的特点。

首先，读者咨询问题多种多样，来源广泛。有来自社会各个部门的咨询问题，也有涉及学科领域的专门问题；有综合性的咨询，也有专题性的咨询；有文献信息咨询，也有非文献信息咨询。当然，并非读者提出的一切问题，图书馆都应给予解答，只有属于图书馆服务范围的问题，才是参考咨询的服务内容。其次，参考咨询形式多样化。从读者提问的形式看，有到馆咨询、电话咨询、信件咨询、网络咨询等多种形式；从馆员对具体问题所采取的形式看，有文献检索方法辅导、提供文献线索、提供原文、定期提供最新资料、提供专题研究报告等。

（二）参考咨询服务内容

参考咨询服务工作的内容十分丰富，有它自己的体系。传统的参考咨询服务工作分为书目参考服务工作与解答咨询服务工作两个方面，具体包括文献调查工作、参考工作、书目工作、解答咨询工作、文献检索工作和文献提供工作。除此之外，许多研究者还把读者辅导、用户教育培训、开展专题情报研究服务、文献传递与馆际互借、参考咨询评价等也都纳入参考咨询服务的范围。

现代信息技术的飞速发展，给图书馆带来了全新的网络环境。在网络环境下，参考咨询服务除了原有的咨询服务内容，如开展书目咨询、解答读者提出事实型咨询问题外，还增加了许多新的内容，包括网上图书馆介绍、图书馆知识性咨询服务、网络目录咨询服务、网络专题咨询服务、用户培训服务、提供镜像数据库服务、网络咨询协作系统建设、帮助读者选择和使用数据库、OPAC业务培训、联机实时帮助、运程检索服务、电子邮件服务、LISTSERVS服务系列（含LIBRDF-L参考馆员邮件和STUMPERS-L挑战性咨询问题邮件服务等）、网络检索工具介绍与评估、咨询数据库建设和网络信息提供服务等。网络参考咨询是以电子文献、数字化文献或网络信息为基础，以计算机检索和网络检索为方式，通过网络对本馆的一切用户进行的各项问题解答活动。

因此可以看出，图书馆参考咨询的内容范围是处于不断发展变化之中的，传统的参考咨询服务是以纸质文献为基础、以手工检索为方式、以本馆读者为对象而进行的各项问题解答活动；而网络环境下的参考咨询，在服务内容上更新、更丰富，在服务范围上更广，在服务层次上更高。可以说，传统参考咨询是网络参考咨询的基础，而网络参考咨询是传统参考咨询的发展和延伸，两者体现了历史的延续性。目前大、中型图书馆参考咨询服务的内容，主要有解答咨询服务、书目参考服务、文献检索服务、用户教育服务和专题情报研究服务等。

1. 解答咨询服务

解答咨询服务，即对读者提出的一般知识性问题，如有关事实、数据等的问题，通过查阅有关的检索工具，直接回答读者；或指引读者利用某一检索工具，直接查阅有关资料，以求得问题的解决。解答咨询服务作为参考咨询服务的最初形式，是参考咨询服务最常见的服务内容。其解答咨询的方式主要有口头回答、电话回答、E-mail 回答、表单回答等。对于一些常见问题，很多图书馆是通过设置咨询台或开展 FAQ 服务来解决的，这是一种非常有效的做法。

2. 书目参考服务

书目参考，是对读者提出的一些研究性问题，如专题性、专门性研究课题等，通过提供各种形式的专题文摘目录索引，供读者查阅所需文献资料，以解决有关课题的咨询。由于它不直接提供具体答案，只提供资料线索以供解决有关问题时参考，所以被称为"书目参考"，或"专题咨询"。对于一些未经提问或常设的课题，不少图书馆通过编制专题目录、索引与文摘，主动提供文献信息，开展书目情报服务，成为传统参考咨询服务的一项重要内容。而网络参考咨询服务中的"学科导航"、"本馆资源导航"以及书目数据库建设，则是网络环境下的书目参考服务。

书目参考工作的立足点是文献信息加工。选题应以客观需要为依据，在选择材料时，要求对某一特定范围内所必需的文献，做到尽可能全面、系统、收录完备。

3. 信息检索服务

信息检索是指将信息按一定方式组织和存储起来，并按需检索出有关信息的过程。信息检索按手段可分为手工检索和计算机检索，按检索对象可分为文献检索、数据检索和网上信息检索等，按服务项目可分为一般课题检索、定题服务检索、查新服务检索等，按课题性质可分为事实型检索、专题型检索、导向型检索、综合型检索等。传统的信息检索以文献检索为主要内容，现代的信息检索以数据库检索和网上信息检索为重要组成部分。"网络导航"、"学科导航"、"本馆资源导航"、"学科信息门户"和"特色库"的建设与利用，是新时期信息检索的重要工作内容和信息检索资源。

4. 情报研究服务

情报研究服务是图书馆对文献信息进行分析与综合的一种服务，主要是通过对某一时期或某一领域的文献信息进行分析与归纳，并以研究报告的形式提供给用户。其功能在于通过对大量文献进行分析研究和综合，为读者提供浓缩的、系统化的情报资料，为预测研究和决策研究提供参考。

情报研究服务主要有定题服务、专题剪报服务、专题数据库建设等多种形式。

5. 用户教育服务

图书馆作为重要的文化科学教育机构，是社会公众进行终身学习和教育的重要课堂。这种教育是通过社会公众阅读的方式，来传递科学文化知识的社会活动，是社会公众自由地利用图书馆来学习知识和更新知识的活动，是任何学校教育都无法比拟的。随着时代的发展，图书馆开始大量应用计算机技术、网络技术，使读者利用图书馆的难度加大。网络信息的利用对读者素质提出了更高的要求，没有较高的文化水平，不熟悉网络图书馆的内部结构，不具备一些基本的计算机和文献信息检索方法的读者是无法从网上获取信息的。因此，在传统图书馆向数字图书馆转化的过程中，大力开展用户教育，培养用户的综合信息能力尤为重要。

二、参考咨询工作体系

参考咨询工作的开展涉及多个方面的因素，如咨询台、咨询人员、参考文献源、咨询内容、咨询模式等。各个因素相互依赖、相互作用，共同形成参考咨询工作体系。因此，采用系统的观点来分析参考咨询体系的构成要素、明确构建原则、合理配置各项咨询要素、规范工作模式，将有助于提高参考咨询工作的效率和质量。

（一）参考咨询体系的构成要素

构建合理有效的图书馆参考咨询体系，首先必须明确其构成要素。参考咨询体系的构成要素很多，主要包括以下六个方面。

1. 咨询对象

不同的图书馆具有不同的任务、不同的用户群体，参考咨询工作首先应根据图书馆的根本任务，分析用户群体的构成、需求特点，确定参考咨询服务对象。

2. 服务内容

在用户需求分析基础上确定参考咨询工作的服务内容和服务形式。目前，图书馆提供的咨询内容丰富多彩，形式多种多样。在服务内容上，有针对图书馆基本情况的问题，如馆室结构、藏书布局、机构设置、服务项目（包括基础服务和扩展服务）、开放时间、规章制度等方面的一般性问题；也有比较专深的检索类问题；还有各种宣传活动和专题讲座等，如各种信息发布、信息资源的宣传、文献检索方法的培训、网络资源导航、观看录像、组织实地参观、文件传输和视频点播（VOD）服务、学术讲座、专题展览等。此外，文献资源的数字化建设和专题数据库建设也是参考咨询的重要内容。在服务形式上，馆员与用户互动，有面对面的交流、通信、电话、传真、E-mail、虚拟咨询台等咨询方式。各馆面对的用户群体不同，其信息需求也不同，参考咨询的服务内容应根据用户实际需求进行选择。

3. 参考咨询员

参考咨询员是咨询的主体，是整个咨询体系中最活跃和最具决定性的因素。一般大型图书馆都建立专门的咨询部门，配备专职的参考咨询员，开展各种咨询服务。参考咨询员的业务素质和工作态度对咨询的成败和质量具有第一决定性的影响，因此，选择优秀的参考咨询员是咨询工作的首要内容。

4. 参考信息源

参考信息源是开展参考咨询工作所必需配备的各种常用文献资源，包括各类检索工具书和电子资源。对于一些简单的常规性问题，咨询人员通常可以凭借其知识和经验即时解答，但是对于比较复杂和专深的问题，咨询人员则必须借助一定的咨询信息源才能做出解答。这些咨询信息源通常包括各种工具书和数据库，但在必要时还需综合运用多种文献信息资源。即使是针对用户在利用图书馆场所、设施和组织策划服务中提出的咨询问题，有时也需要一些特殊的咨询信息源，例如，有关该项服务的介绍资料、服务制度和规定、设施设备的使用说明书、成功案例资料、合同样稿、多媒体演示系统等。

5. 参考咨询平台

参考咨询工作要有一定的场所、设施和其他技术手段来支持，它们的总体可以视为一个参考咨询平台。参考咨询平台包括参考咨询服务台、参考工具书、电话、电脑、打印及网络设备、文献资源数据库等。图书馆一般在馆内设置总咨询台，并配备专职或兼职的总咨询员。总咨询员应对全馆的基本情况和各业务部门的服务内容和程序都有比较深入的了解，并且最好能够熟练使用各种工具书、熟悉本馆目录系统和常用数据库的基本检索方法，以备用户对这些问题的咨询。

6. 咨询规范

咨询规范规定了开展咨询工作的方法、程序和制度，是使咨询人员、咨询信息源和咨询平台联合在一起的桥梁。咨询规范的内容主要包括：咨询服务管理办法、咨询受理和服务程序、用户咨询须知、咨询服务公约、咨询收费标准、咨询合同和咨询报告的标准文本格式、咨询档案和咨询统计管理制度以及图书馆的相关规章制度和国家的相关法律法规（如《科学技术保密规定》）等。对于一些特殊性质的咨询工作，还必须遵守国家有关的专门规范，例如，科技查新咨询就必须严格执行科技部制定的《科技查新机构管理办法》和《科技查新规范》等规范文件，建立一套完善的咨询规范体系，对咨询工作进行规范化管理，这是提高咨询服务水平的重要保证。

上述几个要素相互支持、互为一体、相辅相成、缺一不可，共同组成了图书馆的参考咨询体系。

（二）参考咨询体系的构建原则

在以上思路的基础上，各图书馆应结合本馆实际情况，协调各项咨询要素的建设与配置，力争构建一个全面、高效、优化、开放的综合咨询体系。参考咨询体系的构建必须根据图书馆的实际需要，同时坚持如下原则。

1. 坚持"以人为本"

从我国参考咨询发展现状可以看出，图书馆参考咨询服务是围绕资源展开的，而不是围绕用户需求展开的。参考咨询注重馆藏文献资源的利用与开发，而忽视对用户需求和围绕用户需求的现代信息服务保障体系的研究。参考咨询是用户与馆员之间的交流行为，说到底是人与人之间的交流行为，因此参考咨询要牢固树立"以人为本"的原则。首先要以用户为中心，深入研究用户需求特点，建立综合信息服务体系，尽可能为用户提供各种方便，满足用户的各种合理要求；其次，要以馆员为本，通过营造方便、舒适、快捷的咨询工作环境，充分调动馆员的积极性、能动性和创造性，开展深层次的服务，提高参考咨询服务的水平。

2. 坚持服务至上

参考咨询本身就是服务的重要组成部分，其目的也是为了提高服务的质量和效率，它与服务是互为一体的。因此，要坚持在咨询中服务，在服务中咨询，以咨询促进服务，以服务推动咨询。只有坚持咨询与服务的紧密结合，才能谋求图书馆服务与管理的不断发展。

3. 坚持分工与协作相结合

图书馆本身是一个协作性非常强的机构，参考咨询用户来自社会各行各业，咨询问题五花八门。用户需要的是具有参考价值的、高质量的、特殊的个性化信息，而不是优劣混杂、质量低下的相关信息。要回答用户的各种咨询问题，往往依靠一个图书馆的力量是远远不够的，所以参考咨询工作中既要有所分工，各司其职，又要体现团结协作，联合多个图书馆的咨询专家共同开展咨询服务，满足各个社会领域的众多用户对信息的不同层次、不同角度的需求。

4. 坚持实用性

参考咨询工作体系的建立应突出实用性，包括服务内容要坚持全面性，能够覆盖图书馆的全部服务领域；反应机制要坚持高效、快速、敏捷，并且在运行过程中不断优化；咨询服务要对用户呈现最大限度的开放性，让用户和馆员都能感觉到咨询体系的存在，感觉到咨询体系的运行和动态性特征。

（三）参考咨询体系的评价

对所构建起来的参考咨询体系，图书馆应组织定期评价化和改进。在评价时主要可以从以下两个方面加以考察。

1. 评价各项要素的建设状况

主要考察各项要素的建设与配置状况能否满足咨询工作的需要，如咨询人员数量是否足够，资质是否合格，结构是否合理；咨询信息源是否全面充分；咨询平台功能是否齐全、优良；咨询规范体系是否健全，咨询档案记录和业务统计制度是否规范；各项要素的配置是否合理、优化等。

2. 评价参考咨询体系运行状况和效果

主要考察综合咨询体系的运行是否顺畅，运行效果如何，是否达到预期的目标，是否确实促进了图书馆的各项服务和管理工作；咨询工作的业务数量有多少，各类咨询业务的分布情况如何；用户是否满意，满意率有多少，满意程度如何；所建立起来的咨询体系是否有疏漏，是否覆盖了图书馆的全部服务区域，是否体现了综合咨询体系的最初理念，是否确实和始终坚持了事先确定下来的那些指导原则等。

在具体的评价工作中，可以事先制定一系列比较详细的评价指标，将这些指标与实际情况加以对照比较做出评判。应该说，当前我国图书馆事业的发展是相当快的，许多图书馆的服务领域不断扩大，服务手段不断革新。与此相应，咨询工作和咨询理论也应谋求不断发展和创新。

（四）参考咨询服务的方式

1. 参考咨询台

参考咨询台方式是每个图书馆采用的主要方式之一，它是一种传统的参考咨询服务方式。具体的做法是，在图书馆设立参考咨询台，有专门的馆员负责接受用户的咨询，一般来说，这些工作人员具有一定的专业知识与图书情报知识。

参考咨询台是一个图书馆对外信息服务的窗口之一，以简单方便的形式存在于图书馆信息服务中，发挥着重要的作用。它的处理过程是：读者或用户亲自到图书馆提出咨询问题，工作人员进行问题解答，如果不能马上解决的，可以将问题、要求及用户本身的信息备档，在往后时间里查询解答并通知用户。

2. 电话服务

电话方式可以方便地服务于远距离用户，它让用户不必亲自到图书馆来，而是通过电话提出咨询问题，工作人员记录问题并进行回答。这种方式的条件是必须在图书馆有专门的咨询处安装供用户咨询用的电话,并有专门人员负责接听。

优点是能远距离提出问题，省却距离带来的不便。同时，电话交谈可以进行语言沟通，杜绝许多问题的歧义。缺点也是明显的，即服务时间有限，由于咨询问题的难易程度不一样，咨询馆员对问题的解答可能不及时或最终解答时间不能确定，往往会导致用户不能在某一确定时间获取答案，造成用户多次电话询问。这种方式对用户的事实型咨询较为方便，而对检索型和研究型咨询较为不便。

3. 公告板或讨论组

由于网络技术的发展与应用，图书馆可采用系统或讨论组形式。这种形式具体做法是，图书馆网站提供这些功能，用户可以自由地在图书馆这些系统中，提出自己的问题发布在网页上，图书馆馆员则定期浏览，回答用户的问题，如不能回答，也可将其发往讨论组中，寻求问题的解答。

用户只要能够联上图书馆网页，均可发布自己的咨询要求，由于是文字提交方式，用户有较多时间仔细考虑问题提出的细节与要求，一般会较为准确。馆员回答方便且时间充裕，它能通过电子邮件或仍以公告板方式返回用户答案。这些问题的解答也可以长时间保留在系统中，某一类具有代表性的问题，可以起到解答多人的作用，并形成数据库。缺点是对一些隐密性强的问题，网页上不便发布。

4. 电子邮件

利用电子邮件开展服务是国内外图书馆最早开展的一项虚拟参考咨询服务方式，是最普通也是最常用的一种方式。这种方式一般在图书馆网站主页或某个网页上设立"参考咨询"或"询问图书馆员"的 E-mail 链接。只要拥有电子邮箱的用户，就可通过该链接将咨询问题以电子邮件方式发送给相应的咨询馆员，咨询馆员再以电子邮件方式将答案发送给用户。

其具体实现主要有下面两种形式：

第一、在某些页面，直接做一电子邮件链接，直接链接到与此相关的工作人员地址。在这些页面上，一般会写明对用户咨询的条件与要求。

第二、在某些检索页面，做电子邮件传送功能。比如在某些电子期刊、数据库查询系统 OPAC 中，对检索结果的处理或问题的咨询，做一邮件地址的链接。这些邮件，可能是直接给某一个人，也可能是发送到图书馆某一部门，再进行分发解决。在电子邮件咨询服务活动中，一般都要有事先的服务说明，遵循一定的规则。如对服务内容的详细介绍、对服务对象的限定、对是否回答的问题种类的划分、工作人员对邮件信箱检查的次数及间隔时间、回复用户的时间限度、回答问题的优先顺序、对用户保密保证等。

电子邮件方式具有方便性和隐秘性，用户只要有自己的电子信箱，就可以通过这种方式，提出咨询要求，用户有足够的时间整理自己的提问。同时自己的问题要求，也不会被别人所获知。对于远距离的不能亲自到图书馆咨询的用户，较为便利。由于它的优点，使得这种服务方式极易在图书馆中利用和扩展。

电子邮件方式由于处理时间的原因，用户对于咨询问题所获得的回答会不及时，有一定时间差，对于用户的帮助会显得较迟。这种方式，一般会对用户有一定的限制，即会由邮件地址来判断是否是图书馆所提供服务的对象，并且必须有电子邮件信箱才能接受服务，同时它不是交互式的，一旦问题提出，咨询结果收到，这中间可能出现的一些误差、歧义无法得到及时的纠正与再答复。

5.FAQ 服务

FAQ 服务是常见问题解答服务。它是图书馆根据长期的参考咨询实践经验和对用户的调查，将用户最可能问到的或实际问到的一些问题及其答案，进行分类整理，建立一个常见问题解答数据库，并在图书馆 Web 站点主页的显要位置建立链接，以便用户查询。读者可以通过对 FAQ 进行浏览或者查询，解决自己遇见的有关问题。一个界面友好、检索方便、回答问题清楚全面的 FAQ 是虚拟参考咨询环境重要的组成部分，也是参考咨询馆员提供虚拟参考咨询服务时有价值的参考源。

6.Web Form 表单服务

即在虚拟咨询台设置 Web 表单，用户通过填写 Web 表单来提问。这种方式多用于网站中的调查问卷及咨询提问之中，它要求用户咨询一个问题，必须准确填写图书馆网页上已经制作完毕的表格，然后提交。这种做法的好处是，能够让用户提出的问题具有准确性，并且信息面广，对问题的解决更有帮助。它通过表格方式接受数据，经过服务器处理，进入网站数据库中，馆员在一定时间内，打开这些数据库，逐一加以解答。这些表格一般要求填写的项目有：姓名、住址所在地、电子邮件地址、需要回复的最后期限、所要咨询信息的类别及详细内容。用户就本咨询内容已经知道的解答与信息资源，用户职业等。当然，最后咨询人员的回答也大多是通过邮件方式实现的。但在表格处理中，它背后会有一定的数据库支持，有详细的用户问题备档及信息跟踪，这些问题的回答也是完全按照一定的样式制作返回用户的。

Web Form 表单服务方式，在 Internet Public Library 的网上咨询中，应用较为典型。在这个网站中，用户通过网上表格或电子邮件方式，如果用户的浏览器不支持表格提交问题，网站通过软件系统进行处理。

7.网上实时咨询服务

（1）聊天式参考咨询。通过 QQ、MSN 聊天室等方式，与用户进行实时交流。用户以电子方式提交咨询问题，然后馆员立即回复用户，传送解答，就如同聊天式咨询服务，解答用户提出的问题。要充分发挥聊天软件提供的功能，比如 QQ 软件，除了最简单的对话框聊天以外，还可以利用它的语音视频聊天功能、群组功能、发送文件、远程协助等功能，更好的为读者服务。实时咨询服务方式，主要是以文本 Chat Reference 方式传送信息。一般有专门的聊天软件作为支撑，这种软件类似于可定制的私密聊天室。一般在图书馆主页上有聊天咨询服务的入口，用户通过输入用户名和密码等进行身份认证后，即可进行服务交谈。美国现在大约有 30 个高校图书馆、政府机构、公共图书馆开展了这种咨询服务形式，采用了 20 多种不同的实时数字聊天软件。这种方式，它的最大优点是其即时性与交互性，用户只要在能上网的地方，使用用户名与密码进行登录，即可以提出问题，得到即时解答。在图书馆一方，如果有用户登录，警示系统会通知工作人员接收信息并进行交谈，由于其交互性强，用户与工作人员之间可以随时就含糊的表达进行澄清，就信息资源的内容及使用方法进行介绍，它对指示性问题解答尤其有效。

（2）网络视频会议方式。这种服务形式，主要是通过视频会议技术建立咨询馆员与用户之间的联系。用户与咨询馆员通过视频软件，接收用户的咨询提问，同时还能听到用户的声音，看到用户丰富的表情，给人一种身临其境的感觉，双方交流更方便。美国和日本有不少大学图书馆已经开始尝试利用远程视频会议技术进行虚拟参考咨询。

美国加州大学分校图书馆使用这种服务是一个典型例子。他们利用网络会议软件在科学图书馆参考咨询部与医学院计算机实验室之间建立定时的网络会议连接，学生和咨询人员可通过图像、声音来传递咨询问题，可通过聊天模块来传递文字信息，可通过白板来绘图。同时还可开启并发浏览器窗口进行数据库检索，并将结果拷贝到聊天模块或白板上进行传输。这种方式，需要一定的设备和高速通畅的网络为保障，其中用户与咨询人员两端设备都需要安装有上述软件，还必须有摄像机、麦克等设备。同时还要有通畅的网络连接，以保证图像与声音的快速传送。

（3）网络呼叫中心。呼叫中心是基于语音交换与信息处理集成系统，通过电话和服务坐席向读者提供多种业务。基于 Internet 网络呼叫中心在传统电话呼叫中心的基础上充分地利用 Internet 网延伸了呼叫中心业务范围和功能。系统利用 VOIP 技术实现数据和语音的同步传输，实现远程坐席，分布式呼叫中心，为读者提供更为全面服务。

8. 合作化的虚拟参考咨询

随着服务的范围越来越广，读者咨询的问题越来越复杂新颖，读者的咨询量越来越大，单个图书馆在现有的咨询人员、硬件设施等条件下，很难完全满足读者的咨询需求，也很难做到理想服务模式。在这种情况下，各图书馆联合起来，进行合作化的虚拟参考咨询服务，就显得尤为重要了。比如：湖南大学图书馆、湖南图书馆、湖南省科技信息研究所三家发起的"湖南省文献资源共建共享协作网"。该协作网面向成员单位的读者和广大的互联网用户提供文献信息参考咨询服务。在线读者通过在留言板填写咨询登记表向咨询员在线递交咨询请求，咨询员将在 24 小时内响应。书目和篇目信息发布在留言板，原始文献将发到读者的电子信箱。对于读者的一般性问题，工作人员在收到请求后 24 小时内将给予答复或响应。需要检索大量文献的课题服务，在响应后 2 天内向读者传递首批所需文献或与读者协商解决，课题解答期限最长不超过 7 天。这种合作式虚拟参考咨询，不仅实现了资源共享，还实现了智力共享、专家共享、服务共享，受到广大读者和参考馆员的欢迎。

国外在网络合作咨询方面也作了许多有益的探索。如：英国的 EARL 系统在 1997 年就建立了一个称为 "Aska Librarian" 的合作咨询系统，现有 60 余个成员馆参与了网络合作咨询。美国教育部资助的"虚拟咨询台"（Virtual Reference Desk）系统以 80 多个专家咨询网站为基础，对中小学师生提供 24/7 的全天候专家咨询服务，系统自动利用所有专家咨询网站的资源解答读者的问题。2000 年美国国会图书馆提出的"合作数字参考咨询服务"计划，打算建立一个全球性的基于网络的合作数字参考咨询系统。

三、数字参考服务系统

（一）国内数字参考服务系统

我国的数字参考服务系统起步晚，发展快。我国 CDRS 结合国内图书馆参考咨询服务的实际，借鉴国外 CDRS 的成功经验，走适合我国国情的合作数字参考咨询服务道路。加快咨询软件的开发，建立服务质量评估与反馈机制，建立知识产权保护机制，建立高质量的知识库。1998 年 8 月，国家图书馆牵头联合 13 个图书馆和信息机构筹建了"全国信息咨询协作网"，但该系统只是将几个单位的邮件集合到了一起，未实现信息资源和人力资源的共享；2005年12月，浙江图书馆、浙江大学图书馆和浙江省科技信息研究所合作建设的浙江省联合知识导航网开始启用，该系统没有实时咨询；2003年启动的CALIS分布式合作式参考咨询系统服务方式包括实时咨询和非实时咨询，2006年3月投入使用。

1.CALIS分布式联合虚拟参考咨询系统项目

CALIS分布式联合虚拟参考咨询系统项目（CALIS Distributed Collaborative Virtual Reference System，简称CVRS）于2003年初立项。该项目旨在构建一个中国高等教育分布式联合虚拟参考咨询平台，建立有多馆参加的、具有实际服务能力的、可持续发展的分布式联合虚拟参考咨询服务体系，以本地化运作为主，结合分布式、合作式的运作，实现知识库、学习中心共享共建的目的。该系统由中心级咨询系统和本地级咨询系统两级架构组成，中心咨询系统由总虚拟咨询台与中心调度系统、中心知识库、学习中心等模块组成；本地级咨询系统由成员馆本地虚拟咨询台、各馆本地知识库组成。这种架构方式既能充分发挥各个成员馆独立的咨询服务作用，也能通过中心调度系统实现各成员馆的咨询任务分派与调度。CVRS最终将构建包括本地服务、地区服务、全国服务在内的三层服务共享体系，其中心知识库的问题上交到Quest Point知识库，与国外的合作数字参考咨询挂接，最终形成全球化合作。

2.网上联合知识导航站

上海市中心图书馆网上联合知识导航站是在上海市文献信息资源共建共享的基础上，由上海图书馆牵头，联合上海地区公共、科研、高校等图书馆建立的虚拟参考站（Virtual Reference Station，简称VRS）。导航站于2001年5月28日起运行服务，开创了我国合作提供分布式资源调度程序（Distributed Resource Scheduler，简称DRS）的先河。该系统现有包括来自美国资深参考馆员在内的共30余名参考馆员，面向全国用户提供表单咨询、FAQ浏览与检索等，其非实时咨询两个工作日内予以答复。

3.中国科学院合作数字参考咨询

国家科学数字图书馆科学参考咨询台是由中国科学院国家科学数字图书馆项目投资研建，2003年4月正式投入运行。该系统是中国科学院文献情报系统推出的一项DRS和知识导航服务，以中国科学院文献情报系统的馆藏资源为基础，以丰富的网络信息资源和先进的信息检索技术为依托，以中国科学院前沿领域的科学家和资深的图书馆员作为咨询专家，通过开发和利用学科知识、馆藏资源和网络信息资源，实现网上学科文献信息咨询服务和专业知识咨询服务。

4. 全国图书馆信息咨询协作网

由国家图书馆信息咨询中心主办，以中国国家图书馆为依托，建立的一种网员制咨询服务协作网。其主要宗旨是：通过网员间的优势互补，共同创造一个良好的信息服务环境。实现信息资源和咨询专家共享以及全国图书馆界的合作。目前协作网的成员已达到13家。公共图书馆有：上海图书馆、桂林图书馆等，高校图书馆有：河北大学图书馆、上海交通大学图书馆等。提供事实性问题的简短回答以及专业研究的各种线索和导航。通过公布协作网各成员馆的咨询服务特色及其 Email 地址，解答用户的提问。

5. 图书馆专家联合导航系统

图书馆专家联合导航系统是由广东省立中山图书馆、超星数字图书馆、中国社会科学院、广东省公共图书馆、解放军医学院图书馆等单位的参考馆员以及网上知识渊博、热心参与的读者共同组成导航队伍，以图书馆馆藏资源为基础，以因特网的丰富信息资源和各种信息搜寻技术为依托，每天24小时为社会提供网上参考咨询和文献远程传递服务。

该系统与数字图书馆紧密结合，采用 BBS 技术、电子邮件技术、超文本链接技术、远程浏览和下载等技术，是一个非常实用和高效率的数字图书馆参考咨询平台。该系统已经实现了无须通过任何传统的工作流程，而完全利用数字化技术提供即时信息的服务模式。它可以实现联机实时提问和解答。当咨询员在网上发布咨询答案的同时，系统还能自动地给提问者发出一封电子邮件，通知读者收取答案。另外，系统还允许读者在线阅读原文，或者把电子图书下载到本地硬盘上来阅览。

（二）国外数字参考服务系统

较早、较典型的是英国公共图书馆网上信息获取项目（EARL）于1997年推出的一项名为 Ask A Librarian 的服务。美国在这方面的探索成效较为突出。1999年1月，美国国会图书馆提出了建立和开展联合数字参考服务的建议方案，标志着美国 CDRS 的诞生，2000年1月正式启动实施。随后，美国国会图书馆与

OCLC合作又推出了全球性合作的数字参考咨询系统Question Point。

1. 美国虚拟咨询台VRD

VRD（Virtual Reference Desk）是由美国教育部资助建立的咨询系统，它是一个分布式Meta-triage系统和多个Ask A Librarian网站构成的专家集成系统。它以许许多多的专家咨询网站为基础，为全美广大中小学师生提供247的专家咨询服务。目前，已有80多个成员馆参与合作。

2. Question Point

QP系统是美国国会图书馆、OCLC和全球多家图书情报机构于2002年联合推出的基于网络合作的数字化参考咨询项目。由专家库、知识库和资源库组成，是全球性合作式数字参考咨询服务系统。该系统通过世界各地图书馆共同参与，实现数据资源和智力资源的共享。它综合运用了FAQ、E-mail和实时交互技术，最全面地体现了数字参考咨询服务的新特征，代表了参考咨询服务的发展趋势。目前全球已有300多家各种类型的图书馆和虚拟咨询服务机构参加。

3. Ask A Librarian

Ask A Librarian是EARL 1997年11月推出的一项合作参考咨询服务。该系统于1997年11月推出，当时共有40多个公共图书馆参与，目前的参与合作者已超过160个，包括如文化部、媒体与体育部、教育和劳工部、图书馆联盟、英国图书馆和信息网络办公室等合作者。该系统对成员馆管理采取轮流值班制，轮值馆员负责接收系统界面提供的用户咨询的问题，然后以E-mail方式回复用户。

四、数字参考馆员

进入21世纪，现代信息技术给图书馆提供了扩展参考咨询服务的良机，"信息咨询"、"网络导航"、"知识顾问"正成为参考馆员新的职责。

参考咨询人员的素质对咨询工作至关重要，特别是数字参考咨询服务对咨询人员的素质要求就更高了。国外对于参考咨询服务的人员素质要求较高，美国要求咨询人员至少拥有图书馆学硕士学位。而在我国，由于图书馆工作不被重视，我国的图书馆咨询人员一直较为短缺，咨询人员的素质水平也不高。近年来，随着图书馆工作的重要性不断提高，我国图书馆咨询人员的素质很到了一定提升，拥有学士学位的咨询人员占到了总咨询人员的90%以上。而数字参考咨询服务对咨询人员的素质又提出了更高的要求。数字参考咨询服务的咨询人员不仅要有图书馆专业知识和一般的信息检索能力，还要有良好的计算机知识和运用计算机进行各种工作的能力。具体来说，对图书馆数字参考咨询服务的咨询人员的素质要求主要体现在以下几个方面：

1. 良好的道德素养

咨询人员应具备良好的道德素养、爱岗敬业、乐于奉献。参考咨询工作比较单调、乏味，而要保证参考咨询服务的质量，咨询人员必须热爱这项工作，甘于奉献。良好的道德素养是图书馆数字参考咨询服务人员首先应该具备的素质，这一点体现了咨询人员的主观意志，是咨询人员能够充分发挥其他素质和才能的前提。如果没有良好的道德素养，咨询人员即使拥有较高的技能素质也不会完全地发挥到工作中来，不会为服务客户做出贡献。

2. 图书馆专业知识

图书馆数字参考咨询服务是在图书馆参考咨询服务的基础上发展而来的，因此，数字参考咨询服务人员应该具备传统参考咨询服务人员的基本素质。而图书馆传统参考咨询服务人员应该具备的基本知识即是图书馆专业知识。因此，数字参考咨询人员应该接受过系统的图书馆知识的学习或培训。数字参考咨询人员应该了解图书馆的图书组织结构以及相应图书检索的方法。除了具备图书馆专业知识外，数字参考咨询人员还应具备情报学的基本知识，掌握信息组织、信息检索和一般方法。这将有助于为用户提供更高效率的服务。

3. 计算机网络知识及技能

数字参考咨询服务和传统参考咨询服务最大的不同就在于数字参考咨询服务的大部分工作需要在互联网上进行，这就对数字参考咨询服务人员应用计算机和网络的能力提出了新的要求。咨询人员应该掌握数据库的构建、维护和检索的技能，要能根据图书馆馆藏目录建立相应的图书馆文献检索数据库。另外，咨询人员要掌握计算机检索技术，除此之外，数字参考咨询服务人员还应该熟练掌握常用软件的使用方法，如 Office、Note Express 软件等。只有具备了以上的知识和技能，咨询人员才能在数字化和网络化的今天给用户提供更优质的服务。

4. 各领域专业知识

数字参考咨询服务咨询人员除了要掌握图书馆学等专业基础知识外，还应该对其他各领域的专业知识都有所了解。因为图书馆数字参考咨询服务面向的是各个学科领域的用户,而为了能给用户提供更好、更准确的文献信息,图书馆的咨询人员必须能够确定用户的需求分析。因此,图书馆数字参考咨询服务的咨询人员必须对各个专业的基础知识有所了解。同时,咨询人员还应该积极主动地学习,了解各学科的理论前沿和最新的研究动态,以更准确地理解用户的需求,为用户提供更好的服务。

5. 外语水平

数字参考咨询服务的咨询人员还应该具备良好的外语水平,尤其是英语水平。这是因为,英语是目前国际学术研究中的通用语言,大量的文献、专利、科研报告都是用英语写成的。全世界最大的几个文献数据库的检索语言都是英文,如世界著名的科学引文索引(SCI)。数字参各咨询服务的咨询人员要掌握最新的信息和科研文献资源,英语是必不可少的工具。

6. 进取意识

很多人认为图书馆的工作比较清闲,压力小,不需要付出多少努力就能将工作做好。但实际上,数字参考咨询服务的咨询人员要想完成好本职工作,必须具备强烈的进取意识。数字参考咨询服务质量的好坏关键在于咨询人员的素质,咨询人员需要认清自身水平对于服务质量的影响,主动地提高自身的素质水平。咨询人员应该在工作中不断地积累知识和经验,不断地完善自己,追求自身素质的提升和自我价值的实现。

7. 跟踪服务能力

一项数字参考咨询服务完结后,并不意味着咨询服务工作的结束。咨询馆员还应肩负起两方面的职责:一方面,判断用户对检索结果是否满意;另一方面,负责向用户推介其他信息源,即使这些信息源在本地图书馆无法获得。咨询馆员应该:向用户询问是否已经完整地解答了咨询问题;鼓励用户随时反馈以寻求帮助;在用户对信息源有所了解后,咨询馆员再尽可能地对用户进行指导;通过联合其他机构、团体、图书馆和与问题相关行业部门竭力向用户提供最优质的信息服务,保证信息量的需求和信息源的供给;向用户推介其他图书馆或信息机构时,在信息服务手段上通过多种可能方式向用户提供方向和建议,尽可能多地提供信息;当用户对咨询的结果不满意时,咨询馆员负责向用户推介其他有可能符合用户要求的信息源或学术团体、科研机构。

第二节　信息检索服务体系

信息检索服务的概念通常与信息检索及文献检索混淆，但它们是不同的，前者指的是服务理念，而后者更多指的是技术和过程。对它们的区分，可以更好地理解信息检索服务，也有助于图书馆信息服务的开展。

一、信息检索服务

信息检索广泛地应用在经济社会各领域，对提高管理和服务效率起着重要的作用，而图书馆信息检索服务注重的是在用户的信息需求与丰富的信息资源之间建立一种有机的联系。

用户的信息需求有潜在需求、认识需求和表达需求3个层次。表达需求是用户能够表达出来的需求，需求明确；认识需求与潜在需求是用户认识到，甚至是没有认识到的需求。针对用户不同层次的信息需求，信息检索服务有不同的方法（见图6-1）。

数字时代的信息检索服务是以Web网站为依托的信息检索服务，利用广泛的数字信息资源，根据用户特定的信息需求，主动地提供信息的服务系统。它有机地将用户信息需求和信息资源结合起来，是以用户为中心的服务理念的体现。

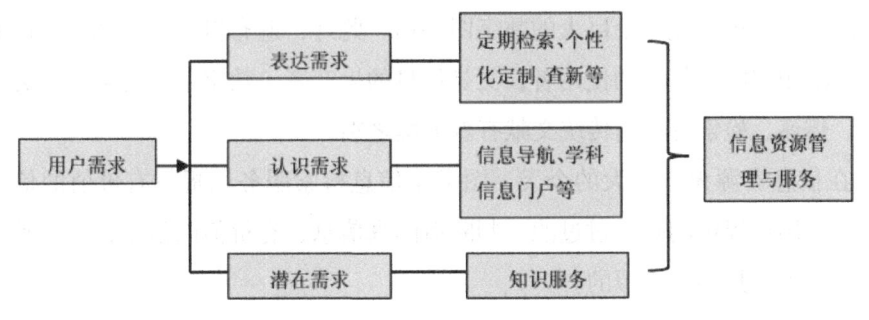

图 6-1 信息检索体系的内容

信息检索服务与信息检索这两个概念最大的不同在于信息检索服务是以用户需求为中心，并用一定的服务理念与方法去解决问题，有经营理念与相应的对策方法，是从整体考虑的。而信息检索则相对单纯。当然，信息检索技术是基础，图书馆要做好信息检索服务，需要时刻跟踪与利用信息检索技术的最新发展成果。

（一）信息检索服务特点

1.信息检索服务的核心理念是"以用户为中心"

传统图书馆是以发展完备的馆藏为主要目的，信息检索以严格的信息揭示和有序化的信息组织为基础的，信息系统以完善的系统建设为主要任务，适合熟练的工作人员使用，"机械观"的建设与服务理念占主导地位。对用户来讲，这些系统是复杂的、高深的，使用信息需要付出昂贵的代价。但随着社会大环境的变化。"以人为本"的思想也被引入到信息系统的建设中，尤其在数字时代，人人可以自由、平等地利用信息的观念深入人心，信息检索服务贯彻"以用户为中心"的理念，主动性的信息检索服务类型不断地推出，服务水平也不断提高。

2.信息检索服务为用户提供过滤后的信息

数字时代，信息资源数量激增，图书馆馆藏建设受到网络信息资源、网络期刊等的冲击，人们获取信息不再是单一地面对纸质文献，而是更多地面对数字文献。特别是在互联网上，用户可以获取网络发行出版的书刊原文，包括印刷出版物的电子版以及电子版发行的出版物，其中相当多的网络书刊免费提供网上阅览。传统的联机检索也开始利用互联网提供信息服务。如美国的OCLC提供廉价、便利的检索服务及期刊原文。政府、高等院校、公司、商业机构等各行各业的信息也纷纷提供网上查询。世界各地数以万计的图书馆提供书目数据库网上检索，网络正在将全球变成一个巨大的数字图书馆。此外，遍布世界的以亿为单位的互联网终端用户既是信息的使用者，又是信息的生产者。数字信息的载体、类型、发布、传递、检索等都与传统文献有着天壤之别。

在信息资源无限扩大的今天，图书馆信息检索服务以提供有价值的信息为己任，为用户提供的是经过过滤、判断后的真信息、有价值的信息，这是其他网络信息检索工具不能比拟的。

3.信息检索服务以信息资源的充分利用为目的

早期的信息系统拥有大量的信息，这些信息被很好地处理、加工与存储起来，但这些信息更多的是被保存起来而不是方便用户的使用，用户获取信息非常不方便。而数字时代信息资源被认为是与物质、能源、材料一样重要的生产要素，其价值得到认识。为了提高信息资源的利用率，各图书馆、信息中心采取各种信息检索服务提高信息资源的利用率。

4. 信息检索服务是一个有着生命周期的系统

列维坦认为，信息生产的生命周期是由信息被记录下来，从而成为信息源开始的。信息源是信息生产生命周期的基本单位，信息是载体与信息内容的结合，两者不可分割。信息源在反复的使用过程中，不断地被确认，并增加存取它的制度性和物理的机制，包括存储设施、各种法律、组织和经济的规定。这就构成了信息生产生命周期的制度化阶段，信息资源就是信息制度化的结果。

从收集信息到使用信息是一个完整的生命周期，在使用信息的过程中，了解到新的信息，进行新信息的采集，从而开始新的生命周期。只有将上述过程所有环节的工作做好，才能使用户在需要信息的时候，以最有利的时间、地点和方式，顺畅地获取信息和使用信息。

信息检索服务生命周期是自然的信息生命周期和用户需求有机结合的一种抽象模型。具体表现为对于那些用户表达出来的需求，信息检索服务通过信息推送、个性化定制等服务实现；对于那些用户认识到的普遍需求，信息被分门别类地组织好；对于那些用户潜在的信息需求，信息系统通过建立知识库等方式满足用户的需求。用户信息需求总是被图书馆工作人员不断地感知、认识、再认识，形成一个良性循环的生命生长周期。

（二）信息检索服务的作用

1. 系统地组织图书馆信息资源

图书馆提供信息检索服务利用的不仅是馆内的资源，也包括网络信息、电子期刊等数字信息的内容。信息检索服务是在组织好的馆内、馆外两种资源的基础上进行的，因而通过信息检索服务可以有机地整合各种信息资源，系统地建设图书馆的信息资源，完善图书馆的馆藏。

2. 为用户提供系统的信息资源

由于检索人员对信息资源的熟识，对检索方法与检索技巧的了解，以及对信息资源的甄别能力，能帮助用户系统地采集文献和相关的信息。

3. 信息检索服务是开展深层次服务的基础。

信息资源的开发与利用是数字时代图书馆信息服务的主旋律，深层次的信息服务以及其他各种类型的信息服务的开展是建立在工作人员对图书馆信息资源熟悉，并经常检索应用的基础上的。

二、信息检索服务的类型

用户信息需求可以划分为表达需求、认识需求、潜在需求三个层次，"以用户为中心"的信息检索服务类型也可相应地分为三种。

（一）满足表达需求的信息检索服务

表达需求是指用户可以用语言表达出来的需求，这些需求是明确的，图书馆根据用户的特定需求提供信息检索服务。服务方式有定题检索服务、个性化信息检索定制服务、查新检索服务。

1. 定题检索服务

定题检索服务是图书馆较早、较成熟的一种服务方式。数字时代的定题检索服务更是结合了先进的信息传送技术，成为图书馆界广泛开展的一种服务类型。

定题检索服务是图书馆根据用户的特定需求，在一定的检索范围内，定期或不定期地将检索结果传送给用户。检索结果是题录、文摘、全文，还是其他类型，也依据用户的需要进行选择。

定题检索服务根据用户需要，定期或不定期地将最新的信息发送给用户，有的周期很短，这样用户就能随时跟踪本领域国内外的最新研究发展情况。

定题检索服务专业性较强。一般要求用户划定检索范围，用户选择几种期刊或几十种信息源作为检索的对象，图书馆工作人员对用户划定的范围进行检索。

检索结果根据用户的需要而定。用户对检索结果有不同的需要，如题录、文摘、译文、全文等，定题检索服务根据用户的需要加工、处理检索结果。

例如：中科院文献情报中心根据用户的科研需要，对用户事先选定的专题，定期或不定期进行文献跟踪检索，把经过筛选的最新检索结果提供给用户；可为用户提供从课题前期调研、开题立项、中期成果、直到成果验收的全过程的文献检索服务。对用户所委托的各种研究课题、学位论文课题等进行专题检索，以书目、索引、文摘、全文等形式提供给用户。并且根据用户要求出具检索报告。

2. 个性化信息检索定制服务

在信息检索服务中，不同的用户由于拥有的检索知识和所处领域不同，检索习惯也不同，初学者用简单检索，专业人员用高级检索。在实际工作中，存在用不同的词表达同一专业概念的情况，不同用户的获取信息方式、对检索结果的排序等都有可能不同。因而个性化的信息检索定制服务是信息检索服务"以人为本"的一个重要体现。

（1）个性化信息检索服务的概念与特点。个性化信息检索服务与社会中崇尚个性的理念是一脉相承的。个性服务是一种"量身定做"的服务，个性化服务是服务业（如旅游、电信等领域）目前的主要服务方向。个性化信息服务是指信息服务行业根据用户的信息需求特性，有针对性地设计服务环境、服务产品、服务方式和服务机制。

个性化信息服务是随着网络的广泛应用逐步发展起来的。个性化信息服务就是"用户可按照自己的目的与需求，在某一特定的网上功能和服务方式中，自己设定网上信息的来源方式、表现形式、特定网上功能及其他网上服务方式等，以达到最为方便快捷地获取自己所需的网上信息服务内容的目的。

个性化信息服务也是图书馆一个明显的发展趋势，是近年图书馆界研究的热门话题。个性化信息服务是一较宽泛的概念，本章仅用的是它的下位类——个性化信息检索定制服务的概念。

个性化信息检索定制服务指的是用户根据自己的目的与信息需求，在图书馆提供的检索服务中，将自己与检索有关的活动记录下来，可建立自己的有个性化的界面，根据个人需要选择浏览的期刊和相关主题，也可长时间地保留和调用自己的检索策略．满足自己检索的需要。其特点有：①需要有相关的技术支持，构建个性化信息代理模型，将个性化信息从全部信息集合中分离出来，构建用户代理模型，跟踪用户行为，学习、记忆用户兴趣。通过描述用户的兴趣特征建立个性化用户模型。②满足用户多样化需求，传统图书馆开展的信息服务用统一的模式全方位地满足各类用户的一切需求，但实际情况是用户的信息需求是千差万别的，数字时代的个性化信息检索定制服务可依据用户的检索习惯、范围、策略，达到检索的目的。③实现主动的信息服务，用户的检索过程是充满个性化的色彩，但图书馆通过为用户的服务，不仅能满足用户的"显需求"，并能为用户提供拓展和延伸其需求的发展空间，启发其"潜需求"，帮助用户表达信息需求，实现主动的信息服务。

（2）个性化定制信息检索服务的方法与途径。①Web 数据库技术：完成用户登录、身份认证、数据匹配等。②网页动态生成技术：包括 ASP、ISAU、CGI 等技术，完成用户的个人检索界面的制作。③数据推送技术：利用推送（PUSH）技术，完成信息的定向传送。④过程跟踪技术：跟踪用户的检索兴趣，以便提供个性化的帮助。⑤安全身份认证技术、数据加密技术：保护用户的隐私、保证系统的安全等。⑥信息挖掘与智能代理技术：由知识库、规则库、推理机、各代理间的通信协议等组成的智能代理技术，可有效地跟踪用户的需求所在，满足其个性化的需要。

（3）个性化信息检索定制服务的内容。①个性检索模板定制：根据用户专业领域，检索目的、检索的深度需求、时间需求、语言需求、数量需求等限制，进行个性检索模板定制。②检索工具定制：可定制检索的数据库、搜索引擎等。③检索表达式定制：根据需要可定制检索表达式，提高检索效率。④个人词表定制：由于个人所处的专业领域与兴趣相对固定，他们所用的关键词相对有限。个人词表的定制可以帮助用户选词，确定检索范围。⑤结果处理定制：根据个人的具体需求，可以对检索结果进行定制。⑥检索历史分析定制：从用户的检索历史分析，可确定用户的需求所在。⑦检索界面定制：可拥有自己的检索界面，方便，不受干扰。⑧个性化信息推送：对于需要的信息可定时地传送。

3. 查新检索服务

科技查新服务（以下简称"查新"）是为了避免科研项目的重复研究，以及客观地判别科技成果的新颖性、先进性而开展的一项工作。根据有关规定，凡国家、省、部、市、地等各级科研项目的开题立项、成果鉴定、申报奖励、新产品开发以及专利申请等，均需进行查新。查新针对某一特定课题进行，其结果是为被查课题出具一份"查新报告"。在整个科技查新过程中，查新检索是一个重要环节。

（1）查新服务的发展与定义。20 世纪 80 年代，我国各级科研管理部门为了提高科研立项、成果鉴定与奖励的严肃性、公正性、准确性和权威性，采取了不少措施，制定了一系列管理办法和规定。其中，为了避免科研课题重复立项和客观正确地判别科技成果的新颖性而设立了查新工作。查新是在我国科技体制改革进程中萌生并发展起来的一项情报咨询工作。

查新是指具有查新业务资质的查新机构，根据查新委托人提供的需要，查证其新颖性的科学技术内容，按照《科技查新规范》（国科发计字[2000]544号）进行操作，并做出结论（查新报告）。

科技查新是文献检索和情报调研相结合的情报研究工作，它以文献为基础，以文献检索和情报调研为手段，以检出结果为依据，通过综合分析，对查新项目的新颖性进行情报审查，写出有依据、有分析、有对比、有结论的查新报告。查新是以通过检出文献的客观事实来对项目的新颖性做出结论。查新有较严格的年限、范围和程序规定，有查全、查准的严格要求，要求给出明确的结论。查新结论具有客观性和鉴证性，但不是全面的成果评审结论。这些都是单纯的文献检索所不具备的，也有别于专家评审。

查新的对象主要包括：申报国家级或省（部）级科学技术奖励的人或机构；申报各级各类科技计划、各种基金项目、新产品开发计划的人或机构；各级成果的鉴定、验收、评估、转化；科研项目开题立项；技术引进；国家和地方有关规定要求查新的项目。

（2）查新的作用。①为科研立项提供客观依据，科研课题在论点、研究开发目标、技术路线、技术内容、技术指标、技术水平等方面是否具有新颖性，在正式立项前，首要的工作是全面、准确地掌握国内外的有关信息，查清该课题在国内外是否已研究开发过。通过查新可以了解国内外有关科学技术的发展水平、研究开发方向；是否已研究开发或正在研究开发；研究开发的深度及广度；已解决和尚未解决的问题等等。这将为判断所选课题是否新颖提供客观依据。这样可防止重复研究开发而造成人力、物力、财力的浪费和损失。据统计，我国科研项目重复率达40%，而另外60%中，部分重复又在20%以上，与国外重复也约占30%左右，其中大部分是国外已公开的技术。②查新可以为科技成果的鉴定提供客观的文献依据，例如某企业为成果鉴定，要求通过查新确认他们的"轻烃燃气灶具"项目为国内首创，经查新证实，国内已有此灶具的报道，从而否定了"国内首创"的评价。该企业十分后悔在立项时未经项目查新而造成了人力、物力和财力的损失。

查新还能保证科技成果鉴定、评估、验收、转化、奖励等的科学性和可靠性。在这些工作中，若无查新部门提供可靠的查新报告作为文献依据，只凭专家小组的专业知识和经验，难免会有不公正之处，可能会得不出确切的结论。这样既不利于调动科技人员的积极性，又妨碍成果的推广应用。高质量的查新，结合专家丰富的专业知识，便可防止上述现象的发生。③为科技人员进行研究开发提供可靠而丰富的信息，随着科学技术的不断发展，学科分类越来越细，信息源于不同的载体已成为普遍现象，这给人们获取信息带来了一定的难度。有关研究表明，技术人员查阅文献所花的时间，约占其工作量的50%，若通过专业查新人员查新，则可以大量节省这些时间。查新机构一般具有丰富的信息资源和完善的计算机检索系统，能提供从一次文献到二次文献的全面服务，如通过国际联机情报检索系统提供的世界者名的 SCI（科学引文索引）、CA（化学文摘）、EI（工程索引）、NTIS（美国政府报告）、WPI（世界专利索引）等近千个科技、经济、商业等资料的数据库，内容涉及各种学术会议和期刊的论文、技术报告、学位论文、政府出版物、科技图书、专利、标准和规范、报纸、通告等，收藏的数据最早可追溯到 19 世纪，最新可查到几分钟前公布的信息。据有关资料统计，这些系统包含了世界上 98%以上的机读文献，基本能满足科研工作的信息需求。

3.科技查新的性质

科技查新的性质首先表现在对新颖性的审查。科学技术是探索性和创造性的工作，它的灵魂在于创新。如果一个科研课题没有新颖性，那么，立题论证其"需要性"、"可行性"，或在成果鉴定时评价其"先进性"、"实用性"都将失去现实意义。科技查新首先要审查该项目或课题在国内外有没有人做过，是否有相同或类似的研究，以避免科研工作的重复或走弯路，避免人力、物力和财力的浪费。

科技查新工作也要对课题或项目的实用性和先进性进行审查。特别对于工程技术、农业技术、大型设备的实用性和先进性，要进行认真分析和评价。在科技查新工作开展的初期，比较注意对项目新颖性的审查和评价，随着查新工作的深入，提出了对项目实用性和先进性的综合评价，或称"三性论证"，这是对查新工作提出的更高要求。

科技查新咨询不同于一般的咨询。一般咨询只提供有关的文献线索，不对课题进行分析、研究和对比。科技查新也不同于一般的文献检索。一般的文献检索只是根据课题查找一些光盘或数据库，帮助找到所需文献，也不对课题进行评价。

科技查新是较高层次的文献信息服务工作，是一项要求高、难度大的服务工作。

4.科技查新工作的程序

科技查新工作的程序包括4个步骤：接受课题、文献检索、分析对比、撰写查新报告。

接受课题是查新工作的第一步，也是确保查新工作质量的基础。首先要求用户填写科技查新委托书，内容包括：查新目的、查新范围、查新课题的主要内容、关键技术（主要工艺、结构特点、原材料、研究方法、结论等）、主要性能指标、主要用途、创新点等，以便做到心中有数，有的放矢。查新课题委托书的填写既要全面，又要简明扼要。专业性较强的查新课题，应有与该专业较接近的查新人员协助接待。接受课题后，应对课题进行分析、理解。分析课题是查新人员判断课题的研究目的与研究内容，找出该课题的新思想、新见解、新方法所在之处，以确定查新重点，为新颖性审查的具体对象进行分析。

进行文献检索前，首先要确定该查新课题所应使用的关键词、主题词和分类号，并根据查新重点确定检索途径，然后进行检索。查全率是文献检索的核心，因为新颖性的审查就是要回答国内外有没有与该课题相同或类似的文献报告。

分析对比，是指从检索命中的文献中，选择最主要的相关文献，与课题提出的新思想、新见解、新认识进行异同比较。主要的相关文献较多时，可将文献分成几类，分类论述。也可进行综合分析。分析对比文献时，要针对课题的主要技术内容、技术特点、技术指标进行分析，以审查该课题是否有实质性的创新，研究的深度广度如何，主要技术指标处于什么水平。通过相关文献的对比，查新结论就比较明确了。

查新报告是查新工作的最终体现。查新报告由下列几部分组成：封面；项目主要内容说明和查新要求；国内外文献检索范围、时限和情况；检索结果说明和查新结论。

文献检索情况应包括：检索词、分类号、检索刊物和数据库名称以及查到的文献情况等。最好以表格形式体现出来。

查新结论是查新工作的核心，应体现出查新的内涵。查新是以该课题的创新点为论点，以对有关文献的分析比较为论据，来论证该课题是否具有新颖性。查新结论一定要客观，具体，实事求是，不能加进个人的观点意见。

（二）满足认识需求的信息检索服务

用户的认识需求是用户感觉到但不能表达出来的需求。图书馆在长期为用户服务的过程中，通过和用户的交流，能捕捉这些需求，并力求提供满足认识需求的服务。而且对于一个图书馆来讲，它服务的用户对象是特定的，不同用户信息需求之间也存在一定的相似性，这也为这类服务创造了比较大的空间，因而满足用户"认识需求"的信息检索服务开展得较多，包括浏览式检索服务、学科信息门户服务、网络信息导航服务等。

1.浏览式检索服务

浏览式检索服务是图书馆顺应信息技术的发展和用户检索习惯的改变而进行的检索界面的改造，主要用在图书馆的联机公共目录查询系统中。

浏览式检索服务是符合人类思考习惯的一种检索方式，人们根据自己的阅读爱好和兴趣选择文献，在阅读浏览的过程中发现问题或对所感兴趣的问题有一大致的了解。数字时代更为用户这种"浏览式检索"提供了便利条件，超文本和多媒体的信息组织方式使用户在信息查找中如鱼得水，在浏览的过程中发现兴趣所在。浏览式检索符合用户的立体思维方式，因而在图书馆得到普遍使用。

浏览式检索服务较多地应用在书目检索、数据库检索和主题检索中。

书目检索中的分类途径是浏览式检索常用的，按照索书号的顺序提供给用户，用户可以根据索书号的前后位置浏览，以便了解有关文献。如北京大学图书馆书目查询系统的索书号检索。

数据库检索中刊名的检索应用浏览式较多，对一期刊物的内容按实际出版情况展现给用户，方便用户对此刊内容的阅览。如万方数据资源检索系统的数字化期刊检索中，可以将一个刊的某一期按该刊的原有内容提供给用户，方便用户对此刊特色、文献内容的了解。

主题检索中主要是将主题提供给用户，方便用户选择。如美国国会图书馆书目检索系统中的主题词浏览，将相关上下位类的主题词集中在一起提供给用户，帮助用户选词，以提高检索效率。

综上所述，浏览式信息检索服务的定义可以归纳为：根据用户的思维方式和阅读习惯，浏览式检索将某专题、某主题词或某一载体的文献，立体地呈现给用户，帮助用户理解此主题或专题的含义或相关的信息和资料。

浏览式检索服务由于将信息技术与用户的检索习惯结合起来，它具有以下特点。

（1）为用户集中相关的文献、信息。浏览式检索实际是将相关的文献、信息集中起来为用户服务，是一个相关的文献信息集合。

（2）帮助用户确定所需要的文献和信息。用户在检索时，很多时候对自己的需求并不是非常明确，在浏览的过程中通过了解相关的信息与资料，可能会确定自己的需求。

（3）符合用户思考时的规律。浏览式信息检索延伸了用户思维的时间与空间范围，立体地架构了用户思维时的信息空间。

在图书馆提供的书目检索和数据库商提供的数据库检索中，有许多浏览式检索为用户服务。如北京大学图书馆馆藏目录系统的索书号浏览。若检索 G 525 类的文献信息，在索书号中输入 G 525（"中国教育——教师"类目），有关 G 525 的文献信息就会展示在用户面前。用户对此类的文献可作总体了解。

美国《化学文摘》可以作为刊名检索的浏览式服务的例子。美国化学学会化学文摘服务社编辑出版的 CA 光盘数据库，提供 2 个检索界面和 2 个辅助检索界面。

在浏览检索界面中有 2 个对话框和 2 个执行按钮。"Find"对话框用于输入检索术语的前缀，目的是加快检索词的定位。"Index"对话框是指定检索词的检索途径。浏览检索界面提供 15 个可浏览的检索的途径，通过这些途径的浏览和指定。

可直接得到相应的检索结果。浏览检索界面可供浏览的 15 个检索途径为：

Word（关键词）：标题、文摘、关键词、索引条目；

CAS RN（CAS 登录号）：索引条目；

Author（作者）：作者；

Gen Subj（普通主题）：索引条目；

Patent No.（专利号）：*专利号；

Formula（分子式）：索引条目；

Compound（化合物）：索引条目；

CAN（化学文摘号）：化学文摘号；

Organization（单位）：作者所在机构；

Journal（期刊）：期刊出处；

Language（语种）：文种；

Doc Type（文献类型）：文献类型；

CA Section（CA 类目）：CA 分类；

Update（更新）：——。

在浏览检索界面中检索，不需输入任何检索词，只要在浏览中选定所感兴趣的词，按"Search"按钮便能得到有关检索结果。

2. 学科信息门户

学科信息门户（Subject Information Gateway，SIG），指的是将特定学科领域的信息资源、工具和服务集成为整体，为用户提供方便的信息检索和服务入口。学科信息门户中的信息经过鉴定和选择，是用户获取有价值网络学科信息的重要入口点，是图书馆界借用商业信息门户概念和技术，并结合文献信息处理的传统经验，解决通用信息门户难以适应网络学科信息组织和利用问题的结果。

SIG 最早提出者之一 T.Kock 归纳 SIG 的特点有：

（1）一种联机服务，提供对其他基于站点和文档的链接。

（2）通过人工选择和筛选信息。

（3）智能产生包括注解和评论在内的信息描述信息，可能的话提供分类、主题标引。

（4）智能构建分类浏览结构。

（5）至少支持部分和手工构建单个信息资源的（书目）元数据。

学科信息门户的研究和发展在国外一直很活跃，如 SOSIG、EELS、BIOME、AVEL、GEOGUIDE、ADAM 等都是比较成功的典型。国内在此方面起步晚，动作缓，主要有高校系统的重要学科资源导航系统，以及中国科学院正在建设中的分布式学科信息门户项目等。纵观这些学科信息门户的建设和运行，可以对学科信息门户进行更精确的表述：它是针对特定学科或主题领域，按照一定的资源选择和评价标准，规范的资源描述和组织体系，对具有一定学术价值的网络资源进行搜集、描述和组织，并提供浏览、检索、导航等增值服务的专门性信息门户。通过采取综合的控制措施，它有效地解决了网络信息资源在体积、检索、质量和可信度等方面存在的突出问题，适应了学科研究本身信息需求的特点，使科研人员可以从一个单一的入口迅速找到所需的信息。它的最新发展方向是向更深层次的信息整合和服务集成，以及支持分布式跨门户的浏览和检索服务支持等。

3. 网络信息导航

互联网本身是一个没有组织的虚拟体，大量有价值的信息散布在信息的海洋中。用户虽然可以通过搜索引擎等网络检索工具查找所需的信息，但由于搜索引擎的商业运作等原因，对信息的反应速度快，但质量及根据用户特定需求对信息利用的整体考虑较弱，利用起来不方便。建立网络信息导航的目的就在于为用户提供特定学科范围或某一主题的网上信息资源的集合，便于用户获取信息，减少他们查找信息的时间，使他们能够更加快捷方便地进行信息交流与科学交流。

图书馆网络信息导航指的是在图书馆主页上介绍、分析、评价各种网络信息源，指导用户有效地利用网络信息资源。

网络信息导航是图书馆根据本馆用户的特点，有针对性地收集、整理网上信息，并经过图书馆员的筛选与鉴别。

具有简单的分类体系，有些具备主题检索功能。按学科收集网上丰富的信息资源，集中在信息导航页面上，为用户提供分学科网上信息导航。

网络信息导航通常是一综合的系统，如高校图书馆根据用户状况和馆藏建立的网络学术信息导航，包括机构、学会协会、专家学者、学术期刊、电子期刊等栏目，满足教师、学生等用户的学术信息方面的需求。

网络信息世界是一个多变的世界，信息导航应不断地维护，调整更新内容，适应用户的需要。

（1）信息源的获取。网络信息导航中信息获取途径一般可分为手工查找与计算机检索两种。

搜索引擎：是获取网络信息的主要来源，特别是那些数据量大、内容丰富的综合搜索引擎是建立学术导航系统中需要着重利用的。如 GOOGLE、SOHU、SINA、LYCOS 等，所含的专业信息丰富，是网络信息导航系统信息源的首选。另外元搜索引擎等也是选择的对象。

专业期刊：是学术信息的重要来源。目前专业杂志的网络版出现得很多，在书本式的杂志上都有其网址的介绍,这些可作为搜集的重要内容。当然,这种方法需要对某一专业的核心期刊与非核心期刊非常清楚。可以通过图书馆期刊部门获取或在图书馆专业阅览室找到。

组织机构:是获取专业信息的重要来源,主要包括高等院校、学会协会、研究机构、管理机构等内容。可以从搜索引擎的国家与地区栏目中获取。但相对来说,网上的专业组织机构在搜索引擎的一级类目中很少,可从专业类目中提供的学会协会、院校等机构的网址入手,在它们的相关链接上可以找到许多专业机构的网址,这样环环相扣,就可得到本专业相对完整的组织机构网址录。

(2)网络信息导航的内容。网络信息导航的内容须根据图书馆用户的实际需求来充实。

网络电子期刊是 20 世纪 80 年代后期随着学术网络与因特网的建立出现的通过网络传播的出版物,可分为电子学报、电子快讯、网络电子期刊等类型,大多提供检索手段,现已积累到一定的数量,可成为专业人员进行研究的重要信息源。

学术会议是专业人员互相交流、获取最新研究成果,了解专业最新发展趋势的场所。网络上的学术会议大多是在线会议和学术会议的通告。在线会议有时间的限制,但无地点的限制,专业人员可在规定的时间内参加会议,随时发表自己的见解。学术会议的通告内容有关于会议的时间、地点、主题、议程、注册等,另外在会议进行时有会议通报、会议论文等内容,这些都是重要的学术信息源。

某一专业领域著名的专家学者是专业人员查找信息的重要入口,可以将他们的主页收集起来提供给用户。

学术论坛、聊天室、专业新闻组,相当于传统科学交流中学者之间直接的对话与讨论,是专业人员抒发思想、灵感等的重要场所。对于此类信息的收集,可以帮助用户了解专业的一些最新发展或动态,用户之间彼此启发思维,使最新的学术信息得以传播。

相关资料,如光盘数据库、网络数据库、统计资料等,对专业人员能提供强有力的信息支持,对它们的收集可使专业人员有理有据地阐述自己的思想。

组织机构,包括学会协会、高等院校、研究机构、管理机构等,是专业信息的集散地,对这些信息的收集是学术导航工作的重要内容。其中学会协会在米哈依洛夫科学交流理论中被形象地称为"看不见的学院"。

通常情况下，网络信息导航是图书馆主页的组成部分之一，但规模大小不一。

4.跨库检索服务

图书馆信息资源的构成是多样的，不仅有自己建设的馆藏书目数据库，也有购买的数据库。这些异构的数据库信息组织、信息服务、结果处理等方式各不相同，数据库标准和结构具有很大的差异性。在检索时必须了解各个数据库的使用方法和限制，利用不同的工具和协议。这给用户利用信息资源带来了极大不便。为了通过网络为用户提供信息服务，须实现这些异构数据库的跨库检索，图书馆在这方面做了许多努力，已实现部分数据库的跨库检索。比如清华大学数字图书馆拥有 CNKI 系列数据库和异构数据库共 100 余个，可以单库检索，也可以选择多库同时检索。

（三）满足用户潜在需求的知识服务

用户潜在需求是没有认识到的需求，这些需求大量地存在于用户的潜意识中，通过外界的刺激、阅读、思考等活动激发。满足此类需求的信息检索服务没有可行的方法，但利用知识发现、知识挖掘等技术可部分满足用户深层次的信息需求。

关于知识服务，目前国内尚无标准和一致认同的定义。一般认为知识服务是信息服务的升华，是一种面向知识内容和解决方案的服务，是一种用户目标驱动的服务。它所提供的知识层次的信息资源应该是面向实际需求的、有针对性和有效的。它提供的内容信息应该是按照知识概念体系组织的。在这个知识概念体系的框架内，各类信息都可以在数据网络的基础上，跨越不同的知识库，按知识概念和学科门类在知识信息资源之间建立起某种关联，从而建立起超越地域限制和具有可扩展性的巨大的"知识网络"，满足用户实现在更宽广的范围内，在更具专业化与个性化的水准上获取知识的需求。

第一，知识服务面向特定群体的深层次需求。

第二，知识服务注重信息与知识传递的深度与质量。

传统信息服务满足一般性、参考性的信息和知识的需求，而人们更需要获得决策导向，深刻揭示事物发展规律，能带来极大竞争优势的知识和智慧。

知识服务是融入用户科研之中和用户决策过程的服务，是基于专业化和个性化的信息服务，基于分布式多样化的动态资源和系统的服务，是基于综合集成的学科门类知识服务，也是基于自主、创新的知识服务。从用户角度看，知识服务是能够提供满足个别需要、方便适时和可以解决问题的高智能的系统性服务。

建立良好的知识服务，须依靠信息技术发展与应用的推动和知识发现技术等，这些技术是实现知识服务的基础。知识发现是从数据集合中识别出有效的、新颖的、潜在有用的、以及最终可理解的模式的复杂过程。知识发现将信息变为知识，从数据矿山中找到蕴藏的知识。建立在网络技术基础上的知识网络工作，使隐性知识和显性知识的相互转换获得技术可实现性。高精度全文文本检索、知识搜索引擎、分类和聚类、信息过滤、内容检索、多媒体检索、信息抽取、自动摘要、文本（数据）挖掘、人工智能、Web services、语义 Web，以及内容的组织、服务、共享、互操作和可视化等标准与规范，为知识服务的实现提供了可能。图书馆界须着眼于对信息技术发展的努力跟踪和积极探索，把新一代信息技术应用到知识的采集、利用、传播、提炼、发现等服务中。这是知识服务的技术基础保障。

三、图书馆信息检索服务的步骤

信息检索服务是图书馆的基础性工作，对于信息资源建设和其他信息服务工作具有根本性的影响。图书馆可根据本馆馆藏特色和用户特点，选择信息检索服务类型，建立起不同层次的信息检索服务体系。信息检索服务包括五个步骤。

（一）课题接受阶段

主要是通过与用户的交流和沟通，获得用户的需求信息，明确信息检索服务的任务。这是文献检索服务的基础阶段，也是决定服务成败的关键。文献检索服务最终目标是要满足用户需求，促成问题最终解决。在这一阶段的中心任务就是透彻准确地了解用户需求，包括要求服务的种类、时间限制、学科领域、研究深度、覆盖范围等。这一步骤虽然尚未涉及具体的文献检索，但却至关重要，一定要尽量多地与用户沟通，深入了解用户的需求。用户对自己需求的表达也存在渐进性和层次性，只有深入挖掘，才能保证准确和全面。在深入了解用户的基础上，还要形成比较规范的文档，为以后的工作奠定基础。

（二）了解馆藏，确定信息检索的对象

对图书馆信息资源的了解是开展信息检索服务的基础，只有对本馆的资源了如指掌，并且清楚图书馆界信息资源建设方向与发展趋势。才能有的放矢地开

展信息检索服务。

随着社会信息化环境的变化,对于图书馆的馆藏的理解也在发生着变化。一般认为,现阶段的图书馆馆藏由印本文献、电子资源、网络信息资源、特殊媒体信息资源等构成。印本文献包括以各种类型和载体形态的一次文献为主,例如馆藏图书、期刊、科技报告、各种工具书等;电子资源包括光盘数据库、网络数据库等。网络信息资源是根据本馆需要所建立的网络学术信息资源等。特殊媒体信息包括磁带、磁盘、多媒体光盘等,在了解本馆信息资源建设的基础上,依据用户的需求和本馆发展方向确定信息检索的对象。

(三)信息检索

主要是根据接受课题的具体要求,使用检索工具,按一定的步骤查找文献。这一步的主要目的是为了明确检索目的、确定检索范围和掌握检索线索。所以首先就要进行课题分析,研究所需文献的内容、性质和特点,在此基础上形成检索的主题概念,明确课题中的关键和重点问题,需要查找文献的性质和内容。其次要根据检索目的,确定检索范围。再根据主题概念的学科性质确定检索的学科范围、文献类型范围和时间范围。然后在认真分析的基础上扩大检索线索,为合理制定检索方案做好准备。

要根据课题分析所确定的学科范围或主题范围,选择合适的检索工具,包括印刷型的各种检索工具或电子型的各种检索系统。要掌握所选检索工具的内容和使用方法。要尽量选择存储文献全、报道时间快、使用方便的检索工具。

根据已经掌握某种特征和线索,可以按课题的主题概念或学科范围选择分类途径,这样就可以根据族性检索得到范围较广的文献资料。若课题专指性较强,那就可以选择主题途径,以便取得较好的特性检索效果。当然,确定检索途径还要根据具体的检索要求和各种检索工具的具体情况来综合考察。

从各种检索工具中查到符合需要的文献线索。对选中的文献线索,一定要准确记下文献篇名、著者姓名、出处等著录项目,以便索取原文。

文献检索的目的是通过线索取得原文,熟悉国内图书馆收藏情况是迅速取得原文的关键。通过复制或馆际互借可以得到需要的原始文献。

(四)分析整理

经过文献检索阶段,已经将所需的资料汇集起来。但这还只是粗略的结果,还要根据用户的要求进行筛选和整理。比如对于科技查新工作，要从检索命中的文献中选择主要的相关文献，与课题提出的新思想、新见解、新认识进行异同比较。如果文献数量比较大，还要进行必要的筛选，提高文献的查准率。

经过这一步骤，才能形成基本符合用户需求的检索。这部分工作包含很多分析处理的任务，需要较多的智力支持，对人员的要求比较高。

（五）结果提交阶段

整项工作的最后，就是将检索获得的文献或者分析报告用传真、电子邮件等方式提交给用户。这一阶段可以说是结束，也可以说是开始。因为提交的结果，还要接受用户的反馈，进一步了解用户的要求，评价检索结果的满意程序等。

各图书馆的能力、经费和服务对象不同，决定了信息检索服务建设的类型、方法是不一样的。大型的图书馆可建立起系统的信息检索服务系统，向用户提供网络化、集成化和可定制的文献信息检索服务，提供"一站式"的检索与获取服务。中小型图书馆可因地制宜地开展具有特色化的信息检索服务。

第三节　学科馆员服务

学科服务的发展，起源于上世纪 50 年代信息技术发达的美国，随着学科馆员制度的发展而逐渐发展，随学科馆员制度的完善而不断完善。学科馆员制度的完善和发展有力地促进和推动了学科服务的发展进程。

一、学科馆员的概念

图书情报学在线词典（Online Dictionary of Library and Information Science，ODLIS）中学科馆员被定义为以专业知识和经验用于选择专业资料，并对用户提供某一主题领域或学术专业（或学科分支）的书目指示和参考服务的图书馆员。在大学图书馆中学科馆员通常还持有所在学科领域的第二硕士学位，他们也可以叫做主题分析馆员。

1983 年出版的《美国图书馆协会图书馆学与情报学词汇表》将学科馆员定义为："图书馆中那些对某一专业领域学科有深厚的知识底蕴，负责图书馆该专业领域馆藏文献的遴选评估，有时也提供此专业的信息咨询服务及负责馆藏图书的分布组合的工作人员，亦作学科文献书志馆员"。

国内学者周玉芝等人则认为学科馆员是指具有某一学科专业背景，同时具有图书情报和信息专业知识、技能的图书馆员，不仅熟悉对口学科的信息资源分布情况，而且具有信息分析与综合能力，能够深入理解和把握用户的知识需求，可以主动为用户提供多方位、深层次的学术性信息服务。

杨校英则认为学科馆员，是指高校图书馆选用的，既具有学科专业知识，又兼备图书情报专业知识，能够为教学科研提供专门化、个性化、深层次服务的图书馆专业人员。

徐恺焚教授等人认为学科馆员以学科为服务对象，具有敏锐的信息意识和较强的信息组织加工及文献获取能力的高级专业服务人员，以某一学科背景为依托与该学科建立专门联系，以图书馆馆藏资源作为服务基础。他们是拥有某一学科专业领域扎实知识和较高信息素养的图书馆馆员。

综上所述，对于学科馆员尚无一个明确、规范的定义，在其概念及内涵的认识上存在着较大差异。我们对这些概念进行了分类和归纳，大致有以下三种观点：第一，学科馆员是一种服务模式，以大学学科为服务对象建立起来，由高级馆员提供对口服务。第二，学科馆员是联络人员，由图书馆设专人与某个院系或学科专业建立对口联系，向用户提供主动性和针对性服务。第三，学科馆员是学科信息专家，他们熟悉乃至精通一门学科或几门学科知识，能够针对性地为教学与科研提供服务。

所以，学科馆员既是对提供知识服务的人的一种称谓，也是一种服务模式，只不过这种模式的主导者是学科馆员。不论是哪种观点，学科馆员应该具有某一学科背景，同时具有较高的信息素养，有图书情报基础和文献检索及情报分析能力，可以为用户提供高层次知识服务，这是上述几种观点的共识。

二、学科馆员的服务体系

学科馆员并不是某一类馆员的称谓，从图书馆服务的发展历史来看，"学科馆员"是一种由特定的服务方式演变而成的服务体系。学科馆员的建设不是针对某一类特定人才的建设，也不是单单靠一些奖励制度就可以推进的用人机制，而是要建设一个与图书馆本身紧密联系的具有强大信息服务功能的完整的服务体系。

（一）学科馆员服务体系的构成

学科馆员现在已经不是一项简单的推送工作，而是一个由需要更加详细分工和不同专业程度较高的人才组成的一个分层次的服务体系。一般认为一个较为完备的学科馆员服务体系应该包括这样六个系统：

1. 知识信息资源系统

这个系统的主要功能是对底层信息知识资源的搜集和存储，用以支持高层的用户信息服务，为学科馆员服务提供基础的保障。其内容包括图书馆收藏的各类显性的信息资源以及图书馆内各种隐性的知识资源。文献资源、数据库以及知识管理等方面的工作都是其中的重要内容。

2. 组织系统

负责对信息资源加以组织和有序化，通过有效的组织方式保证信息资源的可检性和可获得性。同时还要为跟踪与用户分析系统中对用户信息的组织工作提供帮助。

3. 跟踪与用户分析系统

这个系统要承担对用户的跟踪服务工作。通过对用户历史信息行为和信息需求的分析，预测用户的未来可能的信息需求。同时管理现有的用户资源以及发掘潜在的用户资源和用户潜在的信息需求。这个系统是整个体系的特色所在，学科服务的特点就是依靠这个系统得以实现。

4. 检索系统

这是整个系统的中间层，这是因为检索系统的服务对象可能是我们的馆员也可能是用户自己。其功能是对信息和知识资源进行所有可能的检索，在最快的时间内向使用者返回最准确的结果，并对检索结果进行筛选，形成系统的信息报告。检索系统必须要方便用户使用。

5. 反馈评价系统

这个系统要对服务后的用户评价进行收集并且对服务结果进行评价，然后对其他系统提出修改和改良意见。反馈评价系统要求直接与用户面对面服务。

6. 传递系统

该系统负责信息服务成果的传递和推送；选择用户需要的方式和手段并在合适的时间将结果准确地传递到用户或用户指定的对象。传递系统也是直接与用户接触服务。

以上前三个系统处于整个体系的资源组织层，三者的共同特征是处于整个体系的底层，为高层的服务提供各项资源保证。反馈评价系统和传递系统处于体系的用户服务层，也是体系的高层，直接面向用户服务。整个体系的最顶端是用户层，但这一层不单独构成一个系统。这6个系统涵盖了学科服务的基本功能，在实际学科馆员服务的工作中，并不是一定要完全具备这些系统才可以进行工作，而是要根据各个图书馆不同需求情况来制定适合自己的系统。

（二）学科馆员服务体系的运行

（1）用户将自己的信息需求告知反馈评价系统。反馈评价系统负责处理用户的需求并转送到检索系统。

（2）检索系统对馆藏信息资源进行检索操作，然后返回检索结果。检索系统将对检索结果筛选，形成报告后向传递系统发送。

（3）传递系统根据用户要求，向用户或者用户指定的对象发送信息服务结果。

（4）用户向反馈评价系统反馈对服务结果的意见，反馈评价系统对用户意见进行收集和评价，并将评价意见形成有针对性的改良报告向需要改进的系统传递。如果用户对结果表示不满，则检索系统需要重新再对资源进行检索。

（5）跟踪与用户分析系统实时地对用户历史信息行为和需求进行跟踪记录和分析，同时也对馆藏信息资源进行监控，并与用户分析的结果做评价和匹配检验。如果现有的馆藏资源不能满足需要则提醒知识信息资源系统改良。

（6）组织系统利用各种手段（分类、标引、数据库技术、元数据、IA技术等等）对知识信息资源和用户信息进行不间断地管理组织。

（7）知识信息组织系统接受组织系统的资源组织工作；跟踪与用户分析系统的监控和反馈评价系统发送的用户需求与改良意见。

学科馆员服务体系的特点：由6个系统组成的学科馆员服务的体系在服务结构上形成了一个完整的环路，通过不同系统之间的互相协作将整个图书馆的资源最大程度地加以利用，也将不同特长的馆员的特点充分地表现出来，形成了从用户需求到信息服务产品的有序转换；通过反馈评价系统为整个体系的改良提供了可能性；跟踪与用户分析系统是体系的最大特点，也是整个体系在未来发展的一个方向。

（三）学科馆员服务体系与学科馆员个体服务的比较

现在学科馆员的服务方式大概有两类：第一类是图书馆指定学科馆员直接为对口的学科服务；第二类服务是通过一个"图情教授"来间接地帮助指定的学科馆员为对口的学科服务。但是我们看到，如果我们让一个学科馆员承担6个系统的任务，显然是不可能的。无论是能力再强的馆员也不可能承担全部6个系统所要完成的工作，因为很显然我们要面对的不是一个特定的用户，而是一个专业性很强的学科用户群。有资料提到国外高校图书馆指定每个学科馆员为几个教授服务，为他们随时提供图书馆的各种情报服务。学科馆员若能大致了解自己负责的学科、领域状况，就已属难能可贵；而为几个教授服务，学科馆员很难做到。因此，现有的学科馆员大多只承担了两个系统的工作，传递系统和检索系统，其余4个系统的任务基本上没有开展起来，尤其是跟踪与用户分析系统的作用没有得到应有的体现，而这个系统的作用是学科服务的一个核心系统。

面对这样的问题，国家科学图书馆的学科馆员制度是值得学习的，国家科学图书馆的学科馆员制度与其他图书馆比较的先进之处在于，国家科学图书馆的学科馆员不再是单兵作战，他们将馆员组织在一起形成不同的团队，依靠团队的力量为专业学科服务。"国科图按照学科方向，将全馆学科馆员分成了若干虚拟小组，以团队的模式展开学科化信息服务。每个团队设组长，成员包括总馆、法人分馆、特色分馆和研究所图书馆兼职学科馆员，由各团队提出本团队的学科化工作方案，并组织实施"。

这样的学科团队服务无疑是一种有效的改进，一个团队所能承担的任务要比一个个人要大得多，而且专业细分也可以更加完善。但是国家科学图书馆并没有从图书馆的整体体系出发考虑学科馆员服务，依然强调了个人能力，重视了对不同学科的区分和人事制度完善，而没有从学科馆员服务的系统性分工特点来建立一个完整的依托整个图书馆资源的学科服务体系。

"学科馆员服务体系"是一个以从整个图书馆服务工作出发，将学科馆员服务与图书馆整体资源相结合，依托图书馆最广泛的资源基础，将服务过程加以有效的分工，把整个服务细分成为互相区别又互相联系的6个系统，进一步促进了图书馆服务的分工，使得不同的人才都可以找到合适的工作任务，而不仅仅去依靠几个有学科背景的馆员。各个图书馆可以根据自身的人才现状和工作要求安排他们渗透到一个或者几个系统中去协助其他拥有专业技术能力的馆员工作，而不是让他们去承担那些本不应由他们承担的工作，那些工作将被分派给那些更加专业的馆员完成。在这样一个体系下，我们科学服务的效率将得到应有的提高。

（四）构建"学科服务体系网"在不同服务体系之间实现服务连接

由于现行机构管理体制的原因，我们的服务体系并不是完全开放的，只有特定的用户可以享受到图书馆的服务。例如高校的图书馆的服务对象就限于本校的师生和工作人员。这就意味着当我们的服务体系建立后需要建立一个机制，在不同的服务体系之间建立连接来为隶属于不同服务体系之下的用户服务。我们通过处于不同的两个服务体系的反馈评价系统之间的联系，完成了不同服务体系的服务对接，选择反馈评价系统的原因是，该系统负责直接接受本体系内用户的需求。而当检索系统（B）将结果传送到传递系统（B）时，传递系统（B）不再直接给用户（A）传递而是将结果转到本体系内的反馈评价系统（B），最后由用户（A）体系内的传递系统（A）将结果传递给最终的用户。

三、学科馆员的服务模式

学科馆员服务模式就是服务内容、服务平台和参与主体等因素在具体的信息环境中相互影响、不断整合而形成的具有一定稳定性的结构，这个结构也是服务实践中具有某种规律性的经验的总结和升华。概括而言，学科馆员的发展经历着岗位型、数字图书馆型、交互型三种服务模式的更迭。其中，岗位型服务模式是早期学科馆员服务的常见模式，目前在国内仍有较大影响；数字图书馆型（简称数图型）服务模式是适应网络化、数字化环境形成的，是当前学科馆员服务的主流模式。而从长期来看，交互型服务模式将成为今后学科馆员服务的主要发展方向。

（一）岗位型服务模式

岗位型服务模式是将学科馆员视为一种固定岗位，通过组织一批满足岗位任职条件的馆员应聘上岗，从而承担起对口学科用户联系和专业服务等具体服务。该模式由清华大学图书馆最初确立，并随着各高校的复制而成为国内学科馆员服务的主流模式。

岗位型服务模式包括岗位任职条件、岗位职责、考评机制和管理制度等主要内容。其中，学科馆员的岗位职责是实践建设的重心。尽管对此有各种形式的表述，但都是以"CRIO"为基本框架的，这是美国康奈尔大学图书馆对学科馆员职责的概括。借用 CRIO 的分析框架，可以将学科馆员的岗位职责表述为：

1. 学科资源建设（Collection）

学科馆员诞生的直接背景是满足学科发展和建设的需要，学科馆藏资源建设便成为学科馆员服务早期的主要工作内容。基本上，学科馆员花在选书和馆藏开发上的时间可占其全部工作时间的 25-50%。新的信息环境下，Collection 的概念已由传统的馆藏拓展为学科资源，针对网络资源和电子资源的学科资源导航、学科信息门户、学科知识库等学科资源整合服务日益重要。

2. 参考咨询服务（Reference）

随着网络信息环境的发展，用户信息需求的重点由便捷获取转向有效利用，学科馆员服务的重心也逐渐由资源建设转向参考咨询。从参考咨询岗位选拔学科馆员甚至成为国内学科馆员的普遍做法。学科馆员除参加一般的参考咨询服务外，更主要的是面向对口学科开展深度咨询，还经常通过科技查新、定题检索、查收查引等方式为科学研究的不同阶段提供服务。

3. 用户教育与指导（Instruction）

参与新生教育、数据库培训、信息素养教学等多种形式的用户教育与指导也是学科馆员的重要职责。同时，学科馆员的服务更注重结合不同学科、专业和团队的特点提高培训的针对性和实用性，注重结合用户信息使用中的问题提供具体的解决方案。

4. 对外联络服务（Outreach）

有些图书馆直接将学科馆员称为联络馆员（Liaison Librarian），以体现其走出馆舍、接近用户的工作特点。学科馆员不能被动地等待用户上门求助，而应通过走访、电话、信件等手段主动进行用户信息的搜集和把握，利用馆内咨询、现场指导、数字参考咨询等各种渠道解决用户面临的问题。资源服务宣传、信息素养培训、专题信息提供等成为其主要服务方式。

CRIO 基本框架反映了学科用户的信息需求，也体现了学科馆员工作范式的转型。学科馆员开始深入到学科用户的科研过程及信息需求中，提供有针对性的服务内容和服务形式。这也成为学科馆员服务存在和发展的一个基石。

岗位型服务模式的突出特点是将学科馆员岗位的上岗者作为学科馆员服务的直接平台，建设目标是使学科用户"（广泛）知道你，（首先）想到你，（方便）找到你，（高效）用到你，（满意）评价你，（更多）利用你"。作为学科馆员服务的初始模式，岗位型服务模式建设的重点在于通过某些学科馆员的积极示范作用，激发学科用户的信息需求和图书馆使用偏好，引导图书馆服务的学科化和知识化转型。

在岗位型服务模式中，学科馆员作为一种岗位，既与文献借阅、技术支持等岗位并行，又承担了诸如"学科化"、"深层次"、"高水平"等高期待。这引发了学科馆员建设在人才队伍、组织管理、用户感知等方面的矛盾冲突，使得这种依靠某些岗位或馆员的服务模式缺乏发展的可持续性。

（二）数字图书馆型服务模式

岗位型服务模式以学科馆员"个人"为中心，在便于同用户沟通的同时，也限制了其服务效率。特别是当学科用户的需求被激发并形成对学科馆员的依赖之后，学科馆员继续频繁奔波于图书馆与用户的物理环境之间就不太现实了。随着信息技术和网络技术的发展，学科馆员服务形成了许多网络化、数字化的服务形式，如学科仓储、网络资源导航、虚拟参考咨询、虚拟学术社区等。这种网络服务平台进一步与数字图书馆等系统相整合，逐渐形成了学科馆员的数字图书馆型服务模式。

相对于岗位型模式，数图型模式最直接的变化体现在服务平台上。网络替代个人成为直接的服务界面，形成了 7*24 小时不间断的有利于服务资源长期保存的服务机制。同时，这一网络平台还能够实现同数字图书馆系统、机构知识管理平台等系统的集成，并可以直接嵌入到用户的工作桌面上。例如中科院国家科学图书馆的"e 划通"、"NSL Toolbar"等工具，集成各种专业化检索工具和服务，直接嵌入用户环境，提供垂直的学科服务和个性化定制服务。实质上，数图型模式最大的变革在于对学科馆员的认知上。在岗位型服务模式中，学科馆员服务只是某几个"学科馆员"的工作，缺乏在资源和组织上的有效支持。这使很多的学科馆员服务流于形式，处于有名无实的状态。新的模式中，学科馆员可以从服务平台中解放出来，从而更为专心地从事学科化服务的组织规划和内容建设，学科馆员服务从某一个馆员或岗位的职责转变为各个业务部门的共同协作。这种转变进一步促成学科馆员服务内容由 CRIO 框架向 ERUO 框架的转变：

1. 用户信息环境优化（Environment）

资源（Collection）构成了 CRIO 的逻辑起点和核心。而新模式中的逻辑起点转移为用户，学科馆员需要以用户的立场进行信息环境的分析、规划、设计、发展和优化。这时的信息环境包含了信息生产、发布、组织与利用整个信息生命周期，学科馆员甚至要承担起知识资产管理者的角色，在学术出版、开放存取、知识产权管理和知识组织等方面发挥作用。

2. 信息支撑研究（Research）

CRIO 模式中，学科馆员服务尽管也面向用户，但更多的是满足其直接需求，并且服务是零散的。而新模式中，学科馆员服务要融入到用户科研过程中，在科研的课题策划、内容分析、创新性论证、研究过程、论文发表、成果评价、知识产权等方面提供全程服务。为此，学科馆员工作的中心从联系用户转移为信息支撑研究，如通过学科信息组织与开发提供内容支撑、通过学科竞争情报研究提供决策支撑、通过信息共享平台研究提供协作支撑、通过知识管理机制研究提供管理政策支撑。

3. 服务泛在化（Ubiquitous）

泛在化（Ubiquitous）就是使学科馆员无缝地、动态地、交互地融入用户的科研过程和信息环境之中，将服务的触角延伸到一切有用户存在的地方。借助于技术的嵌入式服务将成为学科馆员服务的重要内容，其途径包括桌面应用、浏览器拓展、嵌入常用系统和利用搜索引擎等。通过嵌入个人桌面、科研和生活环境，学科馆员服务也成为"信息基础设施"的重要组成部分。

4. 学科用户组织（Organize）

CRIO 模式中学科馆员是服务的主角，对于用户需求是一种单向的了解和满足。新的模式中，学科馆员开始通过虚拟学习社区、兴趣社区、实践社区、知识社区和社会网络等形式对学科用户进行有效组织，引导用户之间相互协作以共享资源、分享经验、协作解决问题。

ERUO 是对 CRIO 的发展，两者在逻辑起点、工作重心、发展动力等方面有根本不同。与该模式较为接近的案例是以"融入一线、组织一线、服务一线"为建设原则的中科院国家科学图书馆。当然，ERUO 对于技术平台的要求也相对较高，目前还远未成熟，或者说是未来学科馆员服务的理想。

（三）交互型服务模式

用户是学科馆员服务中的重要资源，如馆员平台模式中的"学科馆员——图情教授"制度和网络平台模式中的博客、书评等 2.0 服务。但整体上看，前两种模式中学科馆员仍是服务的主导者。这直接造成了学科馆员网络服务平台中普遍存在资源维护不力、失效链接过多和用户使用有限等诸多问题。

如何充分有效地发挥用户的作用，并使之成为学科馆员服务长效发展的动力是交互性服务模式的重点。交互型服务模式是在 Web 2.0 环境下，应用社交网络服务（Social Network Service，SNS）的机制，通过将用户和学科馆员嵌入到一定的学科、专题、问题群组中，将学科知识资源与用户关系资源并重，由用户作为平台的内容建设者，由学科馆员作为平台的规范者和引导者，通过彼此交互、共建共享共用而形成的一种服务模式。这种服务模式的核心就是交互，具体表现在三个层面：

1. 学科馆员与用户的交互

传统服务中，学科馆员是资源组织者，用户是资源使用者，两者的交互其实只是学科馆员对用户需求的单向满足。但实际上，许多重要的学科资源（如研究笔记、实验数据、研究报告和预印本文献等）就在用户手中，只是用户之间彼此隔离、互不知晓而已。交互型服务模式中，学科用户可以通过文献管理、成果管理、研究进展描述和经验分享等，在对自我资源管理的同时参与到学科资源的创建中来。这些资源同学科馆员的资源通报、资源导航、学科竞争情报等共同构成了更为丰富、多样和动态更新的学科资源集合。

2. 用户与用户的交互

虚拟社区的建立为用户提供了一个自由的交流空间。但实际上，社区用户交互的频度、深度和效果不是很理想。学科馆员的交互型服务模式在突出学科服务的特色的同时，突破封闭式的建设模式，将用户群组与个人服务界面、学科知识库相关联。用户在自我资源管理的同时参与了资源的共建共享，而用户对于群组用户和资源的访问形成了特殊的社会关系网络与学科知识网络。这两个网络之间相互联系、相互揭示，从而使得用户交互更为多样和顺畅。

3. 各种资源与知识库之间的交互

新型的服务模式中，用户可以通过用户界面、群组界面、学科馆员界面和学科知识库等组织和利用不同范围和层次的学科资源。同时，各终端、界面和学科知识库之间也通过知识发现、知识挖掘、知识收割等技术实现了资源的自动化组织，避免了资源建设的重复性，保持了资源的动态性。

四、学科馆员的职责与职能发展

（一）学科馆员的主要职责

1. 馆藏建设与发展

国外大学图书馆设立学科馆员的初衷，就是为学科发展建立系统而独立的学科馆藏，因此，由学科馆员负责所对应的相应学科的馆藏建设与发展，是从国外大学图书馆学科服务诞生以来延续下来的，具有历史传统，并且长期以来一直是学科馆员最重要的职责之一。

学科馆员承担馆藏发展与管理的职责与所属图书馆总体馆藏发展的模式是密不可分的。一般说来，图书馆在每年的购书经费预算中，为每个院系和学科项目都单独设立了经费账号，进行学科资源建设的经费额度分配，因此，学科馆员就要在这个经费额度下，为所负责的对应学科选择书刊并进行馆藏开发，为该学科建立独立、完整而又有特色的学科馆藏。这方面的主要职责包括：

（1）制订所负责学科完整的馆藏发展政策；

（2）了解对应学科的背景、发展和需求，做出选书决策；

（3）与相应学科的书商建立良好的关系，定期评估书商的服务；

（4）管理对应学科的购书经费账号；

（5）负责对应学科的资料交换、长期保藏等工作；

（6）负责对应学科书刊的架位布局；

（7）定期检查对应学科书刊的使用情况，决定哪些书刊近期需要退库（一般退到储存书库）甚至剔旧等；

（8）推荐、选择、试用和评估对应学科相关的电子资源及其使用情况。

没有分馆的学科馆员承担上述馆藏发展与管理职责所花费的时间大约要占到整个工作量的一半以上。而有分馆的学科馆员（学科分馆主任）除了上述职责以外，由于有独立的馆舍，还要负责该分馆正常开放的管理工作，如提供咨询服务、分馆人员招聘、学生工的指导与监督、排班等。

2. 参考咨询

除了馆藏资源建设，面向学科的服务很大程度上主要由参考咨询服务来体现，因此，国外大学图书馆的学科馆员一般都承担参考咨询服务工作。但学科馆员承担的参考咨询服务与图书馆公共层面的参考咨询服务又有着很大的不同。

参考咨询服务，作为最能体现图书馆信息专家意义的工作，在国外图书馆已形成了非常成熟的服务模式。一般说来，国外大学图书馆的参考服务大多采用的是具有悠久历史和传统理论基础的分层参考服务模式，无论是实体方式还是近十多年来发展迅速的网络虚拟咨询服务方式，均是如此。而学科馆员承担的参考咨询工作，往往是与学科相关的深度咨询服务。可能是由参考咨询台转来的有关学科研究方面的咨询，也可能由虚拟参考咨询协调者（Reference Coordinator）转来的网上学科虚拟咨询，学科用户直接发来的邮件咨询，以及学科用户预约的面对面深度学科研究咨询等。

学科馆员承担的参考咨询服务，除了解答问题，还包括编写各种研究指南。

3. 用户教育

用户教育，即用户信息素养教育，主要是培养和提高用户信息能力。过去的二三十年，信息素养（信息能力）愈来愈成为信息时代人们创新发展并获得终身教育的基础，各国有关信息素养的相关标准不断发布，使得信息素养教育已成为图书馆用户教育的核心。

信息素养教育的内涵与形式多种多样，某些方面与参考咨询服务也有重叠。而一般情况下，学科馆员承担的用户教育，一个重点是主要面向对应学科的师生，走进学科，走进院系，开设学科专业资源及其使用的各类讲座；第二个重点是针对某一教师的某门课程，应教师之邀走进专业课的教学课堂，与专业课教师紧密配合，按照教师的教学大纲讲授相关的信息问题，即开展"课程整合式信息素养教学"。这是近十年来学科馆员参与用户教育，进行用户信息素养教学的主要特点和趋势之一。

4. 与院系的联系

与院系的联系应该说是学科馆员非常核心的一项职责。一般所说的学科馆员是院系师生（信息需求）与信息（图书馆）之间的桥梁。

事实上，学科馆员与院系的联系并不是一项孤立的活动，而是体现在学科馆员日常工作的各个方面。如：

（1）在进行馆藏建设时：依据新书目录的每期重点向相关教授发放，征求购买意见。

（2）在进行日常的参考咨询时：教授们根据近期研究重点让学科馆员帮忙查一些资料；教授在自己的博士生确定论文选题时，将其推荐到学科馆员处进行咨询图书馆学科化服务研究与进展，明确是否有足够的相关资料支持该主题的研究等等。

（3）参与学科的相关活动：一般国外大学的各个院系和学科都有自己完整的邮件列表，院系和学科的所有活动消息都会向邮件列表中的所有成员预先群发，以便于成员根据自己的意愿选择参与这些活动。而各学科的邮件列表中一定会加上相应的学科馆员。因此，学科馆员对所负责学科的学术活动情况非常了解，可以根据自己的日程安排有选择地参与学科的各类活动，包括学术讲座、讨论会、纪念活动、各类仪式等。通过参与这些活动，一方面了解该学科的领域知识，了解相关教授研究主题的重点和特点；另一方面则是通过参与这些活动，加强与院系或教授的沟通和联络。

（4）进行用户教育时：通过定期走进院系和学科讲授图书馆资源和服务，宣传推广图书馆的资源和服务，同时也增进与院系和学科的联系。

上述主要职责中，馆藏建设与发展是学科馆员建立的初衷，因此也是国外大多数图书馆学科馆员的一个非常基本的职责，即为相关学科选购文献资料，从而形成保障和支持相关学科教学与研究的具有特色的独立馆藏。随着图书馆自身的发展和信息技术的发展，20世纪80年代以后国外大学图书馆学科馆员职能的重点已经从原来主要的学科馆藏建设向学科联络员和面向学科的用户教育转变，即从原来的以书本为对象向以用户（读者）为对象转变，但为学科建立具有特色的独立馆藏仍然还是学科馆员的重要职责。

与国外学科馆员制度建立与发展的背景不同，国内学科馆员制度的建立大多源于改变服务模式的内、外在需求的推动，因此，虽然总体上职责范围并未超出上述四类职能性质，但侧重点与国外却有较大的差异。

国内图书馆的学科馆员，岗位大多设立在参考咨询部门或由参考馆员演变而来，只有少数设立在资源建设部门。因此，前一种情况下，上述四类职能中，学科馆员承担的参考服务（含对科研的深度支持）、用户教育和院系联络的职责相对更为侧重，兼顾一些资源评估、用户对资源需求的反馈等馆藏建设与发展的职能。后一种情况下，主要承担馆藏建设与发展的职责，其他则较少。

（二）国内外学科馆员职能发展

国外学科馆员的职能，由最初主要是馆藏建设与发展，到学科联络，再到近年来强化与专业课教学紧密合作的用户信息素养教育，实际上已经走过了一条从以书本为中心，到以用户（教师、学生）为中心，从以资源为核心，到资源与服务并重，进而以服务提高资源的有效利用的发展轨迹。

近五年来，随着出版业数字化、信息服务网络化、学术交流虚拟化的发展步伐越来越快，图书馆面临的挑战和机遇也愈来愈大。过去，图书馆的活动更多的是关注学术产品（各类学术成果、学术资源），而现在，更为关注促进交流、沟通并支持学术过程；过去，图书馆的使命是大学的信息中心，而现在，更重要的是贡献（馆员的）专业知识，提供增值服务。因此，在这个过程中，拥有学科专业知识，同时又具有与院系沟通、交流能力的学科馆员，可以在其中承担核心的功能。事实上，如何发挥学科馆员的功能，是数字时代图书馆实现其使命的核心。

在上述背景下，美国明尼苏达大学图书馆对学科馆员的职能重新进行了定位，提出了十项职能的描述框架：

（1）参与学校层面的活动；

（2）内容/馆藏发展与管理；

（3）支持教学与学习；

（4）参加学术交流；

（5）学术仓储与数字化工具；

（6）参考/帮助服务；

（7）拓展/延伸到学术群体之间；

（8）为增加基金资助提供服务；

（9）展览与事务规划；

（10）领导者。

这些职能中，部分是传统职能的延伸和扩展，如馆藏发展与管理，除了纸本馆藏，也强调对数字内容的管理；如支持教学与学习，单独提出，实际上更为强调用户教育要与专业课结合，在专业课教学和学习的过程中融合、提高学生的信息能力，从而也更进一步支持教师教学目标的实现。参加学术交流、拓展/延伸到学术群体之间，是过去院系联络职能的拓展，只是范围要求明显更为宽广。部分是为适应新的环境、满足学校发展的新需求而增加的。如参与学校层面的活动、为增加基金资助提供服务、展览与事务规划、（创建）学术仓储与（提供）数字化工具、领导者等，一方面，大大拓宽了学科馆员的工作范围，将学科馆员的功用提高到了一个前所未有的高度，另一方面，特别提出学科馆员作为领导者的角色，也向学科馆员提出了更高的要求；同时，图书馆如何平衡学科馆员这些功能的发挥，同样需要对管理流程做出相应的改革与创新。

在国内，近年来以中科院国家科学图书馆推出的"融入一线，嵌入过程，提供学科化、个性化、知识化、泛在化服务"的所谓"第二代学科馆员和学科化服务"，和以上海交通大学图书馆推行的以 IC 2 创新服务模式为品牌的、以"走进院系基地，助力科研团队，嵌入研究过程"为形式的学科化服务为代表的学科化服务体系，都与国外同行有一个共同的特点，即关注学术研究过程并为其提供针对性的、知识化的、个性化的服务，强调图书馆员的知识服务、增值服务。特别是上海交通大学图书馆学科化服务研究与进展书馆，无论是空间布局、服务理念，还是组织架构、管理机制，实行全馆全方位的学科服务模式，事实上学科服务已经体现了全馆全局业务流程的重组，图书馆的主流服务基本都反映在学科化服务中。如此，学科馆员的职能已没有太多的局限。

第七章 图书馆移动阅读服务研究

移动互联网时代，各类移动终端设备得到了迅速的普及，借助智能手机等移动设备让在线阅读十分便捷，移动阅读成为了主流趋势。如今越来越多的人习惯在候车、等人的间隙拿出手机，在线搜索感兴趣的阅读内容。智能语音、云计算、虚拟现实等高新技术的进步，更是推动了数字出版的发展，让移动阅读资源更加丰富。对于普通读者而言，借助移动终端获取数字化出版物，不仅节省物理空间，而且方便快捷，相比纸质阅读优势显著。移动阅读尤其是手机阅读的发展，改变了广大读者的阅读方式与习惯，给图书馆等信息服务机构带来了巨大冲击。作为信息的存储与传播机构，图书馆需要充分发挥自身优势，顺应移动阅读时代发展趋势，构建符合读者移动阅读习惯的服务模式。本章内容包括图书馆服务的竞争力：移动阅读、移动阅读对图书馆服务的影响、图书馆移动阅读服务的实践探讨、图书馆移动阅读服务的创新发展。

第一节 图书馆服务的竞争力：移动阅读

一、移动阅读的兴起

所有借助无线网络访问下载所需资源，或通过智能手机、平板电脑等移动终端进行阅读的行为都被称作移动阅读，如利用微博阅读文章、通过新闻客户端获取新闻资讯等。移动阅读是一种新型的阅读方式，依托电子产品存储量大、信息搜索迅捷的优势，可以为读者展现丰富的阅读产品，输出图像、声音、文字等多样化的资源。移动互联网在潜移默化中改变了我们的生活方式，让移动阅读成为我们的日常习惯之一。

移动阅读是对数字阅读的拓展，特别是数字化出版、电子纸技术的发展，使得移动阅读载体增多，吸引了更多人加入移动阅读队伍中。利用移动阅读设备，读者可以随时随地掌握最新信息，相当于拥有了一个移动的图书馆。

二、移动阅读的特点与优势分析

与纸质阅读方式相比，移动阅读具有阅读方式灵活化和简便化、阅读内容浅表化和多样化、阅读时间碎片化，以及阅读成本低廉化的特点。移动阅读充分发挥了移动互联网的互动功能，读者可以主动参与，根据喜好选择阅读文本，并通过互联网下载和评论。读者之间也可以借助阅读兴趣这个纽带，建立打破时空限制的兴趣小组，实现思想交流与知识分享。如今语言精练的特色语录，引人入胜的短篇评论，在朋友圈得到大量转发，表明人们更喜欢阅读主题鲜明、篇幅短小、信息集中的内容，方式更为多样化，阅读文本也趋于快餐化。由于阅读时间的碎片化，读者选择阅读内容的针对性更强，不再是选择一本厚厚的图书，而倾向于选择其中的某一章节或某段文字，以便提高时间利用率。

三、移动阅读对读者行为产生的影响

移动阅读为人们获取信息提供了丰富的渠道，让阅读资源无处不在，改变了人们传统的阅读习惯。如今更多的读者倾向于数字化、碎片化的阅读方式，在线阅读花费的时间增多，阅读也朝着浅表化、功利化的方向发展。

一是在线阅读时间增加。各类智能终端设备的普及，各种数据库资源的开放共享，为人们获取信息提供了便利，也使得广大读者在线阅读的时间逐渐增多。研究表明，超过 20% 的大学生每天在线阅读的时长超过 1 小时，超过 40% 的大学生每天在线阅读的时长超过半小时。移动互联网技术加快了信息传输的速度，微信、微博等的信息交互功能，让广大读者可以在线交流、转载、评价感兴趣的内容，同时图片、视频、文字等多样化的阅读类型，带给读者更加直观、立体的阅读感受，这也在无形中提高了用户的黏度。移动阅读时代很多信息机构也推陈出新，如图书馆购买国外优质的电子资源、出版社对知名网络作家的作品进行包装宣传等，这些阅读资源吸引了读者的眼球，让他们愿意花费更多时间上网浏览信息。

二是碎片化阅读成常态。现代社会生活压力增大，生活节奏逐渐加快，人们很少有时间完整地阅读一本图书。而利用移动终端设备进行碎片化阅读，是当下很多上班族的新选择，这成为他们掌握新闻资讯、学习新知识的重要途径。简短的教学视频，短小精悍的微信公众号文章，方便人们在候车、茶余饭后进行碎片化阅读，丰富了人们获取信息的渠道。加上微博、微信等即时通信工具的应用，不同群体之间的信息交互，让具有相同爱好的用户聚集在一起，形成特殊的网络社群，这使得信息机构可以对受众群体细分，使阅读资源的推送更为精准高效。

三是阅读内容功利化。阅读是人们获取知识、增长才干的重要方式，有助于开阔人们的视野，启发人们的思考，也可以解决工作、生活中常见的问题。然而如今很多人开展的移动阅读活动具有功利性，认为所获取的信息必须要对自己有益。这样的想法与认知，势必会导致移动阅读朝着功利化的方向发展，促使社会上出现很多质量不高的书籍。从阅读内容来看，更多的人会选择短视频、新闻资讯、网络小说等，而选择在线阅读经典名著的用户越来越少。很多人的阅读内容更偏向于休闲娱乐化，希望通过阅读解决实际问题，鲜有开展深层次、专业化的阅读，这对于营造良好的在线阅读环境是不利的。

总之，移动阅读时代的到来，开阔了人们的思维，给纸质媒体带来了巨大冲击。移动阅读拥有庞大的用户群体，有着超越传统阅读的趋势。移动阅读让读者选择增多，手持移动终端成为获取信息的主要工具，提高了阅读的便捷性与高效性，有助于信息机构借助大数据技术掌握用户偏好，提供高精准度的服务。移动阅读的发展，使得纸质资源的使用量减少，这与我国倡导的绿色环保理念不谋而合，客观上起到了保护环境的作用。

第二节 移动阅读对图书馆服务的影响

移动阅读改变了用户的阅读习惯，对图书馆传统的阅读服务方式提出挑战，促使图书馆重新审视自身定位，客观认识现有服务与用户需求间的差距，以便调整自身，更好地适应新时代发展的新要求。

一、改变用户需求

图书馆为用户提供的传统纸质阅读方式，与移动阅读在类型、方式上存在较大差异。移动阅读不受时空限制，属于快餐式阅读，形式更加随意，内容更加丰富。用户通过移动设备获取的信息，不仅包括原始文献资料，也包括经过多次加工、筛选与挖掘的信息，节省了用户检索专业知识耗费的时间，方便不同用户之间的交流与评论。移动阅读吸引了大批忠实粉丝，使得图书馆传统的阅读服务逐渐丧失吸引力，这就要求图书馆不得不改进服务方式，以满足用户的移动阅读新需求。图书馆也有必要在服务理念、服务设施上进行变革，掌握用户需求的变化趋势，借助移动信息技术提供虚拟交互式阅读环境，让信息服务更加个性化。

二、改变馆藏资源结构

移动阅读以便捷、高效、信息量大的优势，受到广大读者的推崇，使得很多读者不再依赖于图书馆纸质文献，而倾向于借助互联网检索信息。这就导致图书馆的纸质馆藏利用率降低，促使图书馆采集更多数字化资源，以适应用户的移动信息服务需求。在移动阅读环境下，读者对图书馆提供的文献类型也有新要求，不再局限于专业文献检索，而是涉及人文、时政、娱乐等多个方面。为了让读者可以获得更多移动阅读资源，很多图书馆强化数字化资源建设工作，通过与电子出版商、数据库运营商合作，以采集、开发、利用全球信息资源为目标，改变馆藏结构单一的局面，让馆藏资源结构逐渐趋向多元化、系统化。这样的变化减少了图书馆的纸质资源存量，降低了纸质文献采购费用，也让用户可以便捷地在移动终端获取图书馆各类信息资源。

三、改变信息服务流程

图书馆传统的信息服务流程，一般是依据文献采访、编目、传递的流程进行设计的，每个环节的业务内容相对固定。移动阅读不仅改变了文献采访编目方式和图书馆馆藏结构，也促使图书馆设计更为合理的信息服务流程，以适应用户多元化的需求。在移动阅读环境下，图书馆用户希望信息检索更加智能化、个性化。为此，很多图书馆借助大数据、人工智能等新技术，对用户数据进行全面分析，在挖掘用户个性化需求基础上，做好信息服务流程的重构工作。为满足不同层次用户的需求，弥补单个图书馆存在的不足，很多图书馆纷纷加入区域联盟，旨在促进馆际互借与资源共享，让区域馆藏资源得到合理化配置，实现数字化馆藏一站式检索，为读者提供更多选择，这在一定程度上有助于构建高效便捷的信息共享平台。

第三节　图书馆移动阅读服务的实践探讨

随着移动互联网的普及，图书馆数字资源的服务形式越来越向手机、平板电脑端发展，实现了阅读资源经典化、碎片化、个性化相融合的移动阅读模式，可以通过 WAP 站点浏览阅读，可以下载 App 客户端进行阅读，可以借助微信进行资源的碎片化、个性化阅读。移动阅读无论是服务形式还是服务内容，都在借助移动服务终端不断增加新的功能，在丰富服务形式的同时，还不断深化、整合阅读资源的服务内容，以随需而动的服务理念契合用户个性化、碎片化、专业化的阅读需求。

一、图书馆移动阅读服务实践的背景分析

移动阅读服务是在数字图书馆技术和移动互联网技术日趋成熟和普及的背景下新出现的一种阅读服务形式，图书馆移动阅读服务的初期是以数字图书馆资源作为移动服务的底层资源，利用技术实现阅读资源的可移动化，以满足用户对阅读资源的移动浏览、下载和阅读，借助移动终端设备实现图书馆资源服务的可移动化，并探索在移动终端实现馆藏资源搜索、到期提醒、预约借书、续借服务等移动 OPAC 服务，开展图书馆新闻、通告、新书通报等信息服务，但由于可直接用于移动终端阅读的资源十分有限，同时受终端操作系统的限制，初期的移动阅读服务没有很好地解决各类阅读资源的统一检索、统一调度和全文阅读的资源利用问题。

近年来，随着通信技术的进步和智能手机移动终端的快速普及，微信、微博等新媒体运用而生，使文字信息传递不再是简单的短信文本，而是丰富的图像、声音并茂的文档，这种可以显示声音、图像等多媒体信息的传递方式成为人们获取知识信息的重要手段，图书馆利用这些新媒体的信息传递方式不断扩展和改造移动阅读服务，进一步提升图书馆移动阅读的服务水平，不但解决了移动阅读经典化、系统化的服务方式，同时还发展了互动化、个性化、碎片化等多媒体的服务方式，极大地丰富了移动阅读服务的实践形式。

二、图书馆移动阅读服务实践的平台

图书馆移动阅读服务依托服务平台的功能以多种形式为用户提供移动阅读服务，目前应用比较广泛，包括在传统移动服务基础上发展起来的移动图书馆、App 移动客户端和微信公众平台嵌入。移动图书馆以图书馆集成管理系统和基于元数据信息资源整合为基础，实现图书章节和主题片段的检索与阅读，不但提供资源的经典阅读、系统阅读，同时着力数据整合的一站式搜索。App 客户端移动服务注重数据中信息和知识的挖掘，利用文本编辑器，屏蔽各种浏览器之间差异，为用户推送相关资源。微信公众平台为阅读资源的移动阅读提供了二维码阅读服务形式，同时提供了图书馆集成管理系统、数字资源的移动服务形式、信息公告，为移动阅读提供信息推广服务。

（一）移动图书馆阅读服务平台的构建

移动图书馆阅读服务的方式是针对特定 IP 范围开放数据的库资源权限，移动图书馆服务平台通过在图书馆 IP 范围内设置代理服务器，利用注册的方式实现阅读资源在移动终端的访问。移动图书馆在保留阅读资源数据加密措施的基础上，将阅读资源转换为适合手机移动终端使用的统一界面，解决了移动图书馆在移动终端广泛应用的技术瓶颈，同时在系统的应用层、业务层和数据层全面整合各种阅读资源的应用与管理，为移动阅读打通技术壁垒。

移动图书馆通过网络平台层、数据资源层、应用支撑层、业务应用层实现图书馆信息管理系统、数据库资源和订阅系统的集成，构建信息交流互动平台。其中移动图书馆与图书馆信息管理系统的集成实现了书目系统与数据库资源的集成，以及移动阅读资源的一站式检索与全文移动阅读；订阅功能的集成包括新闻、图书、报纸、杂志、图片等频道分类，为用户提供多源信息的个性化移动阅读体验。在移动图书馆阅读服务功能模块中，阅读资源的集成实现了数据库资源的统一检索、统一调度和全文阅读。移动图书馆信息互动平台功能主要实现了移动阅读的评论和分享，在阅读图书时可以进行评论、添加心得，通过账号绑定也可以分享给微信、微博等好友。

（二）App 移动客户端阅读服务平台的构建

移动"互联网＋技术"和新媒体技术的发展，出现了新的资源利用模式，使 App 移动终端阅读方式得到了广泛的应用，图书馆可以不依赖第三方的移动图书馆，而是由资源的供应商直接提供其资源的 App 移动端阅读，通过扫描由资源访问网址形成的二维码，即可直接通过手机端阅读资源。

由于 App 移动服务功能是由各个资源供应商直接提供的移动阅读方式，因而其服务功能的实现方法略有不同，最简单的方式是嵌入到图书馆的微信公众平台，用户不需要授权即可通过图书馆的微信公众平台直接访问其服务模块进行阅读；另一种方式是通过下载 App 移动客户端，进行注册实现资源的手机端阅读；更复杂的方式是双向授权方式，通过下载 App 移动客户端后，利用手机号认证获得授权，然后为获得认证授权的账号使用 App 反向授权 PC 设备，实现二者的同步阅读。由于嵌入图书馆微信公众平台的 App 服务系统灵活开放、功能强大及全平台支持，目前在各个图书馆得到了广泛应用，极大地提高了图书馆移动阅读服务水平。

App 移动客户端与移动图书馆相比较而言，更加注重对用户使用行为数据的记录与统计，包括日志信息、用户信息、App 使用外部环境信息，利用特定的工具对用户在 App 平台上的阅读行为进行记录，并提供相应的统计功能。

（三）微信二维码碎片化移动阅读服务平台的构建

微信二维码碎片化阅读是随着微信公众平台的发展新兴的一种阅读方式，与移动图书馆和 App 移动客户端相比，其阅读更加方便，不需要用户安装任何客户端或软件平台，只需要通过微信推文中的二维码识别即可阅读全文。

微信二维码碎片化阅读的主要功能是借助移动互联网平台，将阅读资源内容进行重新分解，为资源个体赋予二维码，并通过微信公众平台将资源个体的内容直接推送到用户手机上，利用微信公众平台的互动功能建立资源交流圈，实现对资源的评论、转发、分享等，使用户从资源的被动接受者转变为资源的主动传播者。

微信二维码碎片化阅读功能的特征是集资源、阅读、社交数据挖掘等功能为一体。在阅读的同时，为用户提供了沟通与讨论的平台，通过二维码的识别次数、评论次数、转发数及分享人数，记录用户对哪本书或哪篇文章感兴趣，从而清晰地掌握用户的资源利用轨迹、了解用户阅读行为，为资源的碎片化、个性化推送提供了基础，通过对用户数据的深度挖掘，实现资源间的关联，同时实现阅读资源数据挖掘与数据分析的无缝对接。

微信二维码碎片化阅读相比移动图书馆和 App 移动客户端更容易与纸质资源相融合，在移动阅读的实践推广中，既可以通过二维码展示纸质馆藏，也可以利用嵌入纸质馆藏的二维码直接扫码阅读移动资源。

三、图书馆移动阅读服务实践的模式探讨

（一）移动阅读与社交融合

移动图书馆、App 移动客户端和微信二维码移动阅读形式的重要特征是将移动阅读与社交相融合，为用户带来越来越多的互动体验，通过移动阅读内容的采集、管理构建移动阅读的价值观，利用移动阅读内容呈现和管理对其进行质量的甄别，搭建移动阅读公共平台模块，与用户形成良好的互动。因此图书馆移动阅读实践推广的一项重要内容就是依托平台与用户进行深度互动，从而推动个性化、互动化阅读。图书馆移动阅读与用户互动的形式主要是通过鼓励用户在公共平台模块进行留言、评论，并利用内容标志进行同主题资源聚类，进一步为用户推送相关资源链接，将移动阅读与社交融合，利用用户的深度阅读实现个性化、互动化阅读。

（二）移动阅读与传统阅读融合

移动阅读以移动互联网为依托，在增强用户个性化、互动化阅读体验的同时，越来越注重与传统阅读相融合，为用户提供立体化阅读模式。图书馆移动阅读与传统阅读相融合的方式是在移动阅读的推广中展示传统馆藏，而在传统实体馆藏中展示移动阅读二维码，从而催生了互为嵌入的立体化阅读模式。常见的案例是在移动阅读推广中，向用户推送资源导读或者全文阅读时，以突出的方式将资源的馆藏信息附带在推广消息下方，同时将资源全文阅读二维码或者 App 移动客户端二维码粘贴在纸质期刊或者图书上，用户在阅读纸质资源的同时通过扫描二维码可以获取该期刊本期和往期的所有内容及纸质图书的电子版全文。

（三）移动阅读与营销服务相融合

移动阅读在推动个性化、互动化阅读，以及催生新的阅读模式的同时，立足移动阅读终端功能，越来越注重营销服务，利用活动营销来转化、加深、沉淀

用户群。目前图书馆活动营销的形式多样化，如以移动终端推广为目的的宣传抽奖活动、以转化移动阅读用户群为目的的专题活动、以加深和沉淀用户群为目的的话题活动。虽然活动的营销形式不同，但其营销定位有3个方面：一是通过线上、线下活动相结合，促进用户互动来推动移动阅读社交关系的扩展，活跃移动阅读氛围，以此扩大用户群；二是以资源为核心进行营销，通过开展与资源契合度高的活动深化资源挖掘、推广，促进用户深度阅读，吸引用户的参与，并形成活动品牌，利用品牌效应提升移动阅读特色；三是注重由用户引导的活动内容，由用户通过话题活动推动营销活动的深入，激活用户潜在阅读需求，借此来传播移动阅读价值观，从而增强移动阅读与用户之间的关系。

第四节　图书馆移动阅读服务的创新发展

我国图书馆移动阅读服务开展的时间不长，发展缓慢，服务内容与用户需求也无法有效对接。因此，图书馆要想获得长足发展，必须充分认识移动阅读的价值，提升移动阅读服务技术，丰富与创新服务内容，建立完善的服务模式。

一、完善移动阅读服务技术

图书馆要紧跟移动信息技术发展步伐，及时引入新技术、新设备与新方法，做好移动阅读服务系统的开发、建设与维护工作，全面提高移动阅读服务技术水平。目前国内已很多企业可以提供移动阅读服务系统，如江苏汇文软件公司研发的移动图书馆系统。图书馆可以与这些企业合作，共同开发符合自身需求的服务系统，也可以借助既有的科研资源自行设计，积极开发移动阅读服务客户端，并为到馆用户提供平板电脑、电子书阅读器等，让更多的用户享受便利的移动阅读服务。目前很多图书馆仅能够提供馆藏检索、读者信息管理等基础性服务，既有系统提供的移动阅读资源相对有限，服务功能单一，还不能称之为真正的"移动图书馆"。为此，图书馆在处于开发设计移动阅读服务系统阶段时，要做好用户信息的全程跟踪分析工作，结合用户的反馈改进服务方式，让服务系统具备移动检索、位置服务、个性化定制、信息导航等多样化功能，让服务系统更趋完善。

二、丰富移动阅读服务内容

为广大用户提供丰富多样的阅读资源，是图书馆提升用户移动阅读体验的必然要求。如今很多人使用移动阅读仅是为了休闲娱乐，使得网络文学、短视频等受到追捧，也吸引了数量较多且稳定的用户群体。图书馆若能够对用户感兴趣的网络阅读资源进行整理，筛选有特色的阅读资源作为移动阅读的主要推送项目，势必会提高读者的关注度。同时图书馆需要根据不同群体的特点，推送具有个性化的服务内容，并利用微信、微博等平台增进与用户之间的交互，进一步提高用户的参与度。例如华东政法大学图书馆借助微博平台，设置"诗情画意""书香华政""每日一读"等阅读推广主题，定期为用户推送图文并茂的阅读内容，受到广大师生的一致好评。

三、建构智能化阅读服务模式

在移动互联网环境下，图书馆的移动阅读服务不再局限于简单的信息推送，而是要求在信息多向交互的基础上，深入挖掘用户的个性化需求，提高服务系统的智能化水平。移动阅读的智能化，将是图书馆移动服务的必然趋势。图书馆应该积极搭建多样化可以交互平台，如微博、微信、官网 App 等，一方面可以获得更多用户的信息数据，另一方面可以引入人工智能技术，实现对用户行为数据、意见建议的聚合分析，准确把握不同用户的需求。图书馆要大力开发智能化服务系统，主动寻求与高新技术企业的合作，引进更为智能化的移动阅读设备，开发更为便捷的图书馆客户端，不断拓展服务渠道。图书馆也需借助计算机智能技术，结合用户的检索、阅览、咨询等行为数据，建立不同群体用户的移动阅读行为模型，分析用户的移动阅读特征和需求，并为他们提供个性化定制、参考咨询等服务。

在移动信息技术高速发展的背景下，移动阅读的发展，在给读者带来多样化选择的同时，也对图书馆传统借阅服务带来了巨大冲击。图书馆利用适宜的信息技术，制定合理的移动阅读服务流程，通过与企业合作搭建移动阅读服务平台，不断丰富移动阅读服务内容，从而吸引更多用户参与，这是促进图书馆移动阅读发展的必要手段，也是图书馆助力书香社会建设的必然途径。

第八章 数字人文背景下图书馆知识服务

第一节 数字人文背景下人文学科"新特征"

大数据技术和互联网技术的深入发展带动图书馆和数字化、信息化技术融合,"数字图书馆"成为新的名词,多元化的发展趋势是图书馆数字人文环境的全新模式。数字人文与图书馆的融合发展,也为图书馆在数字人文背景下的知识服务模式转型和图书馆未来发展带来新的机遇。图书馆作为面向公众的知识服务性机构,面对数字人文环境带来的机遇和挑战要与时俱进地迎合发展。本章立足数字人文环境变革为图书馆带来的机遇,分析数字人文背景下人文学科"新特征"以及数字人文背景下图书馆知识服务转型驱动要素等,并为图书馆知识服务转型提出一定的建议,以供学者借鉴。

一、数字化

纵观传统的人文学科基本特征,皆以原始资料和理论基础为主来进行知识探索和创新,且基于传统的人文学科特征开展研究要付出大量的人力、物力,花费大量的时间对所获取的资源和信息进行组织、分类、分析、归纳等一系列操作。展望数字人文的发展趋势,在人文社科领域的研究还存在许多无人涉足的空白。

"数字人文"的发展使数字传统的人文学科特征发生了新的变化,同时也解决了数字人文研究上的一些难题。"数字人文"本身就是建立在大数据技术和互联网技术上的产物,以"数字图书馆"为背景,以图书馆资源为对象,通过数字技术的方式把图书馆内资源进行图像化分析、数字化表示,利用智能技术处理馆内数字信息。

数字化作为"数字人文"的基本工作,也是数字人文背景下人文学科的"新特征"之一，为人文学科的新发展奠定了基础。

二、新的研究方法和研究范式

由于数字人文背景下，人文社科领域的研究方法和研究范式已经向数字化的方式转变，因此传统的图书馆服务模式也逐渐向智能化、多样化方向转变。通过人工的方法来进行阅读资料的搜集是传统人文学科研究的主要方式，通过对人工搜集过来的资料进行挖掘、分析，得到研究结论。

基于"数字人文"的智能化服务方式是在研究对象已经被数字化的基础上，利用计算机等技术手段对已经数字化了的文本进行多角度的分析、统计、分类、比对，通过分析文本数据，抽取文本信息，发见知识元，创新性地发现蕴涵于文本之中的模式、模型、规则、趋势，解决传统研究方法无法解决的问题。

研究方法的智能化和研究范式的多样化提升了人文学科领域的研究效率，拓展人文社科学术领域的研究空间，为数字人文的研究提供了新的研究方法和研究范式。

三、跨学科

学科交叉发展在传统的人文学科研究中是不常见的，传统的人文学科特征是基于语言学、社会学、历史学等基本的人文学科，几乎不涉及计算机、数学等理科类学科，发展较为局限，即使在某一项研究中利用了人文学科外的其他学科也是非常少见的，近年来跨学科的发展、文理的交融成为人文学科研究新的特征。

"数字人文"是一个文理交叉领域，研究项目和研究团队既包括传统人文领域的研究者，还有计算机技术的专家学者。只有在他们的合作下，数字仓储、文本挖掘、多媒体出版、数字图书馆、信息可视化、虚拟现实、信息系统等多种信息技术才能够在人文领域得到深入应用，因此，在数字人文背景下，各学科是交叉融合，合作发展的。

数字人文的发展给人文学科研究带来新的研究方法和范式，也给学科协作、交叉融合带来新的机遇。

第二节　数字人文环境对图书馆知识服务的推动

图书馆知识服务是指咨询馆员依托馆藏文献资源，充分利用自身的专业知识与技能，借助技术与设备组织、开发、集成、应用知识，并通过某一咨询方式向用户提供知识增值服务，帮助用户解决问题，并融入用户解决问题的全过程。其具有个性化、专业化、交互性等特征。传统的图书馆知识服务以馆员提供人工知识服务为主，付出人力和时间较多且效果不佳。数字人文的发展，图书馆知识服务模式逐渐发生改变，逐渐从人工知识服务向数字化知识服务过渡，服务质量提升与服务理念的创新，从多方面推动数字人文背景下图书馆知识服务的转型。

一、图书馆知识服务创新

数字人文是大数据技术和互联网技术在人文学科领域的渗透和介入，实现了人文学科领域的研究方法和范式的转变，对于大部分人文社科领域的学者来言，图书馆知识服务创新改变了以往搜集信息获取资源的途径，工作效率得到明显的提升，这为数字人文的进一步发展创造了有利条件。在数字人文背景下，数字化技术已经与图书馆交叉融合，传统图书馆已经向"数字图书馆"的方向转变，馆内的数字化知识服务已经渗透到各个工作环节，单一化的图书馆知识服务已经逐渐被取代。尽管这样，数字人文背景下的图书馆知识服务创新仍然需要基于基本理论、基于学科交叉展开研究。因此，数字人文与图书馆的融合发展，让图书馆的服务模式找到了新的切入点，促进了图书馆知识服务模式的创新。

二、图书馆的资源结构优化调整

（一）馆藏资源优化整合

纸质资源和数字资源是图书馆馆藏资源的两种主要形式，例如，报纸、期刊和纸质图书以及相关的数字资源。其中，纸质资源在图书馆馆藏资源中占有主要的部分，数字资源与纸质资源相比存在着数量上的不足。在数字人文背景下，学者对于资源的需求呈多样化，对资源需求种类较多，图书馆在补充图书馆馆藏资源时，应该平衡纸质资源和数字资源的数量，加大数字化技术的投入，满足学者需求。同时，要加强馆内数据库的建设，重视数字化资源的发展。此外，随着数字化技术在图书馆中的渗入，馆内工作人员可以利用数字化技术对馆内资源进行较好的处理。例如，利用网络技术中相对性的独立关系进行新的融合、分析和整理，从而改善图书馆资源管理的复杂性和庞杂性，有效地整理出图书中较为重要的信息资源。

（二）信息检索方式升级

信息检索在图书馆中发挥着重要的作用，最大的价值在于能够在馆内实现信息共享，提高检索效率，快速为学者找到所需要的资源。随着数字化技术在图书馆的普及"数字图书馆"的逐渐成型，检索方式也由以往的手工检索转换成网络检索的方式。学者可以利用数字检索方式在检索系统中输入关键检索词在馆内资源中查询到需要的信息资源。检索方式的升级可以快速找到相应馆藏资源的位置，提高检索效率、工作效率。

三、馆藏资源利用的新渠道

数字人文进一步改变了图书馆的知识服务模式和服务理念，使图书馆实现真正的"为人所用"，当然，图书馆作为一个服务性机构如何满足学者对于资源的需求、如何增强图书馆知识服务的质量，是影响图书馆发挥本身有效性的重要因素。值得注意的是，在目前不仅公共图书馆、高校图书馆致力于图书馆知识服务的改变，在数字人文背景下小众图书馆也开始寻求数字人文背景下图书馆知识服务模式的新发展。此时，数字化技术和大数据技术就在其中发挥出重要的作用，利用大数据技术对馆内资源进行整合，形成以用户需求为中心的模式，发现用户的个性化需求，依据用户需求开展个性化定制、用户咨询等服务，促进资源能够满足不同用户的需求，让数字人文背景下图书馆的知识服务成为馆藏资源利用的新渠道。

四、知识挖掘

知识挖掘是知识服务的首要任务，也是当代"数字人文"的最基本内容。其结合数据挖掘技术（data mining），在纷杂、无绪、随机的数据中提取并整合事先不知道但潜在的有用信息。知识挖掘主要集中于 Web 挖掘和文本挖掘，而图书馆的知识挖掘主要是基于文本挖掘。图书馆根据用户研究内容的需求，对积累的信息进行分析，通过对文献定向和定量的增值处理，发现隐含在文献中的知识，揭示蕴含于其中的规律、模型、模式、观念和文化精神。文本挖掘实质上就是一个发现知识的过程，这个过程包括文本数据分析、文本信息抽取、文本知识发现等环节。这里的知识包括各种模式、模型、规则、趋势观念与文化精神等。文本挖掘技术包括预处理、模式挖掘、模式评价等多个步骤，以及文本结构分析、文本摘要、文本分类、文本聚类、关联规则、分布分析与趋势预测、可视化技术等一系列文本处理与数据挖掘技术。知识挖掘方法的综合运用，为图书馆的知识服务提供了新颖高效的技术手段，为知识服务奠定了全新的文本基础和技术支持。

五、知识组织

有关图书馆的知识组织，经历过文献单元和信息单元后，也早已形成了图书馆自有的知识体系，但就知识单元而讲图书馆的知识体系还存在着不足。在"数字人文"背景下，数字技术的发展，使得馆内资源以及馆内文献信息在数字化技术下得到有效利用，相关学者和研究人员可以利用数字化技术对已经提取的有效信息进行智能化、数字化、可视化处理，通过分析、选择、处理、细化等信息组织的方法，挖掘其本身有意义的单元，并单独把这些有意义的知识单元组织起来形成特有的知识体系，以供给有需要的人提供方便。在这种情况下，知识单元已经不再是简单的文献种类与信息数量，而是超越了文献单元和信息单元的新型知识组织，它是对关联知识进行独立、自由、有效识别的处理与组织，它的基本单位是进入学科深层面的知识元。把知识组织融入知识服务中和学科过程中，是数字人文背景下图书馆知识服务的新发展。

第三节　数字人文背景下图书馆知识服务转型的原因

一、数字化技术的发展

在如今信息技术时代，互联网时代迅速发展，与数字技术相关的各个领域的发展程度都已经超越了许多人的想象。对于资源丰富且以服务为主的图书馆而言，以数字化技术为基础，依托于大数据技术，图书馆的知识服务品质也得到显著提升。数字化技术下的"数字图书馆"通过计算机技术可以有效促进馆内馆藏资源的日常管理，提升服务质量，而且在图书馆中可以有效利用数字化技术来对馆内资源进行有效提炼，创新数字人文背景下图书馆服务模式和服务理念，为学者提供一站式的知识服务，例如，通过在馆内引入数字化技术、大数据技术等到图书馆知识服务中，可以根据学者所研究的学科、所涉及的学科知识以及学者所从事的职业等为学者提供一对一针对性的知识服务模式，使图书馆由被动服务转向主动服务，并通过这种方式来增强用户与图书馆的交互性、融合性，增强体验感，提升用户满意度。

二、用户需求的转变

图书馆的用户按照其本身的需求可以分为两类，一类是普通读者用户；另一类是以科学研究为目的的学者。图书馆的用途对于普通用户来说是一种资源的提供，普通用户通过获取图书馆的资源满足学习、工作等日常需求；而对于研究型的学者来说，通过图书馆获取资源，能够为研究项目提供帮助，推动研究进度的发展。在数字人文背景下，普通读者用户和以研究为目的的学者对于图书馆的资源需求都发生了转变，例如，一方面对于普通学者来说手持移动终端的发展以及信息素养的提高，图书馆以往的咨询服务、资源检索服务、文献知识服务等已经不能满足当前普通读者用户的需求，相比之下个性化、针对性、数字化的便捷服务成为当前普通读者用户更倾向的新方向；另一方面对于研究型学者来讲以往的图书馆服务对研究的推进方面费时费力，一些低技术含量的服务浪费研究人员的大量精力，因此，研究型学者迫切需要图书馆通过数字技术对研究所需基础资源进行归纳、分析、演绎，推动研究进程。

三、行业环境驱使

行业环境是指运营环境，图书馆作为服务性机构受整个知识服务行业影响。随着数字技术的渗透和发展，传统的图书馆知识服务模式已经无法及时为用户提供满意的服务，知识服务模式和运转机制已经无法适应当前知识服务行业发展，这意味着在数字人文背景下图书馆的知识服务模式必须向个性化、针对性、多元化以及差异化的方向发展，才能切实为用户提供服务。例如，目前我们所熟知的知识服务载体百度知道和知乎等，已经打破传统图书馆的知识信息服务模式，以移动终端和互联网为基础，以用户需求为中心，已经成功地分流了图书馆的用户，甚至大多数用户在查询资料的时候已经不再把图书馆作为主要的资料来源。所以，这就驱使图书馆不得不改变知识服务模式，保留图书馆的社会价值。在行业环境的影响下，竞争压力的影响下，图书馆必须把提升服务品质作为改革的切入点，推动图书馆服务机制的改革，建立"读者第一""用户至上"的服务机制，为用户提供个性化、差异化的服务，适应行业发展，真正地为用户提供方便。

第四节 数字人文背景下图书馆知识服务模式构建

数字人文背景下的图书馆知识服务以图书馆内存储的丰富数字化资源与纸质资源为基础利用计算机技术进行分析归纳，以此来寻求知识点和知识单元之间的联系，通过计算机辅助工具，文本挖掘技术、数据处理技术、可视化技术等计算机技术，来挖掘蕴藏在文献资料背后的信息，为学者提供高层次的知识服务，使用户依赖于数字化技术提供的高效率。

（1）项目预设问题。人文社科的研究文献经过数字化处理，形成以版权作品为知识单元的数据库；通过学者需求进行知识组织，利用计算机技术的数据处理、清洗、分析等步骤。例如，计算机扫描、可视化处理、文本挖掘、编码处理等形式，把人文社科中研究文献以可视化直观的形式呈现出来，通过可视化图形的方式为用户解读，便于用户理解。

（2）设计知识单元。提取数字化处理后文献中的知识单元，形成以实体关系为主的知识库。

（3）以问题为切入点构建模型库，研发平台工具，形成模型工具库。

（4）运用模型工具，诠释知识点，即知识表达或知识计算。

（5）形成可视化知识图谱和相关数据报告，基于知识图谱和数据报告得到研究结论。

（6）对研究结论进行知识评价、同行评议，提取有价值的结果和已经形成的新知识。由此，知识服务融入图书馆数字人文的研究周期。

图书馆数字人文知识服务的流程可归纳为：①数字化文献储备。数字化文献包括高质量且完整性强的电子书、期刊、音频文件、视频文件和图像等，通过元数据进行知识组织，来提高检索效率。②知识组织。知识组织依托于知识单元，通过提取知识单元来构建数据库，进行知识表达和知识表示。知识服务组织管理文献中的知识。知识组织是知识服务的重要组成部分，揭示知识单元（包括显性知识因子和隐性知识因子）、挖掘知识关联的过程或行为。·知识单元包括实体、公式、图像等细粒度的句子、段落和粗粒度的文献章节等。知识组织的体系支持领域知识库构建。③构建模型和工具研制。构建模型和工具研制是传统研究范式所不具备的，同时这也是数字人文与传统研究范式主要的不同，例如，使用自动分类聚类模型梳理文献，提取重点；GIS模型，分析地理空间关联；社交网络模型（SNS），用来研究社交关系。④知识表达和知识计算，可视化知识图谱等。⑤知识交流和知识评价。这是数字人文彰显价值的方式，同时，数字人文研究的过程和数据值得数字人文学界重复检验。

第五节 数字人文背景下图书馆知识服务转型对策

一、构建数字人文研究中心

在当前要想有效提升图书馆服务能力,就必须加快构建数字人文研究中心,搭建一个新的数据管理和科研交流平台,为人文社科领域的研究人员提供更为高质量的服务。在构建数字人文研究中心的过程中,要充分利用数字化技术,实现数字化技术与人文学科领域的交叉融合,以此推动人文学科领域的发展,让诸多科研工作者在研究过程中,通过数字化技术解决信息收集中所存在的难点,提高整体工作效率。在目前情况下,构建数字人文中心是图书馆参与数字人文的重要方式,通过构建数字人文研究中心,可以提升图书馆服务质量,拓展图书馆业务范围,其自身在技术和资源等方面的优势也可得到更好的发挥。例如,在国外数字人文研究相对成熟的国家,许多大学的数字人文研究中心都会设立在图书馆中。在这个过程中,我国应该多借鉴国外成功经验,充分发挥自身优势,有效整合相关资源,推动国内数字人文研究中心的建设与创新,能够切实为科研人员提供研究过程中的便利。除此之外,图书馆也应该加强与科研院所和高等院校之间的协作,为推动图书馆数字人文服务质量的提升打下良好的基础。

二、加强面向知识服务的数据库建设

"数字图书馆"是当前图书馆发展的一种新形式,数字技术在图书馆中的应用,让图书馆的建设上升到了一个新的高度,目前,很多公共图书馆和高校图书馆大多建立了自己的数据库,并在图书馆内开设了为用户提供服务的知识服务平台。这些数据库的建立,不仅有效地为用户提供了高效率的知识服务,而且有效地保存了历史、地理、人文等方面的重要内容。把资源以数字化技术的方式表达出来,一方面,拓展"数字图书馆"的建设;另一方面,在满足普通读者用户对于日常工作学习的需要外,也要致力于为深层次研究型学者用户提供知识服务,满足学者对于历史、人物和文化资源方面的迫切需求，使数字人文的统计和分析作用得到有效利用。

三、发挥数字人文馆员的作用

图书馆员在图书馆提供知识服务的过程中扮演着重要的角色，为学者、研究人员和团队等提供差异化、个性化的知识服务。因此，图书馆内有必要设置有关数字人文馆员的职位以及一系列的任职条件、岗位职责，并在条件允许的情况下开展培训教育。数字人文馆员应是具有图书情报专业背景的，具有一定跨学科研究能力、视野开阔、专业知识扎实、具备咨询技巧，愿意承担数字人文项目服务、人文资源或数据集建设、数字人文技术培训与专业教学等职责，紧跟人文学科研究前沿，开展学术交流、科研创新、参考咨询等工作的图书馆员。数字人文背景下的图书馆知识服务，用户对于信息资源的需求呈现差异化和个性化，图书馆员必须有一定的知识分类能力和检索能力，掌握数字人文研究的相关内容，在这种情况下，图书馆需要对馆员进行素养教育与业务能力培训，来实现数字化技术与图书馆的成功融合，适应图书馆转型发展的需要。在未来图书馆的发展中，图书馆员是必须兼备数据和知识服务能力的优秀馆员，所以，图书馆要投入力度培养数字人文馆员，壮大数字人文馆员队伍，明确数字人文馆员的培养目标和培养方向，为数字人文背景下图书馆知识服务的转型提供帮助。

四、提供多层次的技术和服务支持

数字人文研究既具有其他学术活动的普遍特征，也有其独特的性质，这决定了它所应用的工具、技术和方法并不是单一的，因此，图书馆不仅要提供针对学术研究的一般性服务，也要结合数字人文的特点提供相应服务，即服务是多层次的。图书馆的数字人文服务层次可以分为四个层次：

（1）面向师生和研究者的一些基础服务，例如，文件存储、视频流、维基百科等，满足用户简单的对计算机技术的需求。

（2）普通研究服务，面向大众群体，但是会为特别的学术研究者设计，例如，期刊管理系统、网络平台、虚拟主机等，共开展学术研究的人员使用，为用户提供学术研究模板，便于选择适合研究需要的类型和格式。

（3）拓展研究服务，这一层面图书馆所提供的服务主要是面向用户的个性化服务，以及咨询服务。

（4）应用层面服务，挖掘研究的持续性和潜在价值是这一层面的主要特点，包括开发工具、平台以及方法等，不断与学者合作。不同层次的服务对人力、物力、财力的需求程度不同，图书馆可以基于馆内本身的条件为用户提供相应的数字人文服务。

五、构建系统的图书馆数字人文服务评价体系

服务型机构及其组织注重的是服务能力，图书馆作为一级社会组织，存在的意义就是为社会提供知识服务满足社会需要，并以提供知识作为其存在的核心目的。因此，服务能力对数字人文研究有着重要的作用，图书馆应该抓住数字人文发展契机不断提高服务能力，要完成这个目标，就要立足于更高的社会价值构建系统的图书馆数字人文服务评价体系，这不但能够提高图书馆服务能力，而且还能提供图书馆工作效率及时获取用户为图书馆提供的信息。图书馆内部各部门之间要及时沟通交流相互配合，在日常提供知识服务的过程中具体任务具体分析，同时，还要和用户及时沟通，了解用户需求并做及时答复。图书馆在构建服务评价体系时要积极借鉴国外经验，国外在图书馆数字人文研究方面的经验值得我们学习、借鉴，依据已成功的实践经验，借助相关构建图书馆评价体系的会议、论坛等有效信息资源，推动图书馆数字人文服务向更深层次发展。

数字人文研究的快速发展无疑会促进图书馆知识服务模式快速转型，同时，数字人文研究也取得了不少重要成果，这些都给数字人文背景下图书馆知识服务打下了基础，图书馆知识服务模式的转型也是不同层次用户的迫切需求。数字化技术与传统图书馆的融合，也进一步推动了图书馆改变服务方式和服务内容，为用户提供精准化、差异化、个性化的知识服务，使图书馆的业务能力和工作效率都得到了一定程度的提升，体现了数字人文背景下图书馆的服务能力。"数字人文"时代，图书馆的发展应该紧跟社会发展，抓住发展契机，正视困难和挑战，充分发挥新时代的技术和服务的优势，在数字人文背景下努力创新知识服务模式，提升知识服务品质。

第九章 图书馆服务转型探析

第一节 服务转型是图书馆发展的必然趋势

"转型"（transformation）是指事物从一种运动形式向另一种运动形式转变的过渡过程。它是社会学对生物学概念的借用，以描述社会结构具有进化（或演化）的意义和结构性变迁。如在当代颇具影响力的哈利生在论述现代化和社会发展时就多次运用社会转型一词来说明。中国台湾社会学家蔡明哲在其著作中把"Social transformation"译为"社会转型"，并表达了"发展就是由传统社会走向现代社会的一种社会转型与成长过程"的思想。

一、社会转型与图书馆

社会转型（Socailtrans formation）是社会结构转型的简称，是社会的整体性变动或结构性变迁，社会转型的实质，借用法国思想家埃德加莫兰的话说，是自我摧毁以便自我重建的一种事件频发的过程，它反映了社会自我发生和异质发生的过程的普遍的辩证相互作用。社会转型是一种社会危机，其根源是社会失范，具有群体无知性、长期积累性、短期难以愈合性等特点，而转型不仅是对社会事件的关注和社会问题的解决，更意味着旧秩序的打破，同时意味着新秩序的建立。转型在本质上是从一种平衡态过渡到另一种平衡态，就是以不断变革的方式去适应深刻变化了的环境。

当今的中国正处于转型时期——从农业社会向工业社会转变，从封闭半封闭社会向开放社会转变，从单一性社会向多样化社会转变，从伦理型社会向法理型社会转变。此外，在世界信息化浪潮的影响下，我国又提前进入了信息化社会。图书馆作为文化事业的组成部分属于上层建筑，以经济为基础，其变化、发展直接受经济条件的影响、制约。

在进入新世纪的时期。传统意义上的图书馆早已不能满足用户对信息资源的个性化、多元化需求，我们不得不正视今天的社会转型，不得不思考在以计算机技术和通信网络技术为主的信息技术飞速发展的今天，图书馆如何从传统的知识存储功能向数字化综合信息中心转变，从而实现图书馆服务的转型。在社会转型的大潮中要实现图书馆服务的转型应处理好以下几种关系。

（一）知识经济与图书馆的关系

1990年联合国研究机构提出了"知识经济"的概念，1996年亚太经合组织第一次将这种新型的经济明确定义为"以知识为基础的经济"知识经济时代，学习成为人们的立身之本。

在知识经济条件下，图书馆开展深层次的信息加工，协助科技前沿人员及时借鉴、参考、继承有针对性的知识信息，将是图书馆信息传递与服务的主要内容。中科院院士钱学森同志指出，情报信息既是新技术革命的核心内容，也是迎接新技术革命最核心的对策。除了情报的搜集和传递，还有情报的储存、整理、检索和提供问题。作为文献信息中心的图书馆除了向用户提供文献资料、解答事实性咨询外，更重要的是开发文献资源的深层次内容，提供综合信息，主动进行跟踪服务和定题服务，参与科研和生产的决策，向用户提供综述述评和预测报告等各类信息产品，即提供更快、更准、更全、更深、更多的信息服务。

知识经济时代，经济的主要增长成分将是信息，最需要的是能够利用各种传播载体，控制信息流，并加以有序管理和广泛传播的专家。在知识经济时代，图书馆员的角色将由单一化向多元化转变，图书馆员必须是知识结构合理、有良好敬业精神、素质一流的学者，能对用户无法接受和理解的知识信息予以"解读""导读"，方能胜任本职工作。

（二）图书馆传统读者服务与现代信息服务的关系

随着知识经济时代和信息社会的到来，用户需要图书馆为其提供广、快、准、新的信息。为了满足用户的这种信息需求，图书馆必须提高其服务水平和服务质量，拓宽服务内容，改进服务手段，积极开展网上咨询、学科导航、定题服务、网络信息资源的开发与研究、用户培训等一系列高层次的现代信息服务。目前，图书馆领导有重现代信息服务轻传统读者服务的思想，忽视流通阅览部门工作，事实上，图书馆的传统读者服务仍然是图书馆大多数读者最需要获得的服务模式之一，图书馆领导应该意识到，被动服务的工作模式无法使读者满意。传统的读者服务不能仅仅是借借还还和提供阅览,工作人员必须了解相关专业相关知识和图书情报专业知识,要了解馆藏,掌握计算机基本操作技能,积极帮助读者查找文献、解答读者咨询、指导读者利用检索刊物和参考工具书、开展新书导读等。今后,现代信息服务是未来图书馆的工作重点,但也应该认识到传统读者服务与现代信息服务将长期共存,未来图书馆是复合图书馆,体现在服务模式上就是传统读者服务与现代信息服务相互促进优势互补,既能满足普通层次读者对信息的一般性需求,也能满足科研人员等高层次读者对科研信息和知识含量的深度需求。

(三)数字化建设与队伍建设的关系

图书馆数字化建设的关键是队伍建设问题。建设一支思想政治素质和业务素质高、技术过硬的专业队伍是图书馆面临的紧迫任务,图书馆数字化建设的主要目标是为用户提供更好的服务。当前,图书馆开展定题服务、网络咨询、馆藏特色数据库建设、网络信息资源的开发、学科导航等工作,需要一批专门从事现代信息服务的专业人才,他们不仅要熟练掌握计算机操作,而且要具备很高的外语水平,精通某一学科的专业知识,并要有广博的知识面,包括自然科学和人文科学知识,具有较高的文献信息检索、组织能力。图书馆数字化建设是一项长期的复杂的工程,队伍建设需逐步完善,不能一蹴而就。队伍结构一定要合理,包括知识结构、年龄结构和职称结构。图书馆管理者应转变观念,在人才培养上投入资金,为图书馆员创造培训、进修、继续深造的机会。此外,如何留住人才也是图书馆管理者必须考虑的问题。图书馆文化中价值观所确定的共同目标和共同信仰,能够激发起图书馆员工为理想奋斗的激情,促使大家去追求更加卓越的目标,从而能够极大地提高馆员的努力程度和组织的运作效率。要让馆员多从事富有挑战性的工作,让他们有成就感。要以感情留人、以事业留人、以待遇留人,这是图书馆新时期队伍建设的关键。

(四)馆藏资源与网络资源的关系

无论是传统图书馆读者服务还是现代图书馆信息服务,都离不开丰富的信息资源,资源是基础,是保障,没有资源,图书馆服务就成为空话,图书馆也就不复存在。如今,用户需求越来越呈现出个性化、多元化趋势。图书馆服务正在从信息服务走向知识服务,要为用户提供高质量、深层次的知识服务就必须拥有丰富的、多种载体、多种形式的文献资源,无论馆藏资源多么丰富,仅仅依靠自身馆藏也难以满足当代用户的信息需求，但又不能过分依赖网络资源、网络资源浩如烟海，但不乏大量的垃圾信息，而且过于分散不成系统，图书馆既要加强自身馆藏资源建设，形成纸质资源与电子资源相结合，实体馆藏与虚拟馆藏相结合的馆藏体系，同时也要加强对网络资源的搜集、挖掘、整理、储存，以弥补馆藏资源的不足，更好地满足用户需求，促进图书馆实现其服务转型。

二、新技术的应用为图书馆服务转型提供了技术支持

如果说数字化、网络化等信息技术在图书馆的应用，使得现代图书馆成为一个信息共同体，实现了信息共享全球化。那么，近年来，各种新技术、新产品的应用为图书馆服务转型提供了技术支持。

（一）网格技术为图书馆的服务转型提供了最强有力的条件和技术支持

网格是近年来国际上兴起的一种重要的信息技术，一经出现便在国际上引起了广泛的关注。网格技术的目标是基于因特网技术、Web 技术和高性能计算等技术，采用开放的标准，构建一个网络虚拟环境，并实现该环境下的资源共享和协同工作。网格技术的应用可以消除信息与资源的孤岛。由此可见，网格技术对于解决互联网上的资源共享问题、复杂系统的综合集成问题、人机交互与人工智能以及信息安全等问题都具有重大的指导意义。正是由于网格技术对于处理异构型的资源、分布式的系统以及动态性的服务等方面具有强大的功能，因此网格技术在数字图书馆建设中的应用已成为图书情报领域的研究重点。

随着网格技术的不断发展，网格为数字图书馆的跨系统集成服务提供了新的应用平台。在网格环境中，每个独立的数字图书馆系统或是数字图书馆联盟系统都可以作为其中一个节点，为用户提供资源与服务。各个节点之间通过网络互联并应用网格技术实现资源网格，旨在实现资源共享和协同应用。

（二）云计算开辟了图书馆全新的服务模式

"云"在当今世界已经变得越来越热门，"云计算""云服务""云资源"等早已为人们所熟悉，"云"的前景一片大好，苹果公司推出的云服务更是让大家见识了"云"的强大。目前，云计算的成功案例很多，如：苹果利用 IC loud，使拥有苹果系列更为便捷；2008 年华盛顿邮报利用 Amazon EC 2 提供的计算能力

使报社在 9 小时内就得到了 1407 小时的虚拟服务器机时。

狭义云计算指 IT 基础设施的交付和使用模式，指通过网络以按需、易扩展的方式获得所需资源；广义的云计算指服务的交付和使用模式，指通过网络以按需和易扩展的方式获得所需服务。这种服务可以 IT 和软件、互联网相关，也可以是其他服务。云计算的核心思想，是将大量用网络连接的计算资源统一管理和调度，构成一个计算资源池向用户提供按需服务。提供资源的网络被称为"云"，"云"中的资源在使用者看来是可以无限扩展的，并且可以随时获取，按需使用，随时扩展，按使用付费。云计算的产业三级分层：云软件、云平台、云设备。

云计算作为近年来兴起的新型计算技术，它是储存和高效网络的解决方案，因此，受到图书馆界的广泛关注，并深刻影响着图书馆信息技术的应用模式和发展走向，云计算可以称为是一种对信息资源集中和虚拟化的技术，它将直接改变传统的信息接收、信息决策、信息处理和控制的方式。云计算将为图书馆服务带来前所未有的变革。

综上所述，随着新技术、新产品、新技能的应用，将为现代图书馆服务转型提供技术支持。

三、信息服务业异军突起挑战图书馆服务

现代化的网络技术引领着人类跨越了传统时空的限制，在网络世界中充分体验自由与无限，迅猛发展的信息与通信技术是当代社会生产力发展的强大推动力，正是基于这种认识，在 20 世纪末，世界各国先后提出"信息高速公路计划"和建设"信息社会"的战略目标，旨在利用高新技术，加速经济发展。在 2 1 世纪经济全球化的进程中建立竞争优势。我国党和政府也不失时机地提出了推进我国国民经济和社会信息化的战略任务，并在国民经济和社会服务的各部门大力推进信息网络化建设。

信息服务业包括系统集成、增值网络服务、数据库服务、咨询服务、维修培训、电子出版、展览等方面的业务。信息服务主要指除软、硬件产品的销售之外，围绕信息系统软、硬件产品的推广应用所进行的各项服务过程，主要包括网络信息服务和专业计算机服务两大部分。网络信息服务现在主要指通过互联网提供的信息服务，包括互联网接入服务（ISP，即通过电话线、同轴、光纤或无线等手段，把用户的计算机或其他终端设备接入互联网），互联网内容提供服务（ICP，即

提供互联网信息搜索、整理加工等服务），网络应用服务（ASP，即为企事业单位进行信息化建设、开展电子商务提供各种基于互联网的应用服务）等。专业计算机服务包括系统集成、咨询、培训、维护和设施管理等服务。

信息服务业是信息产业中的软产业部分。信息服务业是从事信息资源开发和利用的重要产业部门，属于第三产业。信息服务业是连接信息设备制造业和信息用户之间的中间产业。对生产与消费的带动作用大，产业关联度高，发展信息服务业有助于扩大信息设备制造业的需求和增加对信息用户的供给。

信息服务业的发展不仅仅是一个行业、一个产业的问题，它关系到国民经济与社会发展的全局。信息服务业已成为当今世界信息产业中发展最快，技术最活跃，增值效益最大的一个产业。

目前，全球信息产业"服务"化的趋势愈来愈明显，信息服务业在国民生产总值中比例也不断提高。近年来，我国政府也不断出台相关的政策扶持信息服务业的发展，并对信息服务业的发展及定位也提出了一些新的看法要求。

近年来，我国信息服务业快速发展，增长率远高于经济平均增长率。同时要看到，我国的信息服务业尚处于起步阶段，占信息产业市场的比例过小。随着我国信息化工作的推进，预计信息服务业在今后仍将保持高速发展的态势。

随着全球信息化、网络化的迅猛发展，信息服务业异军突起，它改变了以往图书馆单一机构的信息服务格局，基于互联网的各种信息服务提供商体制灵活，服务手段先进，越来越多的读者关注这些服务，比如通过各种搜索引擎来查找所需的信息，还有各种专业的知识服务供应商提供的各种数据库及链接，如"中国知网""读秀学术搜索""重庆维普""万方数据"等。这些竞争者无疑对图书馆的服务带来了挑战，同时也是图书馆服务模式转型的动力，图书馆必须寻求新的途径，充分发挥自身的优势，不断地创新服务内容，实现图书馆质的飞跃。

四、用户需求是图书馆服务转型的内动力

作为信息服务机构，图书馆的工作都是围绕"用户"，即服务对象而开展的，因此，对用户需求的研究是改善和提高图书馆工作的前提条件。当代计算机技术、网络技术、网格技术成果以迅猛之势，极大地改变着人们传统的理念和工作方式，使人们活动的环境发生了前所未有的变化。一种全新的网络生存方式逐渐进入人们的日常生活，正在逐渐地被人们适应和接受。对于为用户提供文献信息服务的

图书馆而言，不仅要积极地融入新的环境并拓展自己的功能，而且还要认真研究当前环境中用户需求的变化，才能更好地完成自己的工作，为用户提供更优化的服务。

（一）图书馆服务对象的变化——从"读者"到"用户"

什么是读者？读者有广义和狭义之分。广义上说，凡是具有阅读能力并从事阅读活动的社会成员均可被称为读者。在现实生活中，不仅图书馆有读者，而且文献出版部门、文献发行部门也有读者。除此以外，其他文化宣传部门也有读者。读者既是阅读文献的主体，又是著作、印刷品及其他宣传渠道作用的客体。所以，我们把社会上一切有阅读能力和行为并能接受文献信息作用的人，都纳入读者的范畴。狭义地说，读者指的是具有阅读能力并从事利用图书馆馆藏文献活动的社会成员。这就是我们熟悉的图书馆读者。

如果说读者是相对文献而言，用户原本是一商业词汇，但这里的用户则是相对信息而言。

什么是用户？信息服务是以信息为内容的服务业务，其服务对象是对服务对象具有客观需求的社会主体（包括社会组织和社会成员），在服务中，这些主体被称为用户。在图书馆和情报（信息）部门开展的文献信息服务中，用户通常指科研、技术、生产、管理、文化等各种活动中一切需要利用信息的个人或团体。前者称为个体用户，后者称为团体用户。在信息传播与交流服务中，用户系指具有信息传播与交流需求的所有社会组织和个人。

应该说，凡具有一定社会需求和与社会信息交互作用条件的一切社会成员（包括个体和团体）皆属于信息用户的范畴。

图书馆服务对象从读者向用户转变，随之发生变化的就是由读者服务工作向用户服务工作转变，这也是现代图书馆服务转型的核心。它蕴含着传统图书馆服务理念、服务意识的根本改变，蕴含着信息服务工作重要性的增强和地位的日益提高，蕴含着现代图书馆服务对象和范围的扩大，也蕴含着传统图书馆的读者服务工作从此走向社会化。

读者服务的社会化进一步发挥了图书馆的社会职能。以高校图书馆为例，它们既可向社会提供以载体为单元的知识输出服务，也可向社会提供以概念为单元的知识输出服务；它们可以为社会生产服务，也可以为社会文化科学服务，为决策服务。

（二）现代图书馆与用户的新型关系

现代图书馆其实就是数字图书馆。数字图书馆是建立在信息化、数字化、网络化平台上的图书馆，与传统图书馆相比，有质的区别，但它又脱胎于传统图书馆。因此，数字图书馆用户与传统图书馆用户比较，虽然变化比较大，但从某种意义上而言，数字图书馆的用户是在传统图书馆用户基础上发展起来的。

数字图书馆服务边界不断扩大并日趋模糊化，信息提供与传播方式呈现多向性、共享性、交互性、实时性等特点，用户信息需求的复杂性日益增加，查询、利用信息的手段趋于计算机化、网络化。新的信息交流认知环境促使图书馆馆员与用户之间的关系产生相应的变化，用户对传统图书馆实体的依赖逐渐削弱，对网络的依赖逐渐增强，图书馆对用户的服务也越来越依赖于网络，二者间的服务与被服务的关系逐渐从面对面的服务走向远程、虚拟服务，服务层次从文献服务走向信息服务再到知识服务。

现代图书馆与用户的关系主要呈现出以下几个特点：

1. 服务虚拟化

数字用户群体的构成发生了很大的变化。其中，虚拟用户的大量涌现，使图书馆向读者和用户所提供的服务趋于虚拟化。通过网络传输，图书馆既可以利用自有或自建的数字化馆藏资源，又可以利用电子邮件资源、网络新闻资源、FTP 资源、WWW 资源、Gopher 资源等多种互联网资源，直接为读者和用户提供无形的、及时的信息服务。尽管这种虚拟化的服务工作使图书馆与读者和用户之间面对面地直接接触交流的机会大大减少，但它突破了时间限制，极大地方便了读者和用户。

2. 信息资源的双向共享

传统的图书馆工作中，图书馆和用户之间的关系基本上是一个借与还、供与求的关系。传统意义上的信息资源共享，只是本图书馆与其他图书馆或图书情报部门间合作，将其他图书馆或图书情报部门的信息资源提供给本馆服务的用户共享，这实际是服务机构单向共享，是一种不完全意义的共享。

网络化的环境使图书馆共享的媒介发生了变化，图书馆通过网络进行信息收集、传播和利用，图书馆不再是一个孤立的实体，而是整个信息网络的一个个节点，图书馆与用户之间的互动性，有了越来越大的空间和自由，其交互需求与作用也愈来愈大。用户通过网络利用图书馆的资源，同时可以把个人的图书资源提供给图书馆和其他用户；图书馆也可以利用网络搜索个人或机构的网页，补充图书馆的信息资源。网络空间使图书馆和用户的资源共享由单向共享、单向传递发展成双向共享、双向传递或者是多向共享、多向传递，实现真正意义上的信息资源共享。在共享中，用户是图书馆的用户，图书馆也是用户的用户。网络提升了图书馆和用户的合作关系，彰显了用户的作用。通过图书馆与用户的双向交流与合作，能使用户与图书馆互相促进、共同发展。

3.角色与服务的互动

网络的交互功能和非线性的、发散的超文本阅读方式，使得图书馆与用户在线双向传播乃至多向传播替代了传统单向性的阅读，优化了传统的阅读行为。网络使用户可以就某一信息在线发表自己的看法、相互交换意见和共同探讨，同时网络即时多向交互功能使用户不仅仅是单纯阅读和接收信息，而且是信息的传播者和用户。图书馆与用户都成为网络空间的一部分，使图书馆和用户获得了双重身份，这种角色的实时互动，实现了信息的双向和多向性互动。在平等的环境下交流互动，能极大地激发图书馆和用户之间、用户与用户之间互动的欲望与行动，进而激发并解放用户的思维能力、想象力和创造力。

图书馆借助网络，与用户建立相对固定的交流关系，可以掌握用户的动态信息需求，用户也可表达具体的信息需求。图书馆通过用户的表达或了解的信息需求有目的地搜索、过滤、加工、整理成信息集合，再通过多种途径与形式，主动发送到用户终端，满足用户信息需求。一方面，图书馆可以主动将重要的实时信息立即推送给用户，实现"信息找人"，从与用户近距离面对面的服务到远程服务；另一方面，用户通过网络直接在终端上就可以快捷地从图书馆提供的信息资源中提取到自己所需的信息，减少了用户操作的盲目性，使图书馆与用户双方在信息的推送和提取中得到很好的沟通，信息知识流动更加畅通。

4.程序上的异步和时间上的同步

在网络时代，用户和图书馆的互动做到了程序上的异步和时间上的同步的整合，大大提高了信息资源的流通速度和利用率。第一，用户在家里通过注册就可以进入图书馆网页，查阅信息资源，变远距离为近距离；第二，用户在同一个时间段内可以同时检索和借阅他注册过的多家图书馆的资源，通过搜索、筛选，获得他认为最需要最合适的信息资源，实现程序的异步；第三，只要图书馆服务器正常开机，用户可以在任何时间通过网络访问图书馆，检索图书馆信息。在时间上，用户和图书馆的互动变得更加灵活、快速，可选择余地更大。

（三）现代图书馆用户的需求

网络环境下，由于用户计算机水平不同、专业背景不同、语言和文化习俗不同、所处的地理位置不同，他们在利用网络信息资源中的需求行为方式也表现各异，因而用户需求也变得复杂多样，用户对信息服务也提出了更高的要求。在网络环境下，图书馆如何满足用户需求便成了图书馆服务转型的内动力。

图书馆从封建藏书楼到现代图书馆演变的过程，就是一个应读者需求不断发展而改变的过程。读者需求的变化将直接影响着图书馆服务的内容，满足读者的需求是图书馆服务的终极目标，在网络化、数字化环境下，读者对信息的需求无论从广度上还是深度上都发生了根本性的变化，对所提供信息的质量也有了更高的要求，文献已经不再是主要的信息源，电子型、数字型文献需求增多，同时，读者的信息需求已不满足于单纯的文献信息提供，而是要求对信息中的知识内容进行挖掘、开发和利用，要求图书馆转向专业化、个性化的知识信息服务，面对读者的需求，面对市场和新技术的竞争，图书馆应该不断地创造新的服务方法和服务形式，为读者提供新颖的信息服务。

第二节　图书馆服务转型的环境变革

所谓服务环境，就是图书馆为用户提供各种服务以及用户获得服务并体验服务，图书馆的服务环境它既是图书馆的"生产"场所，又是用户体验这种服务的场所。

由于现代化的网络技术的引领，使得人类跨越了传统物理时空的限制，在网络世界中充分体验自由与无限，迅猛发展的信息与通信技术是当代社会生产力发展的强大推动力，世界范围的信息基础设施建设热潮的兴起，将人类社会的信息交流、信息情报和信息服务进程推入了网络阶段。这场迅速席卷全球的信息网络化的革命对各级信息服务机构的传统信息服务工作既是一个极好的机遇，又是严峻的挑战和猛烈的冲击。作为保存人类文化遗产的图书馆，其服务环境已经发生了很大变化，在这一次变革中如何抓住机遇，迎接挑战，在网络环境下如何调整服务内容、服务形式及服务手段等，充分利用先进的网络技术和丰富的信息，实现网络环境下的服务转型，进一步提高服务质量，则是图书馆同仁们要重点思考、认真研究、不断探索的新课题。

一、信息网络化

当代的信息技术和信息系统是由于计算机的出现而产生的。人类进入文明社会以来一直在从事信息处理工作，但是计算机的诞生改变了人们几千年的传统观念，促使人们去进一步研究信息处理技术、信息系统、信息资源充分利用的规律性。这正是当代信息技术作为一门学科诞生的基础，导致了人类社会进入到信息化社会。正如蒸汽机的发明导致了人类对能量转换规律的深入研究和工业革命的诞生一样，计算机的出现导致了人类对信息处理规律的研究和信息革命的诞生。

（一）信息网络化释义

关于网络化，通常有两个方面的含义：

从表象上看，网络化是指计算机的联网过程，即是指将原来散落的工作状态、落后的单机技术，通过联网、信息通信等技术进行改良，成为具有高效能传输、高资源共享、高技术支持的新的技术和设备状态。网络化可以从微观和宏观两个角度来理解。从微观角度讲，网络化就是具体的网络系统从设计到运转的全过程；从宏观角度讲，网络化指一个国家、地区或者行业范围组织、推广网络建设的过程。

从本质上看，网络化就是信息网络化，指的是各类信息资源通过网络进行交流和传播的过程。信息网络化的提法突出强调了网络的重要性，并与应用密切结合，符合当代信息与通信技术的发展要求，具有较强的可操作性。

（二）信息网络化的相关概念

什么是"信息"？信息是客观事物存在与运动的状态、特性、规律及其相互联系在人们头脑中的反映；人类的各种生产活动、社会活动从一开始就离不开正确信息的指导，信息只有通过传递与交流才能体现出它的价值，信息传递与交流方式的进步标志着人类社会生产力发展水平的提高。

什么是"信息网络"？这里说的信息网络是指以互联网为主要代表的，基于现代信息与通信技术（ICT）的，用于传递交流，并能加工处理信息的各种电子通信网络。现代信息与通信技术的进步，使得高速度、大批量、低成本地加工、处理、传递与交流信息成为可能，从而大大提高了人类社会生产力的发展水平。

什么是"信息网络化"？信息网络化是指在各行各业推广应用信息与通信技术，特别是网络技术，逐步使人类生产活动及其他社会活动中的各种信息，都通过信息网络来传递与交流的过程。一些可以数字化的产品与服务，如文字产品，音像制品、软件、咨询服务等，生产与交易的全过程都可以通过网络来进行。信息网络化是人类信息交流方式的一次飞跃，将使整个经济与社会的运行方式，以及人们的工作方式、生活方式产生深刻的变化。

信息网络化的提法突出强调了网络的重要性，并与应用密切结合，符合当代信息与通信技术的发展要求，具有较强的可操作性。我们大家通常理解的网络化或网络时代的概念即指信息网络化。

二、信息网络化服务

信息服务是一个中介过程，它连接信息源和信息用户。信息服务更是一个增值过程，其增值作用表现在经过信息服务过程以后，信息在广度、深度、时效性、准确性和关联性等方面有了明显提高和改进，从而使得信息用户能够更加快捷、方便和准确地获取信息。传统信息服务的服务领域相对狭窄，大多属于科技的范畴，服务对象一般仅限于本部门、本系统、本行业的领导决策人员、科研人员和工程技术人员，工作对象以纸质文本型印刷品为主，工作方式主要是手工作业。电子计算机技术的发展和成熟，为信息服务领域的革命性变化提供了基础和前提。

（一）信息网络化服务

信息服务是一项新兴产业，根据其发展历史，可以划分为传统信息服务和现代信息服务。传统的信息服务包括图书资料、报纸杂志、新闻广播、电影电视、音像视听和印刷出版等，现代信息服务一般是指以计算机为核心所进行的信息处理服务和以数据库形式提供的信息服务。

现代信息服务也可称为电子信息服务，包括电子数据处理、交换、查询、传输、数据库联机服务、信息系统集成服务等内容。

信息网络化服务是现代信息服务的高级形式，它是现代信息服务机构通过国际互联网所进行的一切与信息有关的服务活动的总称，其中包括传统信息服务在网络上的应用和拓展。主要是指在网络上从事的信息获取、存储、处理、传递及提供利用等服务工作。

更确切地说，信息网络化服务还应该包括电信和电视两大网络的信息服务，但是随着宽带网技术的发展，已经实现了电信、电视和计算机三网合一。另外，我们所讨论的信息网络化服务，主要是指在计算机网络即国际互联网上开展的信息服务。而且图书馆所要进行的信息网络化服务，也主要是依托计算机国际互联网。

传统信息服务的服务领域相对狭窄，大多属于科技的范畴。服务对象一般仅限于本部门、本系统、本行业的领导决策人员、科研人员和工程技术人员，工作对象以纸质文本型印刷品为主，工作方式主要是手工作业。传统的信息服务主要是以纸质印刷品为媒介，通过手工方式来进行的，然而随着计算机和网络通信技术的引入和发展，信息的收集、加工、存储和传递的方式都出现了变化。网络环境下的信息服务是针对特定用户的信息需求。以现代信息技术为手段，向用户提供经加工整理的有效信息、知识与智能的集成活动。首先是出现了联机检索，标志着信息网络化服务的产生。随着 Internet 的出现和普及，信息服务逐渐进入以计算机和通信网络为媒介的网络化信息服务时代，信息网络化服务体系逐步形成。当前，信息网络化服务方兴未艾，正在以前所未有的速度和规模向前发展。可以说，电子计算机技术的发展和成熟，为信息服务领域的革命性变化提供了基础和前提。

联机检索式网络信息服务是网络环境下信息服务的最初模型。联机检索式信息网络化服务是在采用计算机取代手工劳动、提高办事效率的基础上，对信息服务内容的丰富和信息采集资源的扩展。联机检索经历了研究开发试验、地区性应用和国际联机三个阶段，这一发展阶段包括整个 20 世纪 70 年代以及 90 年代初期。由于网络技术的限制，联机检索式网络信息服务主要以局域网的形式发展，最先也仅运用于教育和科研领域。

（二）信息网络化服务的形式

互联网的出现是人类社会发展史上的一次飞跃。Internet 为信息网络化服务提供了加速发展和根本变革的广阔舞台。尤为重要的是，这种先进技术和信息传播方式得到了政府部门的有力支持和推动。

1993 年初，美国前总统克林顿提出了被称之为"世纪工程"的信息高速公路计划。1994 年，全世界掀起了兴建信息高速公路的热潮，许多发达国家相继发表了发展本国信息高速公路的计划和白皮书，有的在信息高速公路的立法和基础技术研究方面取得了许多实质性的进展。Internet 在全球的发展非常迅速，Internet 已成为大大小小各类网络的联系网。网上的信息浩如烟海。

基于 Internet 的信息网络化服务使信息服务成为一个生机勃勃的"朝阳产业"。与此同时，由于网络化的信息环境可以使用户直接上网，能满足其基本的、简单的信息需求，从而使信息机构专业人员的中介地位有所削弱；但提交给信息专业机构和人员的检索任务和信息获取要求则在综合性、复杂性、有序性等方面有更高的要求。

与传统的网络信息服务模式相比，崭新的基于因特网的信息网络化服务模式具有诸多的本质差别，更代表了现代信息服务的发展方向。

（三）信息网络化服务的基本功能

1. 电子邮件（E-mail）

电子邮件是 Internet 上最常用的应用功能之一，使用户可以通过 Internet 交换邮件形式的信息文件。用户利用 Email 可以实现在 Internet 上相互快速地传递文件形式的"邮件"信息，"邮件"中可包括数字化的文图音像信息。

以电子邮件系统为基础，又建立了更高级的应用系统，如称之为"新闻组"的专题论文交换系统，网上传真系统，电子期刊报纸订阅系统等。

电子邮件是办公自动化的重要功能，是加速信息传输速度的主要工具。一些政府网站为密切联系群众，也开设信箱或公开领导人信箱地址，便于接受群众来信。

2. 即时通信（在线聊天）

即时通信（Instant Messenger 简称 IM）软件可以说是目前我国上网用户使用

率最高的软件，无论是老牌的 ICQ，还是目前国内用户量第一的腾讯 QQ，以及微软的 MSN Messenger 等，都是大众关注的焦点，它们能让你迅速地在网上找到你的朋友或工作伙伴，可以实时交谈和互传信息。而且，现在不少 IM 软件还集成了数据交换、语音聊天、网络会议、电子邮件的功能。即时通信在人类信息传播史上是一次革命，最大的特点是具有网上信息实时交流的功能。

即时通信的应用。即时通信软件除了可以实时交谈和互传信息，不少还集成了数据交换、语音聊天、网络会议等功能。

在线聊天。随着上网人数的增加，越来越多的人加入到了网上聊天的行列。在线聊天的主要方式有文字聊天、语音聊天、视频聊天。语音聊天和视频聊天功能的拓展，也为网络会议提供了条件。

网络会议。网络会议又称远程协同办公，它是利用互联网实现不同地点多个用户的数据共享。用户可以使用网络会议实现远程销售、远程客户服务、远程技术支持、远程培训、在线市场活动等。

传送文件。IM 软件能点对点地传输文件，有时候利用此功能要比使用 E-mail 还方便许多，当然此项功能必须在对方在线时才能使用。大多数 IM 软件的文件传送功能还支持类似断点续传的功能，不必担心文件传送过程中发生突然中断的情况。

远程协助。远程协助是在 Windows XP 中引进的新概念，是 Windows Messenger 独有的功能，远程协助可以将电脑的控制权分享给对方以便于对寻求协助者提供帮助，通过它，对方可以很容易地控制寻求协助者的桌面。它的功能主要体现在应用程序共享、远程协助、白板共享、寻求远程协助等方面。由于这一功能非常强大，在寻求协助的过程中系统会多次提醒并给出选择，请用户在使用这一功能时多加小心，确认对方是否可靠。

发送短信。目前 IM 与各种移动终端设备的结合也越来越多，比如，可以利用 QQ 向手机发送短信。当然这时需要手机开通移动 QQ 服务。

浏览咨询。有的朋友上网只是使用 QQ 聊天。其实用 QQ 也可以很方便地看到每日最新的新闻。你愿意看哪方面的新闻，就点击相应的图标，则出现"资讯通"界面，自动提取出当日新闻标题。通过这些标题，你可以快速地选择出自己感兴趣的新闻，点击之后就可以调用浏览器读取了。这样您就可以足不出户阅读有关内容，节省了您的查找时间，提高了浏览效率。

即时通信的作用。即时通信所具有的快捷方便的实时通信功能使它成为不少人快速传递信息的首选工具，而且它也逐渐改变了人们日常的交流和沟通方式。今天的即时通信已具有很强的"一体化"通信功能，即不仅仅是一个网上交友会友聊天的工具，还集手机、电子邮件等多种通信形式于一身。今天一些人的名片上所开列的联系方法大全，除电话、手机、电子邮箱外，已经印上了QQ号、微信号等，于是QQ、微信等成了人们"数字化生存"状态的又项指标。

3. 网上论坛（BBS）

BBS是英文Bulletin Board System的缩写，翻译成中文为"电子布告栏系统"或"电子公告牌系统"。BBS是一种电子信息服务系统。它向用户提供了一块公共电子白板，每个用户都可以在上面发布信息或提出看法，早期的BBS由教育机构或研究机构管理，现在多数网站上都建立了自己的BBS系统，供网民通过网络来结交更多的朋友，表达更多的想法。BBS成了纯粹的"讨论区"。

现在大多数网站的BBS就像现实生活中的公告板一样，用户除了可以进入各个讨论区获取各种信息以外，还可以将自己要发布的信息或参加讨论的观点"张贴"在公告板上，与其他用户展开讨论，BBS通常分为多个讨论区，每个讨论区有自己的主题，每个讨论区都有专门的管理者对用户所发表的文章进行管理。用户可以根据自己的兴趣参加不同的讨论区，阅读讨论区中的文章，在讨论区中发表自己的意见。在阅读了某篇文章以后，也可以用"回帖"形式与作者或本讨论区的网友展开讨论。

4. 信息浏览（WWW）

WWW是因特网最基本的应用方式，正是WWW的简单易用和强大功能极大地推动了因特网的发展和普及，它可以使一个从没有用过计算机的人，几分钟内就可以学会浏览网上丰富多彩的多媒体信息。您只需要用鼠标点击一下相关题目和照片就可以从一个网站进入另一个网站，从一个国家进入另一个国家，坐在家中就可轻松漫游全球。

5. 搜索引擎

Internet就是信息的海洋，如何在网络上迅速地找到自己所需的信息？那就来使用搜索引擎吧，所谓搜索引擎，就是这样一类站点，它们把网络上提供信息服务的站点地址都集合起来，然后根据一定的规则分类，用户通过这些站点便可查询到自己所需的信息或网址。搜索引擎就好比一座山门，是每个进山人的必经之路。您可以将 WWW 视为 Internet 上一个大型图书馆，您可以在这里查找各种信息。

Internet 本身就是一个巨大的数据库，用户可以从成千上万的图书馆、政府部门、公司企业和非营利组织公开的数据库中搜索各种信息。这就是因特网所具有的信息检索功能。

6. 文件传输（FTP）

FTP 是 Internet 中最早的成员之一。Internet 的全部目的就是把文件从一处传输到另一处，多少年来，FTP 就干着这种差事。

7. 远程登录（Telnet）

只有很少用户使用 Telnet 但它使用起来很方便。Telnet 为我们提供了一种登录到 Internet 其他计算机中去的途径。一旦登录成功，你或许会用到那台计算机上的陌生命令，或者文本式菜单系统。也可能玩一种叫作 MUD 的虚拟游戏。大多数人都忙于使用 Web，你不妨试试 Telnet。

8. 新闻组（Newsgroup/Usenet）

新闻组就是专题讨论组。你想了解当前的国际形势？想学习某种特别的风筝放飞技术？真的，无论想了解什么内容，你都能找到满意的答案。

9. 博客（Blog）

博客是网络上流行的一种新的信息交流和信息共享的工具。

博客的中文意思是"网络日志"，简称"网志"，后来缩写为 Blog，而 Blogger 则是写 Blog 的人。

有人说 Blog 就是网络日记（Web Diary），就是把自己原来写在日记本上的内容写到网上来，其实是曲解了 Blog 的意义。Blog 不是私密性很强的日记的网络版本，相反，它是为了让别人共享信息。

博客是在服务提供商的网站上建立的，也可以称作个人的博客网站。但博客与个人网站也有区别：个人网站由于其对网民的技术、资金有一定的要求，而注定只能为少数人拥有，但是，博客网站的低门槛，则使其具有很高的开放性；博客基本上不需要任何网站建设的技术，也不需要申请域名和空间，只要会上网、会打字就行了。当然，博客由于是在服务提供商的网站上建立的，其表达形式受到一定的限制。但是，其简单方便的表达形式使大多数人能拥有自己的博客，无疑在普及上有很大优势。

博客与论坛（BBS）也有区别：BBS 是由很多人聚在一起的聊天，是一个自由交流的公众场所；而博客是一个个人表达空间，是个人知识积累的一种形式，博客使人更有归属感。在内容的管理上，普通用户在博客里面的管理权限比在 BBS 里面的管理权限要多。

由于网站为博客提供了空间，博客的版权归双方共同所有，但博客的日志由个人写作而成，所以博客的观点仅能代表其个人的观点，由个人负法律责任。

作为一种新工具，博客在信息交流和传播方面具有明显的优势：博客给众多的互联网使用者充分的自由表达机会、改变了传统的被动接受的局面，它能使信息传播更加自由和迅速，使网络成为平民的舞台。

博客带来的问题是，由于博客信息传播的自由和快速。使控制不良信息传播的难度加大，给网络的发展带来了一定的不良影响。

10. 播客

播客的英文名称为 Podcasl，中文译名尚未统一，但最多的是将其翻译为"播客"。它是数字广播技术的一种，初期借助个叫"Ipodder"的软件与一些便携播放器相结合而实现。播客录制的是网络广播或类似的网络声讯节目，网友可将网上的广播节目下载到自己的 IPod、MP3 播放器中随身收听，不必端坐电脑前，也不必实时收听，享受随时随地地自由。更有意义的是，你还可以自己制作声音节目，并将其上传到网上与广大网友分享。在播客天下，我们将播客简单地视为个人的网络广播。

因此，可以说，做播客就是在网上随意播放你的声音或影像。

一般我们在论坛或者博客上，可以随意发表自己的言论，但只能用文字来说话，很少有论坛或者博客允许你上传你自己的音频文件或者视频文件，但播客网站却给予你上传音频或视频文件的自由，像麦爸播客网就给予用户无限大的上传空间，而且只要你上传完你的音频视频作品，就会自动显示播放器，那样世界上任何人只要访问你的这个网页，就可以直接听到你的声音或者看到你的影像，那就好像你拥有了你自己的电台或电视台。

第三节　图书馆服务转型的基本走向

网络技术和通信技术的发展给现代图书馆服务带来了全新的社会背景和技术环境，网络数字化环境使图书馆服务的内容、方式和手段等都发生了根本性改变，特别是随着"云"计算、"云"资源、"云"服务等现代理念的融入，泛在知识环境、泛在图书馆概念的提出，深刻影响着图书馆服务模式的发展走向，归纳起来，现代图书馆服务转型呈现出如下基本走向。

一、服务对象从服务到馆读者向服务社会转型

图书馆网络化、资源的数字化早已消除了读者与图书馆之间的地理障碍，早已不受时空的制约，图书馆的可用资源得到了前所未有的挖掘和延伸，无论是公共图书馆、高校图书馆、各科研机构图书馆等都突破围墙，走出固定场所，不仅仅是为到馆读者服务，而是为整个社会服务，使服务的区域得到了巨大的延伸，特别是各高校图书馆和科研机构图书馆他们不再仅仅服务于本校、本单位的用户，而是充分利用其丰富的文献信息资源和人才设备优势，主动接触社会，主动向社区开放，向企事业单位开放，服务地方政治、经济、社会、科技、文化等事业的发展，如广州大学图书馆为地方政府提供信息服务的工作得到了图书馆界的高度认可和赞赏，成为华南地区乃至全国高校图书馆服务社会的典范。

二、服务内容从信息服务向知识服务转型

信息服务就是图书馆向用户提供文献信息的服务过程和服务活动，是图书馆帮助用户获取文献信息、激活文献信息内容、实现资源共享的过程和行为。图书馆通过信息服务，实现文献信息流通、交换，把文献信息分配传递给一定的接受者。进而促进文献信息的有效利用。信息传递服务包括图书馆利用自身馆藏为本馆用户服务的形式，如外借、阅览服务即传统图书馆的"流通服务"。也包括图书馆为本馆用户提供其他图书馆文献信息的服务方式，或向其他图书馆用户提供本馆的馆藏文献信息的服务形式，如馆际互借文献传递服务等。这是图书馆服

务的基本形式之一,也是资源共享的重要形式。

信息服务通常又分为传统的信息服务和网络信息服务。传统的信息服务主要包括外借服务、阅览服务、传统的馆际互借服务、复制服务、"一卡通"借阅服务等形式。网络信息服务是建立在以网络为基础,以数字化资源为对象的信息传递服务,与传统的信息服务相比,网络信息传递速度快、质量高,范围广。网络信息服务的最大作用就是促进了资源共享,目前,"一站式"服务便是网络信息服务的主要形式。

知识服务是图书馆服务内容的深化和升华,随着计算机技术、网络技术、信息技术以及科学技术的迅猛发展,知识也成为最重要的生产力要素,知识的生产和创新成为经济发展、社会进步的重要保障。当今社会已进入知识经济社会,图书馆传统的信息服务早已不能满足人们日益增长的对知识的需求。图书馆必须借助自身的资源优势,将服务内容从信息服务向知识服务转变。

知识服务是指图书馆从各种显性和隐性的知识资源中,针对用户在获取知识、吸取知识、利用知识、创新知识的过程中的需求,对相关信息知识进行搜集、分析、提炼、整理等,为其提供所需知识的过程。

目前,学术界普遍认为,知识服务是一种认识和组织的观念,它以信息知识的搜索、组织、分析、重组的知识和能力为基础,根据用户的问题和环境,融入用户解决问题的过程中,提供能够有效支持知识应用和知识创新的服务。

三、从知识收藏向开放存取转型

传统图书馆以文献收藏为己任,以印刷型文献为主体,现代图书馆不应仅仅是人类知识的储藏之地,不应仅仅是成为一个高效的信息存取和传递中心。学科信息门户、虚拟参考咨询、开放存取、知识整合成为现代图书馆的主要功能。用户使用图书馆,关键在于能获取什么样的资源,而不是图书馆本身拥有多少资源。图书馆不仅要方便快捷地为用户提供信息,而且要成为用户不可或缺的信息共享空间。

开放存取(Open Access)翻译中文为"公开获取""开放获取",它是在网络环境下发展起来的一种新的、重要的学习交流模式。学术信息可以无障碍地自由传播,任何人可以在任何时间和地点、不受经济状况影响、平等免费地获取和使用学术信息。这是符合网络时代信息交流特点的一种全新的、高效的交流模式。

开放存取是国际学术界、出版界、图书情报界为了推动学术成果的交流，利用互联网自由传播而采取的行动。其目的是为了促进科学及人文信息的广泛交流，提升科学研究的公共利用程度，保障科学信息的长期保存，提高科学研究的效率。开放存取资源这一新型的学术信息交流运作理念对于相关的学术机构特别是对图书馆界意义非常，影响深远。

开放资源是一种全新的文献出版模式，也是一种全新的学术信息与共享模式，还是一种全新的文献信息资源建设模式。

第四节 图书馆工作中的辩证法

图书馆工作中，也存在着辩证法，做好图书馆工作，就要处理好几对矛盾，处理好几个关系。

一、被动与主动的关系

图书馆工作定义为对文献本身的收集、存储和传递。这样，我们就把图书馆的工作内容、服务范围和能力水平局限在了具体物化系统的资源范围和场所范围，不能满足用户复杂的文献需要，不能充分发挥自身的能力，也难以体现出有说服力的智力内涵和地位。图书馆是现代社会的信息门户，拥有巨量的信息资源，并掌握着自身所独有的对信息资源的组织、整理、甚至开发的能力，同时还享有国家信息政策的扶持与财政税收的支持，这一切都说明，图书馆有能力在社会的信息传播系统中扮演十分重要的角色。

在日新月异的信息化社会里，信息技术不断推陈出新，信息需求常常变幻莫测，信息经济的市场压力又从本质上动摇图书馆的公益性基础，图书馆生存与适应的挑战几乎不可避免，必须为此寻求发展与进步的途径。基于信息化社会表征与图书馆能力特征的考虑，笔者认为，图书馆应成为信息产业的一部分，并获得分工，应变被动服务为主动服务，变封闭式办馆为开放式办馆，同时学习、借鉴他馆经验，广泛吸引读者，使图书馆成为名副其实的社会信息中心、社会教育机构。

二、爆炸与匮乏的关系

自从18世纪近代史上的第一次技术革命以来，自然科学与生产技术的紧密结合促成了19世纪科技信息在数量上的突飞猛进，科技图书、科技期刊等文献资源的日益增多，是直接导致当时大量文摘工具出现的原因。二次世界大战以后，随着科技的进一步发展以及学科的微分化和积分化双重发展趋势的日益加剧，科技文献信息更是呈指数规律急速增长。据估计，在20世纪50年代前，科技文献大约每15年增长一倍；50年代后大约每10年就增长一倍，某些尖端科学（如计算机科学）甚至缩短到每2~3年就增长一倍。如此众多的信息已不再具有通过文摘形式加以组织整理的可能性，只能依靠技术（包括计算机技术）的应用来缓解信息爆炸所带来的压力。

在当代大众信息传播中，在信息爆炸的同时伴有信息匮乏的现象似乎是不可思议的，但却有着一定的社会必然性。第一，人的惰性可能引发人们对信息获取上的一种随意态度，使人趋向于做出省时又省力的选择，此时，真相信息、重要信息就有可能被忽视掉，造成信息的匮乏。第二，市场价值取向会导致人们根据信息市场经济价值的多寡对信息采取自觉取舍的行为，而这样做出的取舍却不一定是信息均衡传播所希望的结果，反而造成信息匮乏的不良后果。第三，传播人的影响不可忽视，他们向受众传播的信息是经过自身价值与思维的判断后所形成的，这将由传播的中介层次引发信息的相对匮乏。

此时，具有对信息进行批量整理与组织管理能力的图书馆就能发挥出其特有的功效来：图书馆对于信息泛滥，可以通过规范采访的方式加以有效控制——高质量的采访渠道和信息选择的控制，提供给用户优选后的信息，过滤大量冗余信息；对于信息超载，可以通过内容选择和整理的机制有效缓解巨量信息给信息接受者所带来的身心压力；对于信息浪费，可以通过对信息内容的分析及信息选择、加工、推送的服务措施有效降低有价值信息的无形流失。

三、合理与侵权的关系

图书馆是公益事业单位，应当有合理使用的成分，如保存版本，为保留资料而复印、为保存数字化等。《著作权法》第二十二条第（八）项规定："图书馆、档案馆、纪念馆、博物馆、美术馆等为陈列或者保存版本的需要，复制本馆收藏的作品。"这意味着图书馆复制的"合理使用"行为受到著作权法严格的界定和制约；另外还可以取得作者或著作权人的授权进行数字化以及上网。因此，图书馆在对馆藏文献进行数字化处理时，如果是出于备份和保存版本的需要，可以不必取得版权人许可，也不必支付报酬。但如果无视他人著作权，有触犯著作权法第四十五条、第四十六条的行为，又进行营利活动，这就要承担侵权责任了。

四、传统与现代的关系

传统图书馆是搜集、整理、保管和利用书刊资料为读者服务的文化教育机构。它的职能主要有两个：一是保存文化典籍；二是提供借阅服务。它的特征表现为藏书以纸质印刷型图书资料为主，通过卡片目录反映馆藏信息，通过读者到馆借阅和上门服务传递信息，图书整理和流通阅览以手工操作为主。

现代图书馆是以现代科技手段为依托，为满足社会信息需求，科学地搜集、整理、加工、存贮、传播和开发利用各种载体文献信息的科学文化教育机构，是社会信息交流系统的组成部分。它的基本职能是：①保存人类文化遗产；②开发社会教育；③传递科学情报；④开发智力资源。

现代图书馆是在传统图书馆基础上，经脱胎换骨的改变发展起来的，与传统图书馆的功能、结构、运作方式、服务手段、人才要求等，存在着很大差异。

五、现实与虚拟的关系

现实馆藏是图书馆的物理馆藏，是一个馆藏实体。图书馆可以通过购买、接受赠送、交换等多途径获取对现实馆藏资源的扩充和调整，对于文献信息拥有使用权和所有权，可以对其更新、修改、利用和分配。

虚拟馆藏是指网络信息资源，是对现实馆藏建设的补充和发展。它具有广泛的共享性和动态的随机性，对于虚拟馆藏的文献信息只具备使用权。

现实馆藏与虚拟馆藏构成了网络时代图书馆馆藏资源的总和，二者将长期共存。因此，继续做好现实馆藏的巩固和发展，同时加大力度进行虚拟馆藏的分析、组建、利用和维护，开展形式多样的借阅服务，才能满足读者需求。

六、专与博的关系

信息化社会中，图书馆馆员的素质要具有更强的业务能力和更高的学识水平，从而较好地完成从"文献资料的传播者"向"信息资源的导航者"的角色转变。对于网络信息服务，大多数馆员为"半路出家"，一定程度制约了信息服务工作的开展，因此要培养一支具有较好计算机知识和网络技术，适应网上服务需要的队伍，能够承担起"网络专家"和"信息咨询专家"的职责，能够帮助读者从数字信息的汪洋大海中迅速找到所需资源，扮演好"引路人""导航员"的角色，实现信息的快速检索与查询；应具有对信息源进行再次开发的能力和水平，为读者提供信息的增值服务，具有知识面广、专业技能强和较高的知识评价能力，成为信息资源管理者和查检知识信息的专家。

七、开架与闭架的关系

实行开架借阅，由于允许广大读者进库找书，使读者在图书馆内有了更大的自由度。开架借阅，读者可以直接从书架上挑选自己所需要的图书，选择性大，便于挑选到适合自己需要的书刊资料，大大地提高了图书文献的利用率。读者和图书馆工作人员之间解脱了"三尺柜台"的隔阂，直接接触的机会多了，便于工作人员了解读者需要情况，有针对性地进行读者咨询、辅导等工作，从而能够更好地为读者服务。

但实行开架借阅增加了图书管理复杂性，增加了工作上的难度也给图书馆统计工作带来了麻烦。

图书馆实行开架借阅，是图书馆的一个发展方向，但是各图书馆实行开架借阅，要根据各馆的读者、藏书等实际情况，有计划、有目的进行。在图书馆各种条件都不成熟的情况下，应限制开架范围，实行小部分开架，并加强开架后的管理。

八、电子与印刷的关系

20世纪70年代，美国图书情报学家兰开斯特曾预言无纸化时代将到来。他的这一预测曾引起图书馆界不少震动。然而，时间已经证明他的预测错了。在计算机网络时代，全社会的纸张消费不但没有减少，反而迅猛增加。于是，人们对于电子文献对印刷型文献的替代作用的认识又走向另一极端，对可替代性认识不足，实践中十分忽视。因此，许多图书馆中电子文献与印刷型文献内容大量简单重复，浪费严重。对于某些馆藏文献资源，电子型完全可以代替印刷型。

九、宏观与微观的关系

微观经济效益是局部的、个别的经济效益。它体现图书馆个别馆员劳动耗费（包括占用）与成果、投入与产出的比较。而宏观经济效益即图书馆全局的、整体经济效益，不仅包括文献收集、加工、整理过程中的劳动消耗和劳动占用的经济效益，而且还包括文献信息流通和消费在内的全过程的总体经济效益。这说明两者体现的经济活动的空间范围是不同的。

在宏观和微观经济两种经济效益的相互关系中，后者是前者的基础，前者是后者的前提。在一般情况下，图书馆宏观和微观两种经济效益的变化方向是一致的，两者向着相同的方向发生变化。

宏观经济效益和微观经济效益也存在矛盾，表现在图书文献结构发生变化引起的微观经济效益同宏观经济效益之间的矛盾、局部利益和全局利益的矛盾导致宏观和微观两种经济效益不一致、文献信息的畅通程度直接影响宏观和微观两种经济效益的协调一致、馆员对文献信息加工、整理的水平在没有真正体现馆员平均劳动消耗的情况下，所引起的宏观和微观两种经济效益的不协调等方面。

第五节　图书馆服务于和谐社会探析

和谐社会是以人为本，全面、协调发展的社会，其本质是人与人之间利益的和谐。文化是和谐社会的灵魂，图书馆是重要的文化设施，是弘扬优秀民族文化、建设新文化的社会组织；图书馆更是一个国民终身教育的场所，对提高全民族文化素质、促进人的全面发展起着独特的功能和作用。因此，在构建和谐社会中，图书馆工作是其重要内容，且具有基础性和先导性。我们必须把坚持以人为本、发挥自身的特点和优势，作为新时期图书馆推进和谐社会建设的切入点，着重从以下四个方面下功夫，用气力，努力提高广大群众的综合素质，努力实现人自身的和谐，共同推进和谐社会构建。

一、引导社会舆论，提高全民素质，为构建和谐社会提供强大精神动力

广大群众的素质和觉悟，不是与生俱来的，只有用先进文化去占领群众的思想阵地，才不会让非先进的东西乘虚而入。图书馆历来是一个高雅和进步的场所，是一处与文明对话、与知识交流，提升素质、优化人格的圣殿，自然也有义务充分发掘自身优势，为构建和谐社会唱好唱响主旋律，提高人们对和谐社会的认识，积极培育、引导人们自觉树立与构建和谐社会相适应的社会思维。

（一）倡导全民阅读，营造书香社会

充分发挥馆藏文献资源优势组织读书活动，为读者提供丰富多彩的文化产品，是进行精神文明建设的有效形式，它引导广大读者既继承祖国的优秀文化遗产，又汲取世界文化之精髓，接受良好的文化熏陶，提高生活的质量。工作中我们可把世界读书日、图书馆服务宣传周、全民读书月、假期学生阅读等活动同革命传统教育、爱国主义教育、科学发展观教育结合起来，举办藏书导读、专题书刊展览、书评、读书征文等活动；把挖掘地方传统文化精华、弘扬本地区灿烂的历史文化、传播精神文明，与广大读者求知特点结合起来，通过读书、写作、演讲、竞赛，丰富社会读者文化生活，吸引更多社会读者走进图书馆，发挥其在构建和谐社会中的积极作用。如我们联合各级教育机构、配合中小学校针对少年儿童开展的读书活动，通过组织读书小组，建立读书沙龙等，针对学生的不同特点组织学生阅读文学、历史、哲学和科普书籍，使图书馆员成了学生的课外辅导老师，"多读书""读好书""做好人"蔚然成风，并且我们将读书活动与思想道德、法律知识教育等有机地结合起来，使图书馆文明建设基地的作用得到了充分发挥，家长格外放心满意。上海的公共图书馆在这方面也有着成功的经验，他们联合市文化局、市妇联及新闻单位发起成立了家庭读书指导委员会，通过营造读书之家、举行职工家庭周末读书会等不懈的努力，为把上海营造成书香社会起到了积极的促进作用。

（二）开展社会教育，提高市民科学素质

促进人的全面发展是人类的终极目标，终身学习是促进人的全面发展的重要途径，被人们誉为"没有围墙的学校"的图书馆，以其丰富的藏书、安静优雅

的环境、优质高效的服务等优势，正是人们弥补科学文化知识不足的理想场所、市民终身学习的社会教育阵地。拿为外来民工服务来说，像上海浦东新区的图书馆，立足人的主体，以建设学习型社会为载体，有的成立"外来读书者读书会"，有的创办"五湖四海俱乐部"，有的开办各种类型的技能培训班，从而让民工有了安心学习的场所，增长了知识，开阔了眼界，为创建平安、和谐的社区做出了积极的贡献。而我们结合图书馆实际，经常举办的《大型世界动物百科展》、《世界珍稀昆虫展》、《微观世界展》等各类科普展览更是红红火火、方兴未艾，吸引了大批市民、中小学生甚至老年朋友，为他们提供了学习、增长各科知识的场所和机会，使图书馆真正成为市民科技文化活动的中心。

（三）举办艺术活动，提升市民文化素养

图书馆是宣传先进文化的重要场所，是精神文明建设的前沿阵地，拥有宽阔的场所和先进设备，使之有条件通过紧密联系读者实际，用读者喜闻乐见、容易接受的活动形式吸引他们普遍参与，正确引导市民开展积极健康的休闲娱乐，提高人们的文化素质和高尚的情操。在这方面，潍坊市图书馆与市委宣传部、书画家联谊会等有关部门合作，每年举办十余次诸如"纪念中国人民抗日战争暨世界反法西斯战争胜利60周年书画展""海峡两岸书画作品邀请展"等国内外各个级别的艺术作品展、利用一年一度的潍坊国际风筝会的大好时机，联系全国各地的优秀文艺团体来潍坊举办文艺演出等艺术活动已经叫响全省全国，在愉悦公众感官的同时，极大地满足了不同层次公众的文化艺术信息需求，提高了他们的艺术品位和文化修养。

所有这些精心安排的、由市民广泛参与的多姿多彩、健康文明的文化活动，借助文化艺术特有的"随风潜入夜，润物细无声"功能，引导人们的精神消费，调节人们的情感和心理，促进人们人格、意志、品格的完善，使人形成积极、健康、宽容的心态，为和谐社会营造了祥和、欢乐、友好的心理基础和社会氛围。

二、精心设计载体，整合社会资源，共同推进构建和谐社会的进程

图书馆作为城市形象和城市精神文明的"窗口"，应以构建和谐社会、创建文明城市为契机，突出重点，转变思路，创新手段，积极参与社会、融入社会、

服务社会、回报社会，最大范围地调动各有关部门在构建和谐社会过程中的主动性、积极性和创造性，努力形成各尽所能、各得其所而又和谐相处的社会。

（一）利用社会资源，丰富社会活动

图书馆与社会密切相连，图书馆的各项活动都离不开社会的支持。我们在开展社会活动时非常注重利用社会资源来扩大服务范围、更新服务方式，通过让社会赞助、支持、冠名、提供奖品等形式，开展公益文化活动，"万邦杯"图书馆优秀读者评选活动、"朗格尔电梯杯"等图书馆业务竞赛、"英才杯"等读书活动、"新华保险杯"等元宵灯谜会、山东京广"读书乐"全国摄影比赛优秀作品展等如火如荼，吸引了众多市民、驻潍官兵、中小学生等的参与，极大地活跃和丰富了广大人民群众的文化生活。

（二）发挥社会力量，创新社会活动

特色鲜明的社会活动可以为图书馆注入活力，吸引更多读者了解图书馆，使市民在浓郁的文化氛围中求索、进取、陶冶情操，体验图书馆的服务，进而塑造图书馆作为市民文化信息中心的最佳形象，提升图书馆的社会价值与地位。我们联合光明日报社等十几家出版社，举办了图书文化节，又积极开展文化下乡活动，出现了多年来未见的抢购图书的热潮；组织开展的"全市向公共图书馆捐助书款及征集地方文献活动"，则由市委宣传部、市直机关党工委、市文化局联合下文，因而社会各界、潍籍名人及重点单位踊跃捐书捐款。

（三）开展知识拥军，延伸社会服务

落实"知识工程"，开展全民读书活动，充分发挥馆藏图书的作用，是图书馆义不容辞的责任。分馆和服务点的建设，一方面实现了"为读者找好书，为好书找读者"的服务思维，另一方面解决了公众看书难的问题，对图书馆而言，则创出了一条提高办馆效益的新模式。潍坊市图书馆通过在机关、部队、边防、社区、监狱建立分馆和服务点，并在环境、设备、规章制度建设、藏书结构、人员培训、自动化管理、业务辅导、服务手段、服务内容等方面提供热情周到的服务，年提供图书2万余册，提高了社区、单位的文化品位，让更多的读者更多地享受了精神文化生活；特别是深入部队开展知识拥军的活动，与部队建立了亲密的鱼水关系，为部队培养了大批军地两用人才，中央电视台《新闻联播》《军事报道》两次报道,更是融洽了军民关系,成为展示城市风采与魅力的精彩名片。

三、加强网络管理,坚持先进文化,营造和谐的网络舆论氛围

和谐社会离不开和谐的舆论环境,因特网作为数字化的第四类媒体,已成为当今全球最大的传播媒体,并日益改变着我们传统的生活方式和交流习惯,在构建和谐社会的进程中,营造和谐的网络舆论氛围,是我们图书馆网络媒体管理者义不容辞的责任。

(一)弘扬民族文化,推进共建共享

中华民族五千年灿烂的传统文化博大精深,源远流长,重和谐,求同存异,是中国传统文化中的思想精华,图书馆有条件、有责任继承和发扬中国传统文化中的和谐思想观念,通过不断建立和完善数字图书馆,将馆藏传统文化信息资源数字化,使之转变为网络资源,同时应充分利用网络资源,利用数据挖掘技术去网上获取能满足用户需求的信息资源,并进行整理、加工、重组,建立丰富而有序的数据库,使有限的资源发挥最大效益。此外,藏书资源的整合,仅靠一馆的藏书是不够的,为了最大限度地发挥效能,加强图书馆间的联合,实现资源共享是必要的,这不仅包括本地区图书馆之间的联合,也包括与外地图书馆之间的联合,在操作方式上可以依托计算机网络,签订馆藏资源有偿共享协议。当前,我们正积极进行地方文献资源多媒体网络化数据库的研制与开发,正式成立了"中国数字图书馆潍坊分馆",相继开通了万方数据库、中文期刊科技数据库、中国数字图书馆全文数据库、超星数字图书馆等,并积极推进文化信息资源共享工程建设,目的就是要使先进的、优秀的、健康的科技文化信息占领网络阵地并早日进入千家万户,为构建和谐社会添砖加瓦,做一个名副其实的知识信息的传播者。

(二)引领网络舆论,净化网络环境

图书馆电子阅览室作为崭新的舆论阵地,应充分发挥和管理好互联网利用现代科技手段实现的娱乐功能、服务功能及其特殊吸引力等,以建设和谐社会为己任,开展多媒体阅览、网上咨询等服务,向读者提供健康向上的精神产品,在读者的精神文化生活领域起到潜移默化的作用;要努力把互动平台,如论坛、BBS、内容跟帖、及时短信等,办成社会沟通的桥梁,更可在网上加强新书、好

书推荐等阅读指导的宣传工作，鼓励读者在网上展开读书讨论、分享阅读心得、交流学习体会，让图书馆电子阅览室管理下的互联网成为读者健康精神的塑造者、社会健康文化的弘扬者、人民大众满意的精神乐园，而不能成为传播色情凶杀诈骗的场所、罪恶扩散的宣传地、个人不满情绪的发泄地。

四、创新管理机制，提高队伍素质，努力打造创建和谐社会的平台

和谐社会，人和为先，而人和的关键在于人的全面发展，特别是人在文化层面上的提高和完善。图书馆员既是社会和谐的受益者，同时又是实现这一目标的实践者、创造者，只有图书馆员的综合素质提高了，才能同广大群众一道自觉成为和谐社会的建设者、参与者和保护者，才能加快我们构建和谐社会各项目标的实现。

（一）更新服务思维，创新管理模式

图书馆组织管理的人才策略的关键就是建立人性化管理机制，创建和谐的工作环境。它的解决涉及机构文化与机构人力资源战略的建立、绩效管理和报酬体系的构建、培训组织体系的完善、员工激励与员工关系的管理等一系列问题，具体手段我们认为包括：制定图书馆明确的发展战略目标，并使馆员切身感受到他们的工作与实现图书馆的发展目标息息相关，从而制定自己的明确的奋斗目标；在精神和人格方面尊重员工，保持和提升馆员士气；强化馆员的职业生涯规划，这既是以人为本管理思想的具体体现，也是提升组织核心竞争力的重要途径；努力促进公平竞争，使优秀人才脱颖而出；鼓励和支持馆员在他们的位置上创新，在取得完全控制的环境中工作等等。要做到"以人为本"，还要使图书馆工作人员牢固树立正确的理想信念，尊重读者的人格，充分地信赖读者，在规章制度实施中注重人文关怀，改变传统图书馆单一的硬性管理手段，追求一种人性化管理风格，真正做到全心全意为读者服务。

（二）加强学习培训，提高职业素养

图书馆要以创建和谐社会为目标，制定相应的学习考试制度和奖惩制度，加大智力开发和智力投资，使馆员队伍随着社会发展不断提高职业素养，掌握相当程度的专业技能，遵循行业特定的行为规范，注重发展团体的专业能力，并以

创新的精神，构建其和谐心理，促进其全面发展，以适应图书馆事业发展的需求。为此我们每年派人参加各级各类培训班、研讨会；派业务骨干赴北京、上海等地参观学习考察；通过举办图书馆专业在职研究生课程进修班、县市区公共图书馆馆长培训班等，全方位地发挥公共图书馆的社会教育职能；我们还在全市公共图书馆开展加强廉政文化建设、行风建设及职业道德建设活动，全面提升全市图书馆队伍的整体素质，不断增强图书馆人员凝聚力，共同推进和谐社会构建。

总之，构建和谐社会是一项浩繁的系统工程，任务十分艰巨，并非一蹴而就。图书馆的职能是其他部门所不具备的，构建和谐社会、传播先进文化，倡导读书、开展活动、服务读者，是图书馆工作永恒的主题和追求的目标，任重而道远。

参考文献

[1] 王琳作. 现代图书馆服务与服务发展研究. 北京：中国华侨出版社，2023.01.

[2] 王婷婷, 聂加娜著. 公共图书馆精细化管理与服务. 北京：中国商业出版社，2023.01.

[3] 胡琦, 韩波作. 智慧时代图书馆空间服务创新研究. 郑州：郑州大学出版社，2023.05.

[4] 韩波. "互联网+"背景下图书馆服务应用研究. 郑州：郑州大学出版社，2023.04.

[5] 赵兴雅作. 现代图书馆服务理论与实践研究. 长春：吉林人民出版社，2022.08.

[6] 郭蕾著. 公共图书馆服务与阅读推广研究. 长春：吉林人民出版社，2022.07.

[7] 张译文作. 图书馆管理与服务创新研究. 北京：中国商务出版社，2022.08.

[8] 李蕾；史蕾. 公共图书馆服务与创新管理. 延吉：延边大学出版社，2022.03.

[9] 崔芳著. 基于网络信息的图书馆服务与大数据思维转型. 北京：北京工业大学出版社，2021.12.

[10] 张永清著. 图书馆信息资源建设与服务研究. 长春：吉林人民出版社，2022.06.

[11] 阚丽红作. 智慧图书馆建设与服务创新研究. 长春：吉林文史出版社，2022.08.

[12] 王丽芹著. 公共文化服务体系下图书馆服务与管理. 沈阳：沈阳出版社，2020.09.

[13] 王岚著. 图书馆创客空间建设与服务. 合肥：中国科学技术大学

出版社, 2022.09.

[14] 谷春燕，李萧，阿曼古丽·艾则孜主编. 图书馆读者服务与管理. 银川：宁夏人民出版社, 2021.07.

[15] 孙凤作. 图书馆读者服务理论与实践. 长春：吉林出版集团股份有限公司, 2021.09.

[16] 孙爱秀著. 图书馆管理与信息应用 [M]. 沈阳：沈阳出版社, 2019.01.

[17] 王会梅著. 图书馆管理与服务研究 [M]. 北京：现代出版社, 2019.10.

[18] 周义刚著. 数字图书馆动态知识管理研究 [M]. 北京：中国书籍出版社, 2019.01.

[19] 李书宁编著. 图书馆电子资源采购的规范管理与控制 [M]. 北京：中国经济出版社, 2019.03.

[20] 刘惠兰著. 现代图书馆管理创新 [M]. 吉林出版集团股份有限公司, 2019.05.

[21] 张睿丽著. 数字图书馆资源管理与建设 [M]. 长春：吉林人民出版社, 2019.10.

[22] 沈洋著. 图书馆科学管理与创新发展 [M]. 北京：中国青年出版社, 2019.01.

[23] 张俊本，王露莹，李敬著. 高校图书馆管理与服务研究 [M]. 吉林出版集团股份有限公司, 2019.01.

[24] 王祎著. 现代公共图书馆管理与服务 [M]. 沈阳：沈阳出版社, 2019.06.

[25] 袁萍著. 图书馆管理策略与阅读服务创新研究 [M]. 辽海出版社, 2019.03.

[26] 刘乐乐，杜丽杰，张文锡著. 图书馆管理与服务 [M]. 长春：吉林人民出版社, 2018.08.

[27] 卢家利著. 美国公共图书馆管理与服务 [M]. 北京：中国商务出版社, 2018.04.

[28] 杨秀臻著. 图书馆知识管理与服务研究 [M]. 天津：天津科学技术

出版社, 2018.07.

[29]　杨丰全编著. 新形势下图书馆创新性管理与服务 [M]. 长春：东北师范大学出版社, 2018.10.

[30]　曾荣著. 全民阅读视野下的图书馆服务管理研究 [M]. 北京：中国商务出版社, 2018.09.

[31]　杨静，景玉枝主编. 数字图书馆服务与管理. 赤峰：内蒙古科学技术出版社, 2016.10.